KB234633

영상녹화물
증거능력의 법적 고찰

영상녹화물 증거능력의 법적 고찰

박주석 · 김판수 · 이완수 지음

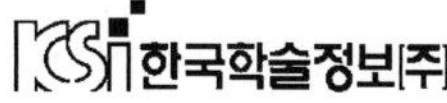
한국학술정보㈜

머리말

형사소송법은 국가의 형벌권을 구체적으로 실현하기 위한 절차를 규율하는 법으로서 사건의 진상을 정확하게 파악하여 죄 있는 자를 처벌하고 죄 없는 자가 무고하게 벌 받는 일이 없도록 함으로써 궁극적으로 정의를 실현하여 판결의 실질적 정당성을 확보하는 데 그 목적이 있다.

다만 그러한 목적을 형사사법을 통하여 이룬다는 점에 그 특색이 있으며, 주요 선진국은 인권보장과 실체적 진실발견의 조화를 위해 종래 서면 위주의 증거자료에서 녹음·녹화자료로 증거의 중심을 이동하고 있는데, 이는 정보화 진전으로 종이 없는(paperless) 전자법정의 구현 및 각종 수사장비의 디지털화 등이 급속도로 진행되어 paperless 수사 및 재판시대가 가능해졌기 때문이다.

정보통신기술의 비약적인 발전으로 펼쳐지고 있는 오늘날의 사회 모습을 흔히 정보화 사회라고 한다. 이러한 정보화 사회에서는 우리들의 삶의 모습이 여러 가지 측면에서 변화하고 있으나, 이 중 형사법 분야에서 심도 있게 논의되고 있는 분야가 영상녹화물 등의 이용이라고 할 수 있다. 그러나 2008년 1월 1일부터 시행된 현행 형사소송법은 이러한 정보화·세계화 등에 걸맞은 형사사법 제도의 인프라를 구축하는 데 미흡하다고 생각되며, 이는 형사소송법의 개정과정을 살펴보면 잘 알 수 있다.

영상녹화물(녹음·녹화제도)이란 수사과정의 투명성확보를 통한 인권보장을 위하여 피의자나 참고인의 수사기관에서의 진술을 오디오, 비디오 또는 DVD로 녹음·녹화하여 이를 법정에 제출하는 일련의 과정을 총칭한다. 통상 사람의 의사소통 수단을 언어적 수단과 비언어적 수단으로 나누고 비언어적 수단을 음성·얼굴표정·몸짓으로 나눈다면, 조서는 언어적 내용만을 보고하고 있을 뿐임에 반하여, 음성녹음은 언어적 내용과 함께 음성을 보고하고 있고, 영상녹화는 언어적 내용·음성은 물론 얼굴표정과 몸짓을 고스란히 담고 있다는 점에서 좀 더 생생한 증거가 될 것이다.

그리고 형사소송에 있어 공판중심주의의 원칙을 보다 충실히 구현하고자 하는 이유로, 현행법은 새로이 영상녹화제도를 도입하면서도 구두변론주의와 직접심리주의에 충실하기 위해 수사기관이 기록한 영상녹화물의 증거능력을 제한적으로만 인정하는 조문을 내용으로 개정하였다.

법무부 개정안에 의하면 제312조(검사 또는 사법경찰관의 조서 등)에 제7항을 신설하여 "제1항, 제3항, 제4항은 피고인 또는 피고인이 아닌 자의 진술을 내용으로 하는 영상녹화물에 각 준용한다"라고 규정한 후, 제314조(증거능력에 대한 예외)에 '영상녹화물'을 첨가하고, 제317조(진술의 임의성)의 대상에 '영상녹화물'을, 그리고 제318조(당사자의 동의와 증거능력)에서 영상녹화물도 증거동의의 대상이 되도록 하였으며, 종래 제318조의 2(증명력을 다투기 위한 증거)의 해석상 탄핵증거로 사용할 수 있는지 논란이 있었으므로 영상녹화물을 탄핵증거로 사용할 수 있음을 명문으로 규정한 다음, 탄핵증거와 관련 없는 기억환기용 조문인 제318조의 2 제2항을 삭제하였다.

이 저서에서는 영상녹화물의 개념과 영상녹화제도의 장단점, 유형 및 활용, 이론적 배경, 실무에 대한 구체적인 제시 등을 살펴보았다. 경찰 및 검찰, 군수사기관의 수사단계뿐만 아니라 현행법에 근거한 영상녹화물의 증거능력에 대한 견해가 대립되고 있는 논리적 구조를 파악해 보았다.

이 저서의 궁극적인 목적은 위와 같은 배경 아래, 현재 논의되고 있는 영상녹화물의 증거능력에 대한 합리적 해석론을 제시해 보고자 하는 것이다. 공개주의·구두주의·직접주의 등 공판중심주의의 이념들을 실현하면서도 현실에서 운용 가능한 재판을 하기 위하여 법정 외 진술을 현출하는 방법으로 수사상의 조서(엄밀히 말하면 조서에 기재된 진술)건 인정진술이건 조사자의 증언이건 영상녹화물이건 일단 증거능력을 부여하여, 공판정에서의 다툼은 증거능력의 인정 여부보다는 증명력 인정 여부에 집중하는 것이 진정한 공판중심주의를 실현하는 방법일 것이다.

이와 더불어 피의자·피고인의 인권보장을 위한 변호권의 충실한 보장이 병행되어야 할 것이다. 그리고 보다 근본적으로는 공판중심주의를 실현하기 위한 방안으로 수사기관이 수집한 증거의 '증거능력' 제한에만 역점을 둘 것이 아니라 오히려 '증명력' 판단의 합리성을 보장함으로써 법정에서의 충실한 다툼을 통한 공판중심주의의 실현에 더 많은 연구와 검토가 선행되어야 할 것이다.

이 저서는 부족함이 많음에도 불구하고 앞으로의 심층적인 연구를 위한 토대를 제공하고자 출간하였다. 이 저서의 보완점과 비판점을 저희 필자들에게 보내 주시면 앞으로 학문연구에 많은 도움이 될 것이라 생각한다.

본 저서가 발간되도록 계기를 만들어 주신 한국학술정보(주)의 채종준 대표이사님과 권성용 선생님 그리고 김소영 선생님께 감사의 마음을 전한다.

2012년 4월

박주석 · 김판수 · 이완수

CONTENTS

CONTENTS

제5장 결론 ································· 225

제1장 서론

　형사소송법은 국가의 형벌권을 구체적으로 실현하기 위한 절차를 규율하는 법으로서 사건의 진상을 정확하게 파악하여 죄 있는 자를 처벌하고 죄 없는 자가 무고하게 벌 받는 일이 없도록 함으로써 궁극적으로 정의를 실현하여 판결의 실질적 정당성을 확보하는 데 그 목적이 있다.

　그러나 형사소송에 있어서 진실의 추구는 정의를 실현하기 위한 합리적인 절차, 적정절차 내지 적법절차 안에서만 가능한 것이며, 적정절차를 벗어난 실체적 진실의 추구는 인간의 존엄과 가치를 인정하고 기본적 인권을 보장하고자 하는 법치국가적 형사소송의 최고원리를 침해하는 것으로서 허용되어서는 안 된다. 형사절차에서 실체적 진실 발견을 위한 합리적 절차의 조건은 그 시대의 사회현실에 따라 달라질 수 있다.[1]

　2000년대 이후 정보통신기술의 비약적인 발전은 우리들의 삶의 모습을 여러 가지 측면에서 변화시키고 있으며, 이 중 형사법 분야에서 매우 심도 있게 논의되고 있는 분야가 영상녹화물 등의 이용이라고 할 수 있다. 이에 따라 주요 선진국도 인권보장과 실체적 진실 발견의 조화를 위해 종래 서면 위주의 증거자료에서 녹음·녹화자료로 증거의 중심을 이동하고 있는데, 이는 정보화 진전으로 전자법정의 구현 및 각종 수사장비의 디지털화 등이 급속도로 진행되어 종이 없는(paperless) 수사 및 재판시대가 가능해졌기 때문이다.

---

1) 배종대/이상돈, 형사소송법, 홍문사, 2006, 18면.

　더욱이 공판중심주의가 강화됨에 따라 조서재판의 비중이 약화되고 있으며, 법원이 검사작성의 피의자신문조서의 증거능력에 관하여 형식적 진정성 성립이 인정되면 실질적 성립의 진정을 추정하던 기존의 판례를 변경2)함으로써, 기존의 수사방식과 관행으로는 수사상 인권침해의 원천적 극복이 곤란할뿐더러 수사의 효율성을 제고하는 것도 불가능하게 되었다.

　따라서 조사과정의 모습과 진술내용을 그대로 녹화하여 공판정에 제출한다면, 원진술자가 진술한 내용대로 기재되었는지에 의문이 없게 되고, 수사과정을 모두 보여 주어 투명화시킴으로써 조서에 내재하는 밀행성의 단점을 크게 해소할 수 있을 것이다.

　이에 대하여 영상녹화물의 증거능력을 인정하는 것이 공판중심주의에 위배된다는 견해도 있으며, 현행 형사소송법도 영상녹화물의 증거능력을 매우 제한적으로 인정하고 있다.

　다만 그동안 조서가 많은 문제점을 노정하였으므로 조서 자체의 증거능력을 인정할 것이 아니라 원칙적으로 조서에 기재된 진술을 조사자의 증언으로 공판정에 현출시켜 그 진술을 증거로 인정하는 것이 타당하며, 조사자의 증언에 대하여 다툼이 있거나 불분명한 경우에 한정하여 예외적으로 영상녹화물을 활용하는 방안도 생각해 볼 수 있다.

　따라서 이 저서는 피의자신문의 영상녹화제도의 필요성 및 외국 여러 나라의 제도화과정 및 실시현황 등을 살펴봄과 동시에 피의자신문조서에 준하는 신문의 영상녹화제도를 현행 형사소송법상의 증거법칙하에서 어떻게 받아들일 것인가, 기존의 피의자신문조서에 대한 전문법칙의 예외조항과의 관계하에서 그 증거능력을 어떠한 요건

---

2) 대판 2004.12.16, 2002도537.

하에서 인정해야 할 것인가에 대해서도 검토하여 향후 나아가야 할 방향을 연구목적으로 두고자 한다.

이 저서는 현행법과 법무부 개정안하에서 영상녹화제도의 활용방안과 증거능력인정 여부에 대한 논의를 검토하여 향후 공개주의·구두주의·직접주의 등 공판중심주의 이념들을 실현하면서도 현실에서 운용 가능한 재판을 위한 방안을 모색한다. 이를 위해 법정 외 진술을 현출하는 방법으로 수사상의 조서건 인정진술이건 조사자의 증언이건 영상녹화물이건 일단 증거능력을 부여하여, 공판정에서의 다툼은 증거능력의 인정 여부보다는 증명력 인정 여부에 집중하는 것이 진정한 공판중심주의를 실현하는 궁극적인 목적이며 그 방안을 찾기로 한다.

피의자를 조사하는 과정에서 수사단계에서의 피의자 진술을 기록한 조서를 어떠한 형태로든지 공판정에 현출되는 것을 막는 것이 피의자의 인권을 보호하고 공판중심주의에 적합한 방식이라고 할 때에는 영상녹화물의 증거능력까지 부정할 수도 있다. 그러나 수사단계에서의 진술이 공판정에 현출되는 것을 차단하는 것만이 능사가 아니며 적정한 절차와 범위 내에서 수사의 밀 행성을 감시하여 피고인의 인권을 보장함과 동시에 실체적 진실을 발견하는 방안을 찾아야 한다. 이러한 방안으로서 영상녹화물의 활용의 문제점과 해결방안을 제시하기로 한다.

이러한 범위 내에서 이 저서를 다음과 같이 5장으로 구성하였다.

제1장에서는 연구의 목적과 범위 및 방법에 대해 서술하였다.

제2장에서는 영상녹화물의 개념, 영상녹화물의 활용의 장점과 단점, 영상녹화 조사시 세부적인 사항들에 대한 고찰과 법무부 개정안

까지 추진과정 및 우리나라에 영상녹화의 실태에 대한 내용과 특별사법경찰관인 군수사기관의 영상녹화 운영실태도 함께 서술하였다.

제3장에서는 영국과 미국 그리고 유럽대륙 및 기타 국가에서 영상녹화제도를 어떻게 도입하게 되었으며, 어떻게 규정하여 활용하고 있는지에 대한 내용을 적었다.

제4장에서는 영상녹화물의 증거능력과 관련된 학설 및 판례를 소개하였으며, 종래의 학설과 현재의 학설이 어떤 차이점이 있는지를 살펴보았다. 그리고 현행 형사소송법하에서 다양한 경우의 검토를 통하여 영상녹화물의 증거능력을 살펴보고, 현재 법무부 개정안에 있는 영상녹화물의 증거능력을 고찰함에 있어서 다양한 의견들과 향후 개선하여야 할 방향을 제시하였다.

마지막으로 제5장 결론에서는 앞에서 논한 것들을 기초로 영상녹화물의 독자적인 증거능력 인정 여부, 수사과정의 투명성제고와 수사기법의 과학화, 피의자의 인권보장 그리고 실체적 진실발견에 유용한 방향으로 영상녹화물의 활용방안을 제시하였다.

제2장 영상녹화에 관한 일반적 고찰

제1절 서설

1. 영상녹화의 의의

영상녹화물(녹음·녹화제도)이란 수사과정의 투명성확보를 통한 인권보장을 위하여 피의자나 참고인의 수사기관에서의 진술을 오디오, 비디오 또는 DVD로 녹음·녹화하여 이를 법정에 제출하는 일련의 과정을 총칭한다.[1]

통상 사람의 의사소통수단을 언어적 수단과 비언어적 수단으로 나누고 비언어적 수단을 음성·얼굴표정·몸짓으로 나눈다면, 조서는 언어적 내용만을 보고하고 있을 뿐임에 반하여, 음성녹음은 언어적 내용과 함께 음성을 보고하고 있고, 영상녹화는 언어적 내용·음성은 물론 얼굴표정과 몸짓을 고스란히 담고 있다는 점에서 좀 더 생생한 증거가 될 것이다.

이러한 영상녹화물은 여러 측면에서 검토가 가능한데, 첫째, 현행 형사소송법의 입법태도처럼 영상녹화물이 피의자신문조서 및 참고인 진술조서의 특신성에 대한 입증자료로 사용될 가능성이며, 둘째, 영상녹화물이 자백을 보강하는 보강증거로 사용될 가능성이고, 셋째,

---

1) 수사과정의 녹음·녹화제 운영실태보고, 법무연수원, 수사과학연구회 자료집(2003.12).

영상녹화물이 조서작성을 대체하는 본증으로 사용될 가능성이며, 넷째 영상녹화물이 탄핵증거로 사용될 가능성으로 관련 부분에서 각각 살펴보기로 한다.

2. 영상녹화제도의 추진과정

특정범죄신고자 등 보호법 제10조(영상물촬영) 및 성폭력범죄의 처벌 및 피해자보호 등에 관한 법률(이하 성폭법)에 영상녹화에 대한 규정은 존재하였다.[2] 성폭법 제21조의 3은 성폭력 피해자가 16세 미만이거나 신체 또는 정신장애로 사물을 변별하거나 의사를 결정할 능력이 미약한 때에는 검사 또는 사법경찰관이 그 진술내용과 조사과정을 비디오녹화기 등에 의해 영상녹화를 하도록 하고, 그 영상물에 수록된 피해자의 진술은 신뢰관계 동석자의 법정진술만으로 증거

---

2) 특정범죄신고자 등 보호법 제10조(영상물촬영) ① 범죄신고자 등에 대하여 형사소송법 제184조(증거보전의 청구와 그 절차) 또는 제221조의 2(증인신문의 청구)에 의한 증인신문을 하는 경우 판사는 직권 또는 검사의 신청에 의하여 그 과정을 비디오테이프 등 영상물로 촬영할 것을 명할 수 있다.
② 형사소송법 제56조의 2(공판정에서의 속기·녹취) 제2항 및 제3항의 규정은 제1항의 규정에 의한 영상물의 촬영비용 및 복사에 관하여 이를 준용한다.
③ 제1항의 규정에 의하여 촬영한 영상물에 수록된 범죄신고자 등의 진술은 이를 증거로 할 수 있다.
[시행일 2000.6.1.]
성폭력범죄의 처벌 및 피해자보호 등에 관한 법률 제21조 2(영상물의 촬영·보존 등)
[본조신설 2003.12.11.][시행일 2004.03.12.] ② 제1항의 피해자가 13세 미만이거나 신체장애 또는 정신상의 장애로 사물을 변별하거나 의사를 결정할 능력이 미약한 때에는 피해자의 진술내용과 조사과정을 비디오녹화기 등 영상물 녹화장치에 의하여 촬영·보존하여야 한다. 다만, 피해자 또는 법정대리인이 이를 원하지 않는 의사를 표시한 때에는 촬영하여서는 아니 된다.

능력을 갖도록 하고 있다.[3]

검찰은 2004년 1월 검찰총장에게, 2004년 2월 법무부장관에게 영상녹화 도입을 건의하였고, 10개 지방검찰청[4]을 지정하여 2004년 6월 1일부터 수사과정 녹음·녹화제도를 시범·실시한 후, 2004년 12월에는 서울남부지검에 검사신문실(신개념 전자조사실)을, 서울중앙·남부·인천, 수원지검에 여성·아동 전용조사실을 시범설치하여 운용하였으며, 2005년 1월경부터 서울남부지방검찰청은 검사의 피의자신문과정을 녹음·녹화한 CD를 법원에 증거로 제출하고 있다.

그리고 이러한 검찰에서의 영상녹화제도의 시행에 자극을 받은 경찰에서도 영상녹화제도의 도입을 추진하기 시작하여, 2006년 1월 서울경찰청 양천경찰서를 시범경찰서로 지정하여 운영하게 되었으며, 2006년 말까지 전국 248개 경찰서에 영상녹화조사실을 설치하여 2007년부터는 실제 수사과정에서 활용하고 있다[5]고 한다.

그런데 후술하는 것처럼 다른 나라에서는 수사기관이 영상녹화물의 도입에 소극적인 반면, 우리나라에서는 시민단체 등에서 영상녹화물의 도입을 반대하고[6] 오히려 수사기관이 영상녹화물의 도입에

---

3) 성폭법 2006.10.27. 개정.
4) 서울중앙, 서울서부, 인천, 수원, 대전, 청주, 대구, 부산, 울산, 광주지검 등.
5) 나영민/박노섭, 피의자신문제도의 개선방안에 관한 연구, 녹음·녹화방식을 중심으로, 한국형사정책연구원(2006.12), 69면.
6) 참여연대는 위의 의견서에서 "비록 엄격한 조건을 붙이기는 했지만, 영상녹화물이 증거로 사용될 수 있는 근거조항이 마련되었다는 점은 매우 우려할 만한 조치라고 평가하지 않을 수 없으며, 따라서 영상녹화물에 대해 증거능력을 부여할 수 있는 근거조항을 전면 삭제하는 것이 바람직하다. 피의자가 수사기관에 있는 수 시간, 수일 동안의 모든 시간을 빠짐없이 녹화할 수 있는지, 또한 이를 즉 수 시간 혹은 수일 동안의 상황을 그대로 법정에서 재생한다는 것이 가능한지, 의미가 있는지 등을 따져 봐야 할 것임. 실제 수사과정에서 피의자에 대한 강압이나 회유 등은 조서를 작성하기 전 단계에서 이루어지는 것이 보통이고 또한 녹화의 주체가 수사기관인지라 언제든지 녹화를 중단하고 강압이나 회유가 이뤄질 수 있다는 점에서 영상녹화물의 증거능력 역시 한계를 가질 수밖에 없을 것"이라는 입

적극적인 입장을 취하고 있는데, 이는 매우 아이러니한 모습이다. 왜
냐하면 유엔인권위원회의 한국보고서에서도 영상녹화를 권고하고 있
기 때문이다.7) 그러나 전자적으로 기록하는 궁극의 목적은 조사나
신문, 자백이 법정에서 증거로 사용될 수 있도록 하기 위함이다. 따
라서 이러한 증거제출방식이 확대 · 적용되는 경우에 대비하여 이에

장을 보이고 있다(2005).
7) 2006년 10월 16일부터 11월 3일까지 스위스 제네바에서 개최된 제88차 유엔인
   권위원회의 보고서 중 영상녹화에 대한 권고 내용.
   Human Rights Committee
   Eighty－eighth session
   Geneva, 16 October－3 November 2006
   ADVANCED UNEDITED VERSION
   CONSIDERATION OF REPORTS SUBMITTED BY STATE PARTIES
   UNDER ARTICLE 40 OF THE COVENANT
   Concluding Observations of the Human Rights Committee
   REPUBLIC OF KOREA

13. The Committee is concerned about allegations of torture or other forms of
    ill－treatment in places of detention. Moreover, the Committee regrets the
    continued practice of certain forms of disciplinary punishment, in particular,
    the use of manacles, chains, and face masks, and the continuation of
    disciplinary punishment through the "stacking" of 30 day periods of isolation
    without any apparent time limit. In light of this, the Committee is also
    concerned at the lack of thorough investigation and adequate punishment of
    the responsible officials(arts. 7 and 9).
    The State party should take appropriate measures to prevent all forms of ill－
    treatment by law enforcement officials in all places of detention including
    mental health hospitals. Appropriate measures may include independent
    investigative bodies, independent inspection of facilities and videotaping of
    interrogations. The State party should prosecute perpetrators of such acts and
    ensure that they are punished in a manner proportionate to the seriousness of
    the offences committed by them, and grant effective remedies, including
    compensation to victims. In addition, the State party should discontinue harsh
    and cruel measures of disciplinary confinement, in particular, the use of
    manacles, chains, and face masks, and the 'stacking' of 30 day periods of
    isolation.

대한 증거능력의 부여요건, 증거조사방식 등 쟁점을 검토해 보아야 할 것이다.

3. 영상녹화와 공판중심주의 내지 직접주의와의 관계

녹음·녹화시스템이 신문절차의 적법성 확보와 진술의 임의성 확보에 긍정적인 역할을 할 수 있을지라도 이는 공판중심주의와 구두변론주의에 반하는 전문진술(傳聞陳述)에 불과할 뿐만 아니라 조서와 마찬가지로 자백 위주의 수사관행을 유지시키게 하는 또 다른 방식의 조서에 불과하므로 비록 피의자진술의 증거가치를 높이는 효과가 있다고 하더라도 증거능력을 당연히 인정할 수는 없다는 견해가 있다.[8]

비디오 진술녹화는 어디까지나 적법한 절차에 따른 인권수사를 위한 보완장치 가운데 하나이지 그 자체가 피의자진술의 적법성과 임의성을 모두 담보할 수 있는 수단은 아니라는 점에서, 만약 피의자진술에 대한 녹음·녹화자료가 첨부되었다는 이유로 기존 조서에 대한 증거능력을 보다 완화하게 되면 사실상 수사기관의 신문조서에 대한 절대적인 증거능력을 부여하는 결과를 초래할 수 있기 때문이라는 것이다.

그러나 영상녹화는 사건의 발생 직후 피신문자의 기억이 비교적 생생할 경우에 이루어지므로 판사는 공판이 1년 이후에 이루어진다고 하더라도 마치 현장에서 진술자가 진술하는 것과 동일한 진술을

---

8) 탁희성, 피의자신문의 녹음·녹화시스템에 관한 비교법적 고찰, 형사정책연구소식 제84호(2004), 형사정책연구원, 18면.

보고 들을 수 있다. 즉 영상녹화는 신문과정을 시각적·음향적으로 거의 완전하게 복원할 수 있어 경과진행에 대한 재구성은 시간적인 제한을 받지 않는 것이다.

이처럼 영상녹화는 판사에게 조서상 드러나지 않던 부분까지 시간적 제약 없이 자세하게 제공해 준다는 점에서 실제적으로 서면에 의한 신문조서보다 훨씬 더 직접주의 원칙에 가깝게 접근하는 것이다.9) 따라서 영상녹화물의 제출을 공판중심주의에 반하는 것으로 보는 것은 영상녹화의 본질을 오해한 측면에 기인한 것으로, 오히려 공판중심주의에 더 친근한 제도로 파악해야 할 것이다.

제2절 영상녹화물 사용의 장단점

1. 영상녹화물 사용의 장점(필요성)

(1) 개관

영상녹화의 장점으로 ① 피의자의 행동징후(the suspect's behavior symptoms)를 분석하는 데 도움을 준다. ② 피의자의 부인과 그들의 진술의 비일관성을 기록한다. ③ 다른 혐의(other allegations)를 반박하는 행동을 기록한다. ④ 조서의 정확성과 완결성을 높인다. ⑤ 수사관의

---

9) 박노섭, 수사절차상의 신문과 비디오녹화제도, 형사정책 16권 제1호(2004), 125면.

개인적 안전을 증진시킨다. ⑥ 수사관들의 조사나 신문기술을 향상시키는 데 도움을 준다. ⑦ 수사관들에 의해 신문기술의 부분으로 사용될 수 있다. ⑧ 재판에 소요되는 시간을 줄인다. ⑨ 미란다 권리의 고지사실과 피의자의 미란다 권리의 포기사실을 기록한다. ⑩ 신문 중의 피의자의 표정을 기록한다. ⑪ 수사관들의 기억을 새롭게 하여 재판에서 증언을 할 때를 대비한다. ⑫ 자백의 임의성(the voluntariness of a confession)을 기록한다 등이 제시된[10] 다음에서는 각각의 장단점에 대해 살펴보기로 한다.

(2) 실체적 진실발견에 유용

종래 조서에 의한 수사는 근본적으로 조서작성 시의 오류개입과 협박 내지 강압에 의한 허위기재의 가능성을 내포하고 있는데, 피의자신문 시 영상녹화를 한다면 수사기관의 의도로 진술자의 진술내용을 왜곡할 수 있는 가능성을 방지할 수 있을 뿐만 아니라, 초동수사 시 확보할 수 있는 실체적 진실에 근접한 최초진술의 증거가치를 확보할 수 있다.[11]

더욱이 일정한 시간이 흐른 뒤, 피신문자로부터 최초의 진술보다 더 신뢰할 만한 정확한 진술을 얻는다는 것은 거의 불가능하다. 물론 영상녹화에 심리적으로 위축된 피의자가 진술을 회피할 수 있고,

---

10) Buckley/Jayne, Eletronic Recording of Interrogations, 2005, 13면.
11) 우리나라와 형사소송체계가 비슷한 일본과 구체적으로 비교하면 법정에서 허위 증언이 얼마나 만연한지를 알 수 있다. 즉 2001년에서 2003년까지 위증사건에 관한 통계를 살펴보면 일본은 연평균 8명이 기소되는 반면, 우리나라는 연평균 1,318명이 기소되고 있으므로, 인구수를 감안하여 기소되는 사건 수를 비교해 볼 때, 일본의 433배에 달하는 엄청난 숫자이다.

조작의 위험성도 상존하므로 영상녹화를 활용하는 방식이 완벽하게 신뢰할 수 있는 피의자의 신문내용을 보장하는 것은 아니다. 그러나 수사기관이 피의자를 조사하는 전 과정을 기계적인 방법으로 녹음·녹화한다면, 조사자와 피조사자의 질문과 답변이 생생하게 녹음·녹화되어 수사관의 신문방식과 아울러 여러 관점에서 달리 이해될 수 있는 피의자의 진술취지가 여과 없이 드러난다는 점에서 수사과정의 투명하고도 공정한 장치로 활용될 수 있을 것이다.12)

(3) 사건관계인의 인권보호에 기여

현행 형사소송법은 피의자신문의 절차적 요건으로서 진술거부권의 사전고지(제244조의 3 제1항), 피의자에게 이익 되는 사실을 진술할 기회의 부여(제242조), 조사자 이외에 검찰수사관이나 사법경찰관리 등이 참여할 의무(제243조), 조서의 열람 등과 오기 및 증감변경의 유무 확인(제244조 제2항) 등을 요구하고 있다.

그러나 장시간의 조사를 받고 더구나 피의자의 신병이 체포 내지 구속되어 있거나 다수의 피의자와 피해자, 참고인들 간에 이루어지는 복잡한 내용의 대질조서를 피의자가 처음부터 끝까지 상세히 읽어 보고 일일이 조서의 증감변경을 구한다는 것은 현실적으로 항상 가능한 일이 아니다.13)

더욱이 그동안 수사기관의 조사나 신문기법을 둘러싸고 많은 의혹이 제기되어 왔다. 예컨대 피의자에게 피의자와 범죄 간 연관성이

---

12) 탁희성, 앞의 논문, 9면.
13) 황은영, 피의자진술의 객관적 확보방법 - 현재 피의자신문조서의 증거능력의 한계점과 새로운 방법 모색 -, 수사연구(2004.4), 수사연구사, 16면.

있는 증거를 확보하였다고 거짓말을 하거나, 피의자의 범행에 대한 도덕적 죄책감을 감소시키거나, 범죄를 저지른 피의자의 결정에 대하여 동정심을 표현하거나, 공범과 피의자 사이에 이간질시키는 (playing one suspect against the other) 등 특별한 신문기법이 활용되었기 때문이다.

따라서 수사기관이 피의자를 신문하는 모든 과정을 빠짐없이 녹음·녹화하게 된다면 신문의 밀행성의 약화로 고문 등의 가혹행위가 발생할 가능성은 대폭 감소하게 될 뿐만 아니라,14) 가혹행위 등이 자행되었을 경우에는 이에 대한 처벌을 확보해 주는 수단으로 활용될 수도 있을 것이다.15)

영국에서도 수사과정의 녹음·녹화는 수사과정의 투명성을 보장해 주는 장치로서 ⅰ) 내·외적 감시·감독을 담보함으로써 인권보호 장치로서의 기능을 가지고 있으며, ⅱ) 피의자나 참고인 진술의 증명력을 높여 주고, ⅲ) 법정에서 불필요한 번복을 방지하여 수사의 효율성을 높여 주며, ⅳ) 변호인의 입회를 줄여 주고, ⅴ) 녹음·녹화된 수사과정을 체계적이고 과학적으로 분석함으로써 수사기법의 개발에 긍정적 영향을 미치는 것으로 평가되고 있다16)고 한다.

---

14) 허일태, 피의자 비디오진술녹화와 인권과의 관계, 수사연구(2004.4), 수사연구사, 34 – 35면; 서보학, 피의자진술의 비디오녹화 도입에 따른 법정책적 검토 및 재산상 증거능력, 수사연구(2004.4), 수사연구사, 26면.
15) 2005.3.5.자 서울신문에 따르면 "검찰이 서울남부지검 등에서 시범 실시 중인 '전자조사'가 큰 성과를 거두고 있다. 전자조사는 카메라로 조사의 전 과정을 녹화해 CD에 저장, 법원에 제출하는 방식이다. 수백 쪽에서 수천 쪽에 이르는 피의자신문조서 등 수사기록은 사라지고 피의자 진술의 증명력은 높아지게 된다. 피의자의 인권보장에도 도움을 주고 있다"라고 보도하고 있다.
16) 수사과정의 녹음·녹화제 운영실태보고, 수사과학연구회 자료집(2003.12), 대검찰청, 28면.

(4) 수사의 효율성 확보

영상녹음·녹화가 일반화되면 조서작성에 기울이는 시간과 노력을 피의자에게 질문하고 피의자의 답변내용과 행동, 얼굴표정 등을 관찰하면서 조사과정에 집중할 수 있어 수사기관의 주도적이고 효율적인 수사가 가능할 것이며, 이러한 즉문즉답을 통하여 조사시간의 단축도 가능해질 것이다.

(5) 피의자진술의 임의성 유무 등에 관한 사후확인 가능성

기존의 조서방식에 의할 경우에는 조사의 분위기나 조서에 기록되지 않는 부수적인 신문과 답변의 내용은 사후확인이 불가능하다는 문제점이 있으나, 신문의 전 과정을 빠짐없이 녹음·녹화할 경우에는 조사자와 진술자의 진술태도나 어조, 신문의 방식과 대화내용 등을 모두 보존할 수 있어 피의자신문의 정황을 사후적으로 판단하는 자료로 활용할 수 있을 것이다.[17] 더욱이 핵심을 벗어난 주변적인 내용의 진술은 그것이 진술의 신빙성 판단에 실질적인 역할을 담당함에도 불구하고 조서작성 시 경시되거나 아예 기록될 수 없지만,[18] 빠짐없이 영상녹음·녹화를 한다면 판사는 모든 신문내용을 확인할 수 있어 마치 신문현장에 있었던 것과 같은 유사한 간접경험을 얻을 수 있을 것이다.

---

17) 허일태, 앞의 논문, 35면; 이동희, 사개추위안의 피의자신문 녹음·녹화제도 도입방안에 대한 검토, 비교형사법연구 제8권 제1호 특집호(2006), 한국비교형사법학회, 522면.
18) 박노섭, 앞의 논문, 114면.

(6) 수사기법의 선진화 및 형사절차 전반의 구조적 변화를 초래

피의자의 자백을 얻어내기 위한 윽박지르기나 회유 등은 녹화라는 물리적 환경에서 제약받을 수밖에 없고, 대신 신문기법의 연구, 피의자의 표정과 행동관찰, 조사하는 사람들에 대한 감독과 평가가 가능하게 되므로 수사기법의 발달을 가져오게 될 것이다. 왜냐하면 영상녹음·녹화가 행해졌다면, 사건의 실체에 대하여 피의자의 신문 도중에 관찰된 기망적인 행동을 법과학(Forensic Science) 등의 도움을 받아 보다 정확하게 판정해 낼 수 있기 때문이다. 그리고 수사과정의 공정성과 신뢰성을 제고하고 전자조사실·전자법정 등 현대 정보화 사회에 적합한 형사사법제도의 운영을 위한 획기적인 전기도 마련될 수 있을 것이다.[19]

(7) 경찰수사의 증거능력 인정

증거능력에 있어서 검사 이외의 사법경찰관작성의 피의자신문조서에 '내용의 인정'이라는 엄격한 요건을 규정한 취지는 종래 사법경찰관이 피의자의 자백을 얻는 데 편중하여 가혹행위를 행하는 등 인권유린의 위험성이 많았기 때문에 이를 방지하려는 입법 정책적 고려에서 나온 것으로서 증거의 전문성과는 직접 관련이 없다.[20]

즉 사법경찰관의 강요에 의한 자백은 임의성 없는 자백이므로 형

---

19) 황은영, 앞의 논문, 16면.
20) 김형진, 공판외 진술의 증거능력, 재판자료 제23집, 202면.

사소송법 제309조에 의해서 증거능력이 부인되지만, 사법경찰관리로부터 자백을 강요받았다는 사실(예컨대 고문을 당했다는 사실)을 피고인이 공판기일에 입증한다는 것은 거의 불가능하므로 피의자신문 과정에서 사법경찰관리의 자백강요를 위한 위법행위(예컨대 고문, 협박, 기망)를 억제하기 위해서는 사법경찰관리가 작성한 피의자신문조서에 기재된 자백의 증거능력을 부정함으로써 인권을 보장하는데, 제312조 제2항의 입법취지가 있다.

대법원도 "증거능력에 있어서 검사 이외의 수사기관 작성의 피의자신문조서에 엄격한 요건을 요구한 취지는 검사 이외의 수사기관의 피의자신문에 있어 있을지도 모르는 개인의 기본적 인권보장의 결여를 방지하려는 입법정책적 고려라고 할 것이다"[21]라고 판시하고 있다. 따라서 경찰에서 받은 영상녹화진술이 임의성이나 그 신빙성에서 아무런 문제가 없다면 경찰에서의 영상녹화물을 법정에 제출하는데 아무런 제약을 두어서는 안 될 것이다.

2. 영상녹화물 사용의 단점(문제점)

(1) 개관

영상녹화의 단점으로 ① 프라이버시의 상실 – 전자적으로 기록된다면 피의자는 자백을 하지 않을 것이다. ② 전자기록을 만들기 위하여 수사기관이 지출하는 비용이 너무 많다. ③ 자백이 증거로 채

---

21) 대판 1982.9.14, 82도1479.

택되지 못할 잠재적인 신문기법상의 문제가 너무 많다. ④ 전자적으로 기록되지 않은 자발적인 자백이 증거로 채택되지 못할 것이다. ⑤ 수사기관은 모든 기록물을 저장할 공간이 없다. ⑥ 전자기록은 피고인 측에서 검찰 측에 대항할 항변자료를 제공해 줄 수 있다. ⑦ 전자기록은 진술의 비일관성을 입증하기 위하여 피고인 측에 의하여 이용될 것이다. ⑧ 전자기록은 피고인의 변호인이 신문기법을 공격하는 데 사용될 것이다. ⑨ 수사관의 진술이 맥락에 맞지 않을 수 있다. ⑩ 법관과 배심원들이 경찰의 신문기술을 이해하지 못할 것이다 등이 제시된다.22)

(2) 소송지연 및 공판중심주의의 형해화

신문의 전 과정을 녹음 · 녹화한다면, 이러한 녹음 · 녹화에 지나치게 많은 시간이 소요되어 소송을 지연시킬 뿐만 아니라 법정심리시간이 수사과정을 담은 영상녹화물의 재현에 대부분 할애됨으로써 충실한 법정심리를 통한 생생한 심증형성이라는 공판중심주의가 다시 형해화될 우려가 높다는 비판이 있다.23)

즉 피의자의 진술이 담긴 영상녹화물을 조서 대신 증거로 제출하여 사용하는 것은 자칫 비디오재판을 초래해 조서재판보다 오히려 더 공판중심주의를 구축(驅逐)할 위험성이 크다는 것이다. 그러나 영상녹화물은 시각적 · 음향적으로 무엇이 진술을 혹은 자백을 이끌어 냈는가에 대하여 명확하게 보여 주므로 이를 통하여 판사가 신속

---

22) Buckley/Jayne, Eletronic Recording of Interrogations, 2005, 14면.
23) 참여연대, 공판중심주의 법정심리절차 확립을 위한 형사소송법 개정안에 대한 의견서(2005.11).

하게 진술의 신뢰성을 판단할 수 있다는 점에서 기존의 신문조서의
숙독을 통한 사안파악과 비교해 볼 때, 오히려 시간이 더 절약될 것
으로 보인다.

(3) 조작의 위험

피고인의 방어권과의 관계에서 영상녹화물이 가질 수 있는 문제
점, 즉 영상녹화물 자체가 가지는 편견 제공의 우려, 촬영자나 편집
자의 일방적인 영향력 및 촬영이나 편집기법에 따른 조작의 가능성
이 상존한다는 견해가 있다. 더욱이 비디오녹화 전 피의자에게 가해
진 회유·협박·강박 등 그 진술의 임의성을 침해할 수 있는 상황
이 전혀 테이프에 기록될 수 없는 본질적인 한계를 가지고 있다는
것이다.[24]

그러나 피의자신문의 진행과 동시에 실시간으로 두 개의 CD에 녹
음·녹화되며, 그중 하나는 수사 및 재판에 활용하고, 다른 하나는
피의자의 서명날인을 받은 후 엄밀히 봉하여 특수 압수물에 준하여
보관·처리하며, 종국으로는 녹음·녹화된 데이터를 중앙컴퓨터에
자동적으로 저장시켜 관리한다면 증거조작의 위험은 원천적으로 불
가능할 것이다.

실무에서도 서울남부지검의 영상녹화조사 시설을 살펴보면, 카메
라가 고정 설치되어 있어 조사시나 도중에 이를 임의로 변경할 수
없고, 조사종료 직후 조사내용이 녹화된 CD를 출력하여 피조사자가
확인할 수 있도록 하고 있으며, 서명날인을 받아 봉인하고 있다.

---

24) 서보학, 앞의 논문, 28면.

비디오신문 전의 인권침해행위에 대해서도 체포시각은 물론 피의자신문의 개시시각을 기재토록 하고, 피의자가 원하는 경우 변호인 참여권 및 영상녹화의 내용에 대한 이의진술권을 보장한다면 충분히 극복될 수 있는 문제라고 생각된다.

(4) 법관의 심증형성 방해 위험성

영상녹화의 경우 피의자신문의 전 과정을 녹화하도록 담보할 실질적인 안전장치를 마련하는 것이 사실상 불가능하고 대부분 신문과정의 일부분(특히 자백하는 장면)만을 법정에 전달할 수밖에 없는 한계를 가지고 있음에도 불구하고, 피의자의 진술장면과 육성을 담고 있는 영상녹화물이 법정에서 그대로 재현될 경우 법관이나 재판에 참여하는 배심·참심에게 매우 강력한 인상을 남겨 올바른 심증형성을 방해할 위험성이 매우 크다는 것이다.25)

그러나 실질적 의미의 피의자방어권이라는 것은 진실한 자백은 진실하게 인정받을 수 있는 반면, 허위나 조작 가능성이 있는 자백은 배척하는 것이어야지 생생하게 기록되어 나중에 이를 부정하기 어렵다는 이유로 사법정의와 어긋나게 이를 배척하는 것은 문제가 있다.26)

더욱이 전 과정의 영상녹화를 담보할 안전장치가 마련되어 있을 뿐만 아니라 조사나 신문을 전자적으로 기록하기 위한 전자기록의 장비적 측면에서 고려해야 할 궁극의 목적은 조사나 신문, 자백이

---

25) 참여연대, 공판중심주의 법정심리절차 확립을 위한 형사소송법 개정안에 대한 의견서(2005.11).
26) 나영민/박노섭, 앞의 논문, 74면.

법정에서 증거로 사용될 수 있도록 기록되어야 한다는 점에서[27] 피고인에 대한 증거의 신빙성을 강화하는 수단으로 법정에서 사용하는 것이 오히려 당연한 결론이라고 생각된다.

(5) 신문기법의 효율성 감소

전자기록된 신문과정이 범죄자들의 세계에 비밀을 드러내게 되어 결과적으로 신문기법의 효율성을 감소시킬 수 있다는 것이다.[28] 특히 우리나라의 경우 물적 증거가 없어 범인의 진술 이외에는 진상해명이 불가능한 뇌물사건 등이 적지 않을 뿐만 아니라 조직범죄 등의 경우 변호인에 의한 영상녹화물의 열람을 통해 범죄조직원에게 유출될 가능성도 있으므로 수사 자체가 불가능해질 수 있다는 것이다.

---

27) Buckley/Jayne, Op.cit., 17면.
28) Op.cit., 2면.

제3절 영상녹화조사 세부사항

1. 영상녹화 대상

(1) 영상녹화 대상 사건 선정 기준

대검찰청의 자료에 따르면[29] 영상녹화를 하는 이유는, 첫째, 조사과정에서의 피의자나 참고인(이하 '피의자 등'이라 함)의 진술을 가감 없이 그대로 법정에 현출시켜 이를 증거로 사용하려는 것이고, 둘째, 신속하고 효율적인 조사를 하고자 함이며, 셋째, 수사과정을 그대로 녹화하여 수사과정의 투명성을 보장함으로써 인권을 보호하고 적법절차 시비에 대비하려는 것이라는 내용을 설시하고 있다.

먼저, 피조사자 진술의 증거 사용 측면에서 영상녹화 대상사건 선정기준을 검토하여 보면, 현행법에서는 기소가 전제되는 사건에서 피의자 등의 진술이 증거로 사용되어질 것이 예상되고, 이들의 진술 번복 또는 조서의 진정성립 부인 가능성이 예상되면 영상녹화가 필요하다.

둘째, 수사나 조사의 효율성 측면과 관련하여, 현행법의 해석상 모든 사건에 있어서 반드시 조서가 작성되어야 한다고 해석되지 않으므로, 조서가 필요 없고, 영상녹화조사가 효율적인 경우에는 조서작성 없이 영상녹화만 할 수 있다.

셋째, 수사과정의 적법성 증명과 관련하여, 사건의 성격상 조사과

---

29) 대검찰청 과학수사기획관실, 영상녹화조사업무, 2007.12.

정의 적법성에 대한 증명방법을 확보하여 외부의 의혹제기 등에 대비할 필요가 있을 경우 조서작성과 동시에 또는 영상녹화조사만을 실시할 수 있다.

(2) 진술증거 필요 사건

기소 시 피의자 등의 수사기관에서의 진술을 그대로 유지시키거나 이를 법정에 현출할 필요가 있는 경우에, 사안의 중대성, 피의자의 특성 또는 진술번복 가능성 등을 고려하여 진술의 임의성, 조서의 진정성립, 특신상태 또는 수사과정의 적법절차 등을 다툴 것으로 예상되면 영상녹화를 한다. 그 세부 판단 기준은 다음과 같다.

가. 기소 예상 사건

먼저 기소가 예상되는 사건이어야 한다. 기소되지 않을 사건은 진술증거 사용문제가 나올 수 없으므로 진술을 법정에 현출시킬 방법을 강구하지 않아도 된다.

나. 진술 증거의 중요성

피의자 등의 진술이 범죄사실이나 범죄정황의 전부 또는 일부에 부합하고 그 진술이 범죄사실 입증에 반드시 필요한 경우 영상녹화 필요성을 검토하여야 한다. 자백 외에 고의 입증 수단이 없는 경우나 자백 외에 다른 본증이 없는 경우 등 자백이 공소사실 입증의 결정적 증거인 사건, 유일한 목격자 진술의 경우에는 영상녹화가 필수적으로 보인다.

다. 진술 번복 등의 가능성

피의자 등이 법정에서 진술의 임의성, 특신상태 등을 부인하거나 진술을 번복할 가능성이 있으면, 조사과정을 영상녹화하여 진술번복 가능성을 차단하고, 진술 번복을 하더라도 수사기관에서의 진술을 법정에 현출시킬 수 있도록 하여야 한다.

피의자 등의 태도 변화 가능성은 자백 외 다른 객관적 본증의 존재 여부 등 자백이 범죄사실의 입증에 영향을 미치는 정도, 공범이나 대항범과의 관계, 실형선고 가능성, 화이트칼라 범죄 여부, 피의자의 명예와 관련된 사건인지, 피의자의 전과 등 범죄경력, 피의자 등의 개인 성향, 피의자와 참고인과의 관계 등 여러 요소를 종합적으로 고려하여 판단해야 할 것이다.

라. 조서작성 병행 원칙

이 경우 영상녹화조사는 조서작성과 병행하여 하는 것이 원칙이다. 영상녹화물을 본증으로 사용할 수 있다면 조서작성을 병행할 이유는 없음이 명백하고, 본증으로 사용하지 못한다고 하더라도 영상녹화물의 담보적 기능이나 법정에서의 신문에 의하여 피의자 등이 수사기관에서의 진술을 그대로 유지하거나 피의자 등의 진술을 그대로 현출하여 이를 증거로 사용하는 경우 조서를 증거로 제출할 필요가 없으므로 조서작성을 강제할 필요는 없을 것으로 보인다.

그러나 조서작성 없이 제작된 영상녹화물을 본증으로 사용할 수 있을지에 대하여 현재 견해가 대립되어 있는 상태이고, 조서작성 없이 영상녹화만을 하였으나 피의자 등이 수사기관에서의 진술 자체를 부인하는 경우 수사기관에서의 진술을 입증하기 위해서는 영상녹화물을 본증으로 사용하여야 하는데, 이러한 경우 법원이 영상녹화물을 본증으로 받아들일 수 없다고 하면 검사는 영상녹화물을 사용할 방법이 없어지게 된다. 따라서 검사는 이러한 경우를 대비하여 조서를 작성할 필요가 있다. 단 다른 객관적 진술에 의하여 입증이 가능한 경우에는 반드시 영상녹화와 조서작성을 병행할 필요가 없음은 물론이다.

또한 수사 도중의 기록 검토의 편의성, 1심과 2심 공판 관여검사의 기록 검토 편의성 등을 고려하면 조서를 작성하는 것이 효율적인 측면도 있다. 조서를 작성하지 않더라도 진술요약서는 작성하여야 하므로 진술요약서 작성에 더 시간을 요할 수도 있고, 조서를 통한 재판이 효율적이기 때문이다. 다만, 조서작성과 영상녹화를 병행하면 업무가 가중될 수 있으므로 조서작성을 합리화하는 것이 필요하다.

(3) 조사의 효율성 측면

피의자 등의 진술을 증거로 사용할 필요가 없는 경우에는 피의자 등에 대한 조사결과를 기록에 효율적으로 현출시키면 족하고, 조서 작성과 동시에 조사과정을 영상녹화할 필요는 없다. 이러한 경우 검사는 조서작성과 영상녹화 중 어떤 것이 효율적인지를 판단하여 영상녹화조사가 더 효율적이라고 판단되면 영상녹화만 하면 된다.

조서를 작성하지 않은 채 영상녹화만 실시하는 경우에는 검사는 수사관에게 명하여 피의자 등의 진술을 요약한 수사보고서(진술요약)를 작성하도록 해야 한다.

피의자 등의 진술을 증거로 사용할 필요가 없는 경우는 불기소 사건과 기소하더라도 다른 증거에 의하여 범죄사실이 입증되는 사건의 두 가지로 대별하여 볼 수 있다.

가. 불기소 사건

불기소 사건의 경우, 원칙적으로 재판이 전제되어 있지 않아 진술을 증거로 사용할 필요가 없으므로 조서를 반드시 작성해야 할 필요는 없다. 불기소 사건의 경우 검사는 자신이 현재 하고 있는 업무량·수사관과의 업무 분담 등을 고려하여 영상녹화조사를 하는 것이 조서작성방식의 조사보다 더 효율적이라고 판단되는 경우 조서작성 없는 영상녹화조사를 하면 된다.

불기소사건 중 ① 간단한 사건, ② 다수관계자 있으나 사안은 복잡하지 않은 사건의 경우는 조서작성보다는 영상녹화 조사가 더 효율적인 조사방법으로 생각된다. 또한 사전에 충분한 준비를 하여 쟁점별로 명확하게 신문하고 결과를 진술요약서에 잘 정리를 한다면 사안이 복잡하고 쟁점이 많은 사건일지라도 영상녹화조사만으로 효율적인 조사를 할 수 있을 것으로 보인다.

나. 다른 증거에 의하여 입증이 가능한 사건

기소 시 피의자 등의 진술 이외에 다른 증거에 의하여 입증이 가능한 경우, 검사는 피의자를 조사할 것인지, 조사한다면 그 조사결과를 어떤 방법으로 기록에 현출시킬 것인지에 대한 판단을 하여야 한다. 먼저 증거가 명백하여 피의자에 대한 추가조사 없이 기소가 가능한 사건의 경우는 피의자 조사 없이 기소하면 되므로 검찰단계에서의 조서작성이나 영상녹화 문제는 발생하지 않음은 당연하고, 피의자에 대한 조사가 필요하더라도 다른 객관적 증거 등에 의해 입증 가능한 경우에는 피의자를 조사하고 그 결과는 조서와 영상녹화물의 형태에서 하나를 선택하면 될 것이다.

어느 것을 택할 것인지는 검사가 그 사건의 성격에 따라 종합적으로 고려하여 판단해야 할 것이나, 이미 많은 증거가 있는 상황이므로 내용 정리에 많은 시간을 요하는 등의 특별한 경우를 제외하고는 영상녹화조사를 하는 것이 더 효율적일 것이다.

다. 조서작성 불요

이 경우의 영상녹화에는 조서를 작성할 필요가 없다. 조서가 유용한 재판과정이 전제되어 있지 않거나 재판과정이 전제되어 있다고 하더라도 다른 증거로 입증이 가능하기 때문이다. 영상녹화만 실시한 경우에는 수사보고서(진술요약)를 작성하여 기록에 편철하면 된다.

2. 영상녹화와 관련된 쟁점사항

(1) 단독조사 문제

가. 피의자 조사

조서의 증거능력 인정을 위해 검사가 조사의 전 과정에서 피의자를 직접 신문하고 참여수사관이 조서를 작성함이 원칙이다. 간단한 사건의 경우는 이러한 원칙에 의하더라도 영상녹화조사에 걸리는 시간이 짧아 문제는 없다.

그러나 관련자가 다수이거나 사실관계가 복잡한 경우 또는 피의자와 고소인 간 주장내용이 극명하게 대립되고 복잡하여 각 주장내용에 대한 정리가 필요한 경우에는 장시간을 요하여 영상녹화조사에 부담을 느끼는 문제가 발생한다.

이러한 경우 영상녹화 신문방법에 대하여 대검찰청의 자료에 따르면, 원칙에 입각하여 복잡한 사건이라도 검사가 전 과정을 직접 조사해야 한다는 방안(제1안), 검사가 영상녹화 시작시점에 중요사항 신문 후 기타 부수적 내용은 참여수사관이 단독으로 신문하여 간단히 조서 초안을 작성하고, 다시 검사가 이를 최종 확인하는 신문을 거쳐 조서작성을 완료하되, 이를 모두 영상녹화하는 방안(제2안), 검사가 영상녹화 시작 시점에 사안 개요, 자백 여부를 확인하는 수준의 면담을 거친 후 피의자의 양해를 구하고 참여수사관이 쟁점 정리 등 기초조사 내지 조사 준비적 성격의 문답을 행하며, 쟁점이 일정 수준 정리되면 검사가 본격적으로 신문을 실시하는 방안(제3안)이

검토되었다.30)

실제 시범실시 결과 제2안과 제3안에 따르더라도 검사가 영상녹화실에 동석을 하지 않고 있으면 참여수사관의 단독조사임이 너무도 명백해 보인다는 점에서 검사의 동석이 필요하고, 검사가 동석할 경우 검사가 조사과정에 주도적으로 참여하지 않으면 그 과정이 전부 녹화되어 오히려 단독조사를 하였다는 시비를 유발할 가능성이 있다는 문제점이 대두되었다. 따라서 검사가 조사의 전 과정에서 직접 신문을 하고 신문의 전 과정을 주도해야 할 것이다. 그러기 위해서는 사전 쟁점정리가 필수적이고 이러한 경우 참여수사관으로 하여금 사전에 쟁점을 정리하게 하고 조서 초안을 작성하도록 하며 이를 기초로 조사를 진행하여 단시간 내 조사를 완료할 수 있도록 하여야 한다.

나. 참고인 조사

① 검사의 단독조사

참고인 조사의 경우는 피의자신문의 경우와는 달리 참여규정이 없다. 따라서 참고인에 대한 경우 검사는 참여수사관의 참여 없이 단독으로 조사할 수 있고 이에 대한 영상녹화를 할 수 있음은 물론이다. 또한 영상녹화와 조서작성을 병행하는 경우에도 위와 같이 참여규정이 없으므로 검사 단독으로 영상녹화 조사를 하면서 조서를 작성할 수도 있다.

---

30) 대검찰청 과학수사기획관실, 영상녹화조사업무, 2007.12. 26 - 34면.

② 참여수사관의 단독 영상녹화조사

참여수사관이 사법경찰관 자격으로 단독으로 참고인을 조사하고 이에 대하여 참여수사관 명의의 참고인 진술조서를 작성할 수 있는지에 관해서는 수회 논의한 바 있으나 현재로서는 이를 허용할 수 없다고 방침이 정하여졌다.

그러나 조서를 작성하지 않는 경우는 참여수사관이 사법경찰관 자격으로 영상녹화조사를 할 수 있도록 하였다(지침 제7조 제1항 참조). 따라서 기소 사건에서 참고인에 대하여 조서작성 없이 영상녹화조사를 하는 경우나 불기소 사건에서 참고인 조사의 경우에는 참여수사관 단독으로 할 수 있다.

이와 같이 참여수사관 단독으로 영상녹화조사를 할 수 있도록 한 것은 참고인의 경우만이라도 참여수사관이 단독으로 영상녹화를 할 수 있게 하여 검사와 참여수사관의 업무분담이 가능하도록 하기 위함이다.

또한 조서 대신 진술서를 받는 경우에는 조서작성 없이 영상녹화만을 하는 경우에 준하여 참여수사관 단독으로 조사를 하도록 하는 것도 가능하다고 판단된다. 이 경우에는 진술서가 작성되고 검사 명의의 조서가 작성되지 않아 검사실에서 사법경찰관 명의의 조서가 작성되는 일은 없고, 참고인이 작성한 진술서의 증거능력은 검사와 사법경찰관 사이에 차이가 없기 때문이다.

(2) 영상녹화의 범위

현행 형사소송법 제244조의 2 제1항은 영상녹화의 범위와 관련하여 "조사의 개시부터 종료까지의 전 과정 및 객관적 정황을 영상녹화하여야 한다"고 규정하고 있고, 현행 형사소송규칙 제132조의 2 제3항은 "조사가 개시된 시점부터 조사가 종료되어 피의자가 조서에 기명날인 또는 서명을 마치는 시점까지 전 과정"이 영상녹화되어야 한다고 규정하고 있다. 즉 영상녹화는 조사의 처음부터 마지막까지 계속적으로 영상녹화가 되어야 하는 것이다.

이러한 요건의 충족 문제 중에서, 영상녹화의 시작시기와 관련하여서는 영상녹화 없이 조사를 진행하던 중 피의자 등의 태도변화 등으로 영상녹화의 필요성이 발생한 경우 그때부터 영상녹화를 할 수 있는지 및 조사의 전 과정을 영상녹화하여야 한다는 규정과 조화를 이룰 수 있는 것인지가 문제 되고, 녹화의 종료시기와 관련하여서는 어느 시점까지 영상녹화를 할 것인지 문제 된다.

가. 조사 도중 영상녹화의 필요성이 발생한 경우

① 문제 되는 상황

송치사건에 있어서는 비교적 영상녹화를 할 것인지를 쉽게 판단할 수 있다. 영상녹화가 필요한 사건은 처음부터 영상녹화를 할 것이기 때문에 조사 도중 영상녹화의 필요성이 발생하는 상황은 드물 것이다. 그러나 송치사건 수사에 있어서도 피의자가 부인을 하여 영상녹화를 할 필요성을 느끼지 못하여 영상녹화 없이 조사를 하였으나 조사 도중 피의자가 심경변화를 일으켜 자백을 하는 경우, 기소 여부가 불분명하여 일단 영상녹화 없이 조사를 하였으나 조사 도중 기소할 사건으로 판단되는 경우에는 조사 도중 영상녹화 필요성이 발생할 수 있다.

인지사건을 포함한 직수사건의 경우에는 조사 도중 영상녹화를 할 필요성이 발생하는 경우가 송치사건에 비하여 훨씬 많을 것이다. 직수사건의 경우 피의자나 참고인의 진술 내용을 미리 알 수 없어 영상녹화를 처음부터 해야 하는지를 판단할 수 없으므로 처음에는 영상녹화 없이 조사를 하는 경우가 많기 때문이다.

특히 특수수사와 관련하여 오히려 특수수사에서의 영상녹화가 중요하므로 처음부터 영상녹화를 해야 한다는 주장과 특수수사의 경우에는 송치사건과 달리 피의자와 신뢰관계를 형성하거나 장시간 설득작업이 필요한 경우가 있고, 설득과정 등까지 영상녹화할 경우 수사기법 노출 등 문제가 발생할 우려가 있으므로 처음부터 영상녹화를 실시하지 않는 것이 바람직하다는 의견이 대립된다.

처음부터 영상녹화를 실시하면 진술의 임의성 입증에 있어서는 확실히 도움이 되므로 당시 상황이 가능한 상황이라면 처음부터 영상녹화를 하는 것이 바람직하겠지만, 일반적으로 살펴볼 때 특수수사는 비교적 짧은 시간 동안 피의자로 하여금 자신에게 불리한 사실을 스스로 진술하도록 하는 과정이므로 조사에 대부분 장시간을 요하고, 피의자 등의 진술내용을 예측할 수도 없으므로 처음부터 영상녹화를 한다는 것이 실무상 어려울 경우가 많을 것이다.

따라서 특수사건에 있어서도 되도록 처음부터 영상녹화를 하도록 노력하되, 처음부터 영상녹화의 필요성을 판단할 수 없다면 예외적으로 처음에는 영상녹화 없이 조사를 시작하는 것이 타당할 것이다.

② 대처방안

위와 같은 상황에서 조사 도중 영상녹화의 필요성이 발생한 경우,

조사의 전 과정을 영상녹화하도록 하였으므로 중간에 영상녹화를 하는 것은 위법이라고 판단하여 그대로 조서작성 방식에 의한 조사를 유지해야 할 것인가의 문제이다.

이 문제에 대한 판단을 위해서는 영상녹화물의 범위에 관한 규정이 만들어진 과정에 대한 고찰이 필요하다. 당초 사개추안은 '모든 조사의 전 과정'을 영상녹화하여야 한다고 규정하고 있었다. 이러한 사개추안에 의하면 피의자를 3회 조사한 경우에는 3회 모두 영상녹화해야 요건을 충족하는 것이다.

그러나 국회 논의 과정에서 조사가 진행되면서 영상녹화조사가 필요한 경우가 있는데 그러한 경우까지 앞의 조사가 영상녹화되어 있지 않다는 이유로 뒤의 조사를 영상녹화하지 못한다든가, 뒤의 조사를 영상녹화하였음에도 그 영상녹화물이 요건을 갖추지 못하였다고 하는 것은 부당하므로 '모든'이라는 단어는 삭제하고 '당해' 조사의 전 과정을 영상녹화하지 않았더라도 별도의 2회 조사는 얼마든지 영상녹화할 수 있는 것이다.

따라서 이러한 현행법의 취지에 맞게 조사 도중 영상녹화의 필요성이 제기된 경우에는 그 시점에서 그 조사를 끝내고, 새로운 조사를 시작하면서 새로운 조사과정을 영상녹화하면 현행법의 요건에 부합하게 된다. 특히 영상녹화물과 조서의 진정성립과의 관계에서 영상녹화물은 당해 조서의 진정성립을 증명하는 것일 뿐 그 전후 조서의 진정성립을 인정케 하는 것은 아니므로 위와 같이 새로운 조사를 시작하면서 이를 영상녹화하여 그 조사 부분의 진정성립 인정 수단으로 사용하는 것은 아무런 문제가 없는 것으로 판단된다. 뒤의 새로운 조사 부분에 대해서는 조사의 전 과정이 영상녹화되어 있음이 명백하여 현행법의 요건을 충족시키기 때문이다. 다만 이러한 경우

앞의 조사에 회유나 협박이 있었다는 주장이 제기될 수 있으나 이러한 주장은 자백의 임의성에 관한 문제이지 영상녹화의 요건에 관한 문제는 아닌 것이다.

물론 이러한 방법에 대하여 비판이 있을 수 있다. 그러나 앞에서 살펴보았듯이 영상녹화를 한 경우 그 담보적 효력이 있어 피의자 등이 섣불리 진술 번복을 하지 못할 것이므로 이러한 효력에 비추어 보아도 조사 도중에 영상녹화 필요성이 발생한 경우에는 영상녹화를 하는 것이 타당하다. 검찰사건사무규칙에도 조사 도중 녹화필요성이 발생한 경우 진행 중인 조사를 중단하고, 그다음 조사부터 영상녹화를 하도록 규정하였다.31)

③ 구체적인 조사의 종료 방법

조사 도중 영상녹화의 필요성이 발생한 경우에는 그 즉시 당해 조사를 종료하여야 한다. 그렇지 않고 조사를 계속하여 모든 사항을 조사한 후 나중에 필요한 부분만 영상녹화를 하면 별개의 조사를 영상녹화하는 것이므로 요건상 문제 될 것은 없지만 앞의 조사에서 회유나 협박이 있었다는 등 진술의 임의성 문제가 제기되면 즉시 조사를 종료한 경우와 비교하여 대처하기가 곤란하기 때문이다. 즉 앞의 조사는 피의자가 부인하는 상황, 검사가 추궁하는 상황, 이에 피의자가 자백하겠다고 말하는 순간까지만 하면 된다. 세부적인 상황에 대

---

31) 검찰사건사무규칙 제13조의 5(영상녹화) 제2항.
   ② 검사는 조사과정을 영상녹화하는 경우 당해 조사의 시작부터 종료 시까지의 전 과정을 영상녹화하여야 하며, 조사 도중 영상녹화의 필요성이 발생한 경우에는 그 시점에서 진행 중인 조사를 종료하고, 그 다음 조사의 시작부터 종료 시까지의 전 과정을 영상녹화한다.

해서는 새로운 조사에서 신문하여야 한다. 실질적으로 다른 조사임을 나타내기 위한 것이고, 미리 다 자백을 받아 놓고 필요한 부분만 영상녹화를 하였다는 오해를 피하기 위함이다.

이때 조사를 종료하는 방법은 이미 진행된 조사시간의 장단에 따라 결정하면 될 것이다. 그야말로 범죄사실에 대한 구체적인 신문 없이 면담을 하는 과정에서 짧은 시간 안에 피의자 등이 스스로 자복을 하였다면 별도의 조치 없이 1회 조사를 시작하면서 영상녹화를 하여도 될 것이다.

그러나 범죄사실에 대한 구체적인 신문을 하였다면 피의자 등에게 진술서를 작성하게 하거나 조서를 작성하여 그때까지의 조사상황을 그대로 기재하는 것이 타당할 것이다. 진술서를 택할 것인지 조서를 택할 것인지는 상황에 따라 결정하여야 할 문제이나 신문시간이 짧아 진술서로 정리를 하는 것이 가능하다면 진술서를 이용하는 것이 진술의 임의성 입증에 있어서는 더 효과적으로 보인다.

그러나 상당한 시간이 흘렀음에도 간단한 진술서만을 제출한다면 오히려 그 시간 안에 무슨 일이 있었는지에 대하여 의심을 받을 염려가 있으므로 그러한 경우에는 조서에 상세하게 그때까지의 조사상황을 기재하는 것이 좋을 것이다.

④ 별도 조사 방법

앞의 조사에서 자백을 하겠다고 말하는 순간까지의 과정을 조사하였으나, 뒤의 새로운 조사에서는 당연히 다시 자백에 이른 경위에 대하여 상세히 조사를 하는 것이 필요하다. 앞에서 협박이나 회유가 있었다는 주장에 대비하기 위해서다. 또한 뒤의 조사에서는 앞의 조사에서는 나오지 않았던 범죄사실의 세부적인 상황을 자세히 조사하여야 한다. 즉 실질적으로 앞의 조서와 뒤의 조서는 그 내용이 달라야 하는 것이다.

뒤의 조사를 시작하는 시기도 조절할 필요가 있다. 앞의 조사를 마친 즉시 뒤의 조사를 시작한다면 인위적으로 조사를 중단하였다는 비판에서 자유로울 수 없고 회유나 협박 주장 시에도 앞의 협박이나 회유가 뒤의 조사에 영향을 미쳤다는 주장이 제기될 수 있다. 이에 대해서는 일단 뒤의 조사를 영상녹화한 후 다음 날 다시 영상녹화 조사를 하거나, 상당기간 구치감에 돌려보냈다가 다시 조사하는 방법, 가족이나 변호인을 면담시키거나 통화하게 하여 자백의사 및 수사 도중 회유나 협박이 없었다는 점을 확인하도록 한 다음 조사하는 방법 등이 강구될 수 있을 것이다.

나. 조서작성 및 기명날인 등 과정의 영상녹화 여부

조사의 전 과정을 영상녹화해야 한다는 요건과 관련하여 조사의 종료 시기는 언제이고 언제까지 실제 영상녹화를 해야 하는지, 조서작성 과정도 녹화해야 하는지가 문제 된다. 이에 대하여 문답만을 영상녹화하면 되고 조서작성과정 및 조서열람, 기명날인 등 과정은 영상녹화를 할 필요가 없다는 의견과 문답과정은 물론 기명날인 등 과정까지 전부 영상녹화를 하여야 한다는 의견, 조서작성 과정에 대한 영상녹화는 필요 없으나 적어도 열람 및 기명날인 등 과정에 대해서는 영상녹화를 해야 한다는 의견이 있다.

먼저 기명날인 등 과정에 대한 영상녹화 여부에 대하여 살펴보면, 법리상 조서의 열람 및 증감·변경 과정까지 문답이 예정되어 있으므로 그 부분까지는 반드시 영상녹화하여야 할 것이고, 조서열람 및 증감·변경 과정 바로 뒤에 조서에 기명날인 또는 서명하는 과정이 나오므로 굳이 기명날인 등 과정을 배제할 필요는 없다 할 것이어서 기명날인 등 과정까지 계속 녹화하는 것이 타당할 것이다.

문답과정만을 영상녹화하여도 조서의 진정성립 인정에는 아무런 문제가 없으나, 형사소송규칙에 조서에 기명날인 혹은 서명을 마치는 시점까지 영상녹화를 하도록 규정되어 있고, 조서열람 및 증감·변경까지 녹화하여야 한다는 굳이 그다음 단계인 기명날인 또는 서명 과정을 녹화에서 제외할 필요는 없기 때문이다.

다음으로 조서작성 과정에 대한 영상녹화 여부에 대하여 살펴보면, 검사가 문답함과 동시에 참여수사관이 조서를 작성하는 방식을 취하면서 문답의 기재가 완료된 후 다음 질문으로 넘어가는 방식을 취한다면 조서작성과정에 대한 영상녹화문제는 발생하지 않을 것이나, 먼저 구두로 신문을 한 후 그 진술내용을 메모하였다가 신문 종료 후에 조서작성을 하는 방식을 취한다면 장시간 조서작성만 하는 장면을 영상녹화할 필요가 있는가 하는 문제가 발생한다. 이때 조서작성에 장시간을 요한다면 굳이 단순히 조서를 작성하는 과정은 영상녹화를 할 필요가 없어 보인다.

조서작성과정은 조사과정이 아니기 때문에 조서작성과정을 영상녹화하지 않는다고 하여 조사의 전 과정을 영상녹화하여야 한다는 요건에 위배되지 않는다고 판단되기 때문이다.

따라서 피의자 등에게 조서작성을 위하여 영상녹화를 중단한다는 취지의 말을 하여 영상녹화를 중단하고 조서작성 완료 후에 다시 영상녹화 조사를 재개하여 조서의 열람 및 증감·변경 과정을 영상녹화하면 될 것이다.

검찰사건사무규칙에도 조서작성에 시간이 걸리는 등 조서작성 과정을 영상녹화하는 것이 상당하지 않은 경우에는 조서작성 과정에 대해서는 영상녹화를 중단하도록 규정하였다.[32] 이 경우 영상녹화 중단 시에 회유나 협박이 있었는지 등이 문제될 수 있으므로 영상녹화 중단 시 무슨 일이 있었는지 다시 확인해야 함은 물론이다.

(3) 조서작성 주체

영상녹화 조사시 조서를 누가 작성해야 하는가의 문제는 참여수사관과 검사의 역할분담문제와도 관련이 있다. 이에 대하여 영상녹화시 문답을 하는 검사가 작성을 하여야 한다는 의견과 문답은 검사가 하고 조서는 참여수사관이 작성을 해야 한다는 의견이 있다.

생각건대 영상녹화를 하는 경우 절차적 투명성이 보장되므로 조서작성의 투명성을 보장하는 측면에서의 참여제도가 사실상 필요 없게 된 것은 사실이므로, 영상녹화 조사시 참여수사관이 조서를 작성하는 것이 원칙일 것이다.

다만 검사가 직접 조서를 작성하였다고 하여 문제될 것은 없어 보인다. 따라서 사건의 성격에 따라 검사의 판단하에 조서를 작성하는 주체를 정하면 될 것이다.

다음으로 참여수사관이 조서를 작성하는 경우, 그 방식에 대하여

---

32) 검찰사건사무규칙 제13조의 5(영상녹화) 제3항
③ 검사는 조서작성과 동시에 영상녹화를 하는 경우 조사의 시작부터 조서에 기명날인 또는 서명을 마치는 시점까지의 전 과정을 영상녹화하여야 한다. 다만 조서작성에 시간을 요하는 등 조서작성과정을 영상녹화하는 것이 상당하지 않은 경우에는 문답 종료 시점부터 조서작성 완료 시까지 영상녹화를 중단하고, 조서열람 시부터 영상녹화를 재개할 수 있다.

검사가 문답을 완료한 후 구술하는 내용을 참여수사관이 받아 적어야 한다는 의견과 검사 조사와 동시에 참여수사관이 조서를 작성해야 한다는 의견, 검사 신문 과정을 메모한 후 신문이 끝나면 참여수사관이 조서를 작성해야 한다는 의견 등이 제시되었는데, 이것도 사건의 성격에 따라 적절한 방식을 취하면 될 것으로 보인다.

또한 참여수사관이 조서를 작성함에 있어 조서작성에 필요한 보충질문을 할 수 있는지도 문제 되나, 조서작성에 필요한 범위 내에서의 보충질문을 할 수 있는 것으로 보아야 한다. 검사가 동석을 하고 있는 이상 조서작성을 위한 한도 내에서의 보충적인 질문은 검사가 주도적으로 신문하는 한도 내의 행위여서 문제 될 것은 없는 것이다.

제4절 우리나라 영상녹화의 운영실태

1. 관련 규정

현행법 규정으로는 피해자가 16세 미만이거나 신체장애 또는 정신상의 장애로 사물을 변별하거나 의사를 결정할 능력이 미약한 경우에 비디오녹화기 등 영상물 녹화장치에 의하여 촬영을 의무화하고 있는 성폭력범죄의 처벌 및 피해자보호에 관한 법률 제21조의 3 제3항 내지 제6항 규정[33]과 특정범죄신고자 등 보호법 제10조[34]를 제

---

33) 성폭력범죄의 처벌 및 피해자보호에 관한 법률 제21조의 3(영상물의 촬영·보

외하고는 달리 수사과정에서의 녹음·녹화에 관한 규정이 없었으나, 현행 형사소송법이 피의자·참고인에 대한 영상녹화를 할 수 있는 근거규정을 마련함으로써 이제는 전환점을 맞이하고 있다.

2. 시행현황

(1) 검찰현황

서울 남부지검의 전자조사실 현황을 살펴보면, 검사신문실 1실과

존 등)
③ 제1항의 피해자가 16세 미만이거나 신체장애 또는 정신상의 장애로 사물을 변별하거나 의사를 결정할 능력이 미약한 때에는 피해자의 진술내용과 조사과정을 비디오녹화기 등 영상물 녹화장치에 의하여 촬영·보존하여야 한다. 다만, 피해자 또는 법정대리인이 이를 원하지 않는 의사를 표시한 때에는 촬영을 하여서는 아니 된다.
④ 제3항의 규정에 따라 촬영한 영상물에 수록된 피해자의 진술은 공판준비 또는 공판기일에서 피해자 또는 조사과정에 동석하였던 신뢰관계에 있는 자의 진술에 의하여 그 성립의 진정함이 인정된 때에는 증거로 할 수 있다.
⑤ 수사기관은 제3항의 요건에 해당하는 피해자 또는 법정대리인으로부터 신청이 있는 때에는 영상물 촬영과정에서 작성한 조서의 사본을 신청인에게 교부하여야 한다.
⑥ 누구든지 제3항의 규정에 따라 촬영한 영상물을 수사 및 재판의 용도 외에 다른 목적으로 사용하여서는 아니 된다.
34) 특정범죄신고자 등 보호법 제10조(영상물 촬영) ① 범죄신고자 등에 대하여 형사소송법 제184조(증거보전의 청구와 그 절차) 또는 제221조의 2(증인신문의 청구)에 의한 증인신문을 하는 경우 판사는 직권 또는 검사의 신청에 의하여 그 과정을 비디오테이프 등 영상물로 촬영할 것을 명할 수 있다.
② 형사소송법 제56조의 2(공판정에서의 속기·녹취) 제2항 및 제3항의 규정은 제1항의 규정에 의한 영상물의 촬영비용 및 복사에 관하여 이를 준용한다.
③ 제1항의 규정에 의하여 촬영한 영상물에 수록된 범죄신고자 등의 진술은 이를 증거로 할 수 있다.

일반조사실 13실이 있으며, 2006년 1월부터 동년 8월까지 878회(구공판 481명, 구약식 100명, 불기소 203명)를 시행하였는데, 남부지검의 전자조사실이 생긴 2004년 12월부터 2006년 8월까지 총 2,173회가 시행되었다고 한다.

한편 순천지청의 경우 형사소송법 및 '영상녹화 업무처리 지침'의 개정으로 영상녹화를 위한 근거 및 물적 설비가 완비되었다. 그럼에도 불구하고 공소유지 과정에서 그 필요성이 그다지 크지 않은 도로교통법 등 사건에 영상녹화가 집중되고, 참고인보다는 대부분 피의자를 대상으로 한 영상녹화를 실시한 경향이 있었다.

전국적으로 보면 검찰은 2009년 7월 현재 전국 검찰청에 648개실의 영상녹화 조사실을 마련하고 있으며, 2009년 상반기 동안 34,082명을 영상녹화 조사하였다. 이는 2008년 같은 기간에 비해 4.38배 증가한 것으로 2008년 전체 영상녹화조사실적 27,769명을 뛰어넘는 수치이다.[35]

조사실은 2004년 12월 서울중앙지검 남부지청 등 4개 청을 시범실시청으로 지정하여 12실을 설치, 운영한 이후 2009년 12월 31일까지 전국 63개 청에 총 655실을 설치하였다.

조사실 설치현황은 <표 2>와 같다.[36]

---

35) 법률신문, 2009년 7월 15일자, 영상녹화물 증거능력 인증 입법화 추진.
36) 2010년 검찰연감.

〈표 2〉 조사실 설치현황(2004년~2009년)

연 도	계	검 사 신문실	여성, 아동 조사실	양 방 조사실	일체형	분리형
04년	12	1	4	7		
05년	42	4	9	29		
06년	70	1	6	63		
07년	242	9	7	226		
08년	212	4	5	135	51	17
09년	77	2	2	35	26	12
계	655	21	33	495	77	29

※ 전국 수사검사(924명, 2009년 12월 31일 현재) 대비 70.2% 설치
※ 설치 누계는 655개 실이나 신청사 이전 등으로 6개 실이 불응되어 총 649개 실 활용

가. 운영방법

대검 지침에 의해 사전 동의를 받아 영상녹화를 하는데, 현재 대검 지침 및 남부 지침에 의거하여 3가지 형태의 수사보고서(간략형, 부분녹취형, 전부녹취형)가 작성되고 있다.

나. 녹음녹화방법

먼저 조사(신문)실 입실 이전에 녹화개시 버튼을 작동시킨 다음, 입실 이후 별첨 고지문에 의해 조사자 신분과 녹화사실 고지·녹화동의의 의사확인, 조사개시 시각의 명시, 피의자의 권리 등을 설명한다.

조사가 종료한 후에는 종료시각을 확인하고, 조사실 퇴실·녹화 종료 버튼 작동·CD 제작과 라벨부착 및 피조사자를 확인하며, 녹화 후 조치로는 녹화사실 및 조사요지에 대한 수사보고서를 작성하여 기록에 첨부하는데, 수사보고서는 사안에 따라 개요만 작성하거나 비교적 상세내용을 첨부하거나 경우에 따라서는 녹취서에 상응할 정도의 상세한 보고서를 작성하며, 이 후 영상물 사본이 첨부된 수사보고서를 기록에 편철한다고 한다.

다. 증거채택 여부

증거로 채택하기로 결정을 한 경우는 모두 간이공판절차에 의하여 심판하기로 결정한 경우이며, 증거로 채택하지 아니하기로 결정을 한 경우도 CD제출이 적법한 증거제출방식에 해당하지 아니한다는 이유로 증거로 채택하지 아니하는 결정을 한 경우는 없고, 피고인이 법정에서 자백하였기 때문에 CD가 증거로서 필요 없다는 이유로 증거로 채택하지 아니하거나 피고인이 공소사실을 부인하는 경우에도 다른 증거들만으로 유죄판결을 하기에 충분하다고 보아 CD를 증거로 채택하지 아니한 경우가 있다[37]고 한다.

라. 증거조사의 실시 여부

증거조사를 실시한 경우에는 검사가 CD와 함께 제출한 CD요약서를 고지하는 방식으로 실시하였으며, 증거조사를 실시하지 않은 경

---

37) 이상훈, 수사과정 녹음·녹화 CD의 증거능력 및 증거조사방법, 중앙지법 형사심리절차연구회 발표자료, 3면.

우는 간이공판절차로 심판하기로 한 경우 전문법칙의 적용이 완화되어 증거동의가 의제되므로 특별히 증거조사를 실시하지 않은 경우도 있고, 법정에서 증거조사를 실시할 수 있는 물적 시설이 갖추어지지 않았다는 이유로 증거조사를 실시하지 않고 있는 경우도 있다[38]고 한다.

마. 시행에 대한 반응

검사의 경우 조서작성 시보다 여러 가지 제약을 받게 되는 것은 사실이지만 이러한 사실상의 제약 자체가 인권보장을 위해 필요한 조치라고 볼 수 있는 것이며, 조사시간이 단축되고 조사 중 조서작성에 따른 조사의 연속성 단절이 극복되어 피조사자의 답변 궁리시간을 차단하게 됨에 따라 결과적으로 진술의 신빙성이 높아져 실체적 진실발견에 도움이 된다면서 대부분 영상녹화제도에 대하여 긍정적인 입장이며, 피조사자의 경우도 거의 대부분 녹화에 동의하였으며, 조사 중에는 언동을 극히 조심하고 있을 뿐만 아니라, 조사 종료 후에도 조서작성 시와는 달리 녹화가 제대로 되었는지에 대해 이의 제기를 하지 않았으며, 조사시간이 단축된다는 점, 프라이버시가 보호되는 공간에서 조사를 받는다는 점, 시간적인 제약이 없이 자신들의 입장을 충분히 진술할 수 있는 기회가 부여된다는 점 등에 만족하였다고 한다.

---

38) 이상훈, 앞의 논문, 4면.

(2) 경찰의 운영

수사과정의 투명성을 확보하고 피의자 인권을 보호하기 위해 조사의 전 과정을 녹음·녹화할 수 있는 조사실이 전국 경찰관서에 설치·완료됨에 따라 이의 효율적인 운용을 위한 것이다. 다음에서는 이에 대한 추진 경과 및 실태들을 살펴볼 것이다.

가. 도입과정

강압수사로 인하여 국민들의 수사기관에 대한 불신이 더욱 깊어지자, 1998년 서울남부경찰서를 시범경찰서로 지정하여 1998년 11월 10일부터 1999년 4월 9일까지 피의자신문에 대한 비디오녹화제도를 도입하고자 시도하였다. 해당경찰서의 각 형사계 및 조사계 전체를 비추는 CCTV를 설치하여 24시간 작동시키면서 수사과장 및 형사과장실에서 피의자 자해행위, 장기대기 및 가혹행위에 대한 모니터링을 하였다. 수사사무실 내에는 2개의 별도조사실을 마련하고 카메라와 녹화기를 설치하여 강도, 살인 등과 같은 주요범죄 외 피의자를 조사할 때 수사과정을 녹화하여 영장신청 및 사건송치 시 이용하도록 권장하였다.

그러나 당시 조사계, 형사계 등 사무실에서 수사경찰관들이 각자 자기사건 관계인을 불러 동시에 조사를 진행하였기 때문에 진술녹음이 사실상 곤란하여 별도의 녹음·녹화실을 마련할 필요성이 제기되었다. 게다가 경찰청 내부에서도 유출가능성이 제기되어 살인사건 같은 매우 중요한 사건만 녹음·녹화해야 한다는 결론에 이르렀고, 녹음·녹화시설 설치에 대해서는 부정적인 이미지가 강했다. 그러다가 2000년대에 이르러 검찰이 진술에 대한 녹음·녹화를 활발히 추진하는 것에 힘입어 다시 피의자진술의 영상녹화제도 도입에 관심을 가지게 되었다.39)

나. 서울 양천경찰서 시범운용

2005년 9월에 영상녹화제도의 도입방침이 확정됨으로써, 같은 해, 10월 관할 법원 및 검찰과의 협의가 완료되어 2006년 1월에 서울의 양천 경찰서에서 시범운영을 하였다.40) 같은 해, 2월에 경찰수사연구소에서 2주 과정으로 '진술녹화 조사기법'과정을 신설하여 초기 350명이 수료하였다.41)

---

39) 김현숙, 피의자신문조서와 영상녹화물의 증거능력에 관한 연구, 196~197쪽.

40) 시범운영 당시만 해도, 경찰의 경우 시범운영 초기에는 영상녹화 당시 조서작성이 없이 진술과정을 녹음·녹화할 수 있을 것, 녹화테이프가 증거로 인정되기 위해 법을 개정할 것으로, 예상했으며 이 시스템의 활용가능성을 높이 평가했다. 경찰은 2005년 9월 서울 양천경찰서의 경제팀에서 시험실시한 결과, 사건당 조사시간이 기존 신문조서 기록 방식의 3분의 1 수준인 36분으로 줄었고, 반말·폭언 등 인권침해 논란을 불식하는 성과를 거둬 이를 확대 시행키로 했다. 경찰청 관계자는 "영상녹화시스템의 경우 조서작성 부담이 없어 피조사자의 행동반응을 관찰하면서 조사가 가능해 전문적인 조사가 이루어질 수 있다"며 "영상녹화실 설치와 일선 경찰들에 대한 교육이 끝나는 2006년 상반기부터 전국 경찰관서에서 영사옥화시스템을 통한 피의자신문 녹화가 실시될 것"이라고 밝혔다. 경찰은 그러나 현행 형사소송법상 진술 녹화 테이프가 증거로 인정되지 않고 있고 사개추위안에도 이 부분이 모호하게 되어 있는 점을 감안, 영상녹화 내용이 증거로 사용될 수 있도록 관련법 개정을 추진 중이다. 문화일보 "피의자 진술과정 녹음, 녹화", 2006년 6월 9일자.

41) 2007년 경찰수사연구소 교육과정에 '조사기법' 과정에 대하여 커리큘럼을 조정하고, 조사기명으로 축소하여 실습 위주의 교육을 실시하는 방안으로, 교육 횟수는 7회에서 10회로 연장하였다. 한편, 지방경찰학교 내에 '조사기법' 교육과정 신설하고, 2차 교관요원에 대한 양성교육을 실시하도록 하였다. 경찰수사연구소는 '신문기법' 4차 과정을 대체하여 운영하도록 하였으며, 2007년 하반기 각 지방학교에 '진술녹화 조사기법과정'을 개설하도록 하였다. 경찰청, 2008년 내부자료.

10월에는 전국 404개 조사실을 설치 완료하였으며, 경찰관서 이전의 경우 9개소는 장비만 납품하고, 2007년도 상반기까지 장비설치를 완료하는 방향으로 진행하였다.[42) 설치 현황은 서울청 산하에 33개소, 경기청 산하에 38개소 비롯하여 제주청, 산하의 경찰서 등에 설치를 하였다.[43)

다. 운영현황

지방청별 수사·형사과 미분과서(138개서)는 수사지원팀장이 관리 원칙으로 하고 있으며, 수사·형사과 분과서(97개서)는 형사지원팀장이 관리 원칙으로 하고 있다. 단 조사실이 위치한 사무실의 해당 지원팀장이 관리할 수 있다는 규정이 있다. 이 관리 원칙은 주로 CCTV촬영지역임을 고지하기 위한 조사실 출입구에 명패를 부착[44) 하고, 시설 등은 조사실 내의 노트북을 비치(수사부서 보급 노트북 활용)하는 등 운용에 주의를 기하고 있다. 또한, 조사실은 상시 개방하고 있으며, 소속관서의 수사요원은 누구나가 사용이 가능하도록 조치하고 있다.

참고로, 제작실 영상물의 외부 유출 방지를 위해 CD보관함과 컴퓨터는 보안을 유지하도록 조치하고 있다. 한편, 참고인 조사시에도 프라이버시 보호 차원에서 조사실을 적극적으로 활용하도록 하고 있는바, 참고인은 동의 후에 녹음·녹화를 할 수 있다.

2009년 8월 기준으로 전국에 472개(각 경찰관서마다 1~2개)의 영

---

42) 경찰청, 2008년 내부자료.
43) 이용삼 의원, 국회제출자료, 2008.
44) CCTV 촬영지역 규격: 20 × 8cm, 흰색 바탕에 검정 글씨(서별 자체 제작): 경찰청 내부자료 참고.

상녹화 조사실을 마련하여 계속 영상녹화조사를 실시하고 있다. 각 연도별 영상녹화조사를 실시하고 있으며, 각 연도별 영상녹화 실적은 <표 2>와 같다.

<표 2> 경찰의 영상녹화 운영실적

구분	계	살인	강절도	강간 등 성폭력	폭력범	마약 사범	사기	횡령 배임	증수뢰	선거 사범	기타
계	184,477	4,227	22,667	21,427	26,527	1,092	46,620	8,811	811	2,226	50,069
06년	943	16	24	120	63	0	272	39	1	4	404
07년	18,013	581	1,653	3,089	2,899	113	3,344	704	171	251	5,208
08년	89,338	1,544	7,637	7,413	18,516	303	17,124	3,238	261	737	32,565
09년 1월 ~ 8월	42,137	1,275	10,345	6,514		517	19,275	3,412	229	570	

※ 2009년부터는 폭력범과 기타사범은 실적에 반영하지 않음
※ 출처: 경찰청 수사국

위 표에서 2006년도의 운영실적은 시범운영을 실시한 양천경찰서의 실적과, 다른 경찰서에 기 설치되어 있던 다기능조사실을 이용한 성폭력사범의 녹화실적이며, 전국적으로 시행된 2007년부터의 실적이 실제 경찰의 영상녹화 시행사항을 보여 준다. 이 표에 의하면 경찰의 영상녹화 실적은 꾸준히 증가하고 있다.

3. 영상녹화물을 증거로 인정하는 형태

법원은 현재 다양한 형태로 영상녹화물을 증거로 채택하고 있으나, 주류적인 법원의 입장은 유죄판결의 증거로 사용하고 있지 않다. 즉 검사가 피의자신문조서·진술조서에 대하여 증거신청(증거조사를 요구)할 경우, 법원은 피고인이 동의하면 조서를 증거로 채택하고, 부동의 하면 원진술자가 법정에 출석하여 조서의 진정성립을 인정하기 전까지는 증거채택을 보류하고 있다가, 원진술자가 공판정에 출석하여 조서의 진정성립을 인정하면 조서를 증거로 채택하는 것이다.[45]

다만 형사 8단독의 경우에는 다른 증거에 의하여 유죄판결을 하기에 충분하다고 보아 영상녹화물을 증거로 채택하지 아니한다고 한다. 그러나 예외적으로 영상녹화물 자체를 증거로 설시하거나 수사보고를 증거로 설시한 경우(남부지법 1건, 청주지법 1건, 울산지법 1건)도 있는데, 전자는 13세 미만의 성폭력사건 피해자에 대한 영상녹화물인 경우로서, '피해아동 진술녹화 CD'라고 판결문에 설시하고 있으며, 후자는 판결문에 영상녹화물 대신 '각 녹음녹화요약서의 진술기재', '녹음녹화요약서' 등 증거동의 한 수사보고를 판결문에 설시함으로써 영상녹화물의 증거사용 문제를 회피하고 있다.

한편 검증결과를 증거로 설시한 사례로는, 피고인이 법정에서 검찰자백을 부인하자 영상녹화물을 검증하고, 그 결과를 '이 법원의 검증조서 중 이에 부합하는 기재'라고 판결문에 설시한 경우(창원지법 1건, 부산지법 1건)도 있다.

결국 위의 일련의 하급심판례[46] 및 대법원 판례[47]를 검토해 보면,

---

45) 법원행정처, 형사소송법 해설집, 2007.6. 49 - 53면.
46) 서울고법 2009.10.22. 선고 2009노2138 판결.

CD를 증거로 채택하였어도 유죄판결의 증거로 사용한 경우는 1건도 없었는데, 이는 다른 증거들만으로 유죄판결을 하기에 충분하다고 보고 CD를 증거로 사용하지 아니한 경우이며, 무죄판결을 하면서 CD의 증거능력을 배척하는 판결을 한 경우는 없었다[48]고 한다.

제5절 군수사기관의 영상녹화 운용실태

1. 군조직에 대한 이해

우리나라는 남북이 분단된 지정학적 상황에서 전 세계 그 어느 나라보다도 국가의 안정보장과 국토방위가 매우 중요하기에 헌법에 국민의 4대 의무 중 병역의무제도(징병제)[49]로 인해 젊은 나이에 군에 입대함으로써 군의 최고 수뇌부인 국방부장관. 각 군 참모총장 등을 비롯하여 말단 간부에 이르기까지 이들의 비전투 손실(군 생활을 적응하지 못하고 낙오하는 장병 또는 불의한 인적·물적 사고 등)을 제거하기 위해 각종 인성자료를 개발하고 지속적인 교육 및 사고예방을 위해 불철주야 끊임없는 노력을 하고 있는 가운데 일부 장병들

---

47) 대판 2010.1.28. 선고 2009도12048.

48) 이상훈, 앞의 논문, 3면.

49) 「헌법」 제5조 제2항 우리 군은 국가의 정통성을 수호하기 위한 國民의 軍隊로서 충성을 다하여 국토를 방위하고 국민의 생명과 재산을 보호함으로써 자유민주질서를 수호함을 사명으로 하고 있다.

이 군생활을 적응하지 못하고 군무를 기피할 목적으로 군무이탈죄 등을 범할시 일반 형법을 적용할 수 없을 뿐만 아니라 군법피적용자[50] 신분으로 일반 검사 및 일반 사법경찰관·리가 이를 취급할 수 없기에 군의 특수성을 고려한 특별한 조직의 필요성으로 인해 군형법[51]과 군사법원법이 존립하게 되었으며 이러한 특수한 조직 안에서 발생하는 군법피적용자[52]의 각종 범죄 관련, 인지 및 내사단계부터 적법한 조사를 거쳐 증거자료 등을 확보하기 위해 피의자의 공소유지를 위한 군검찰과 특별사법경찰관인 군사법경찰관·리(헌병, 기

---

50) 군형법은 군인과 준군인(군무원, 군적을 가진 군의 학교의 학생, 생도, 부사관후보생, 소집 중인 예비군 등)에게만 적용되는 것이 원칙이나 군형법상 일부범죄(초병폭행, 초소침범, 유해음식물공급, 군용물절도, 보안법위반 등)는 일반국민. 외국인에게도 적용되고 있으며 고용계약직인 근무원(군의 충성클럽 판매관 및 군휴양소 근무원 등)은 군법피적용자가 아니다.

51) 헌법재판소 전원재판부 1995.10.26. 선고 92헌바45 결정(구 군형법 제75조 제1항 제1호 위헌소원 사건)에서 판시하였음. "……군은 국가의 안정보장과 국토방위의 신성한 의무를 수행함을 사명으로 하고, 군이 이러한 사명을 완수하는 수단은 최종적으로 무력의 행사, 곧 전투이며, 전투는 승리만을 유일한 목적으로 한다. 군이 전투에서의 승리하는 본래의 사명을 수행하기 위해서는 그에 상응하는 특별한 조직과 규율이 요구될 수밖에 없고, 군형법은 군의 이러한 특수성을 전제로 형벌이라는 제재를 수단으로 하여 군의 조직과 규율을 유지·보전함과 동시에 군이 가지는 전투력을 최대한으로 보전·발휘하게 하는 데 그 궁극적인 목적이 있는 것이다. 결국 전승을 위한 전투력의 확보는 군형법의 핵심적인 목적이며, 그것은 바로 군형법에 있어서의 보호법익이라고도 할 수 있을 것이므로, 이와 같은 특별한 목적이야말로 군형법의 해석·적용에 있어서 가장 중요한 지도이념이라고 하지 아니할 수 없다. 위와 같이 군형법은 군의 유일한 존재의 전승을 위한 전투력의 유지·강화에 그 궁극적인 목적을 두고 있다……."

52) 군법피적용자란 군인과 준군인(군무원, 군적을 가진 군의 학교의 학생, 생도, 부사관후보생, 소집중인예비군 등)에게만 적용되는 것이 원칙이나, 군형법상의 일부 범죄(초병폭행, 초소침범, 유해음식물공급, 간접죄, 군용물절도 등)는 일반국민 또는 외국인에게도 적용된다. 주의할 점은 계약에 의한 일용직 또는 군무원이 아닌 근무원(예컨대 국군 복지단소속의 충성마트 등에서 판매업무를 하는 근무원)은 군법피적용자가 아닌 일반인 신분으로 사건발생 시 일반 검사나 사법경찰관리가 취급하고 있다.

무, 국정원)가 존재하고 있는 것이다. 이와 같이 일반인과 군법피적용자의 신분에 따라 사건사고 발생 시 일반인 사건사고는 일반 검사 및 사법경찰관·리가 군법피적용자의 사건사고는 군검찰 및 군사법경찰관·리 등이 각각의 독립성을 갖고 사건·사고를 처리하고 있는 것이다. 더 나아가 일반인을 상대로 하는 검사, 판사, 사법경찰관·리라 호칭하고 있지만 군인의 경우 군의 특수성을 고려 군법피적용자를 대상으로 하는 검찰관, 군판사, 군사법경찰관·리로 호칭하고 있음에 혼동해서는 안 된다.

따라서 군에서는 군법피적용자인 피의자의 공소유지를 위해 피의자 및 참고인 등 대상 조사시 법규·지침 등에 의한 영상녹화물 운용관계를 실무경험과 병행 전개과정을 소개함으로써 일선에 근무하는 군사법경찰관과 일반 사법경찰관 등이 실무상 과오를 범하는 일이 없도록 그 방향성을 제시해 주는 필독서가 되길 바란다.

(1) 군수사기관의 정의

수사기관이란 법률상 범죄의 수사를 할 수 있는 권한이 인정되고 있는 국가기관을 말한다. 군사법원법상 인정되고 있는 군수사기관은 군검찰관 및 군사법경찰관·리가 있다(군사법원법 제228조, 제37조, 제43조, 제46조). 따라서 수사기관은 신분에 따라 수사기관을 달리하는바, 이는 군법 피적용자 대상자를 처리하는 군검찰 및 군사법경찰관·리[53]가 있고, 일반인 대상자를 처리하는 일반검사 및 일반사법

---

[53] 특별사법경찰관리란 철도공안, 소방, 산림, 해사, 세무, 마약, 전매, 군수사기관, 기타 특별한 분야에 대한 수사를 담당하는 자를 말하며(법 제197조) 그 직무범위는 '사법경찰관리의 행할 자와 그 직무범위에 관한 법률'에 그 종류와 직무범위가 규정되어 있다. 따라서 일반 사법경찰관의 권한이 일반적이고 포괄적인 반

경찰관·리로 구분하고 있으며 그 외 소방·마약·산림 등에 국한되어 활동하는 특별사법경찰관·리가 있다.

(2) 군검찰과 군사법경찰관·리의 자격요건과 직무

가. 군검찰관의 지위 및 직무범위(군사법원법 제37조)

군검찰관은 해당 군사법원의 관할하에 소속되어 군검찰사무를 담당하는 독립제 국가기관으로 공소권을 독점하며, 군사법원의 소송절차에 있어서 원고인으로 피고인과 대등한 당사자의 지위를 갖고 있으며 군검찰관의 직무[54]는 다음과 같다.

㈎ 범죄수사 및 공소의 제기와 유지

검찰관은 모든 범죄를 수사할 수 있고, 관할 보통군사법원 군판사에 대하여 구속영장 및 압수·수색영장의 청구권, 그 영장의 집행을 지휘하며 수사종결권이 있고, 공소를 제기하고 소송행위를 하는 등 공소권을 행사할 수 있다.

㈏ 군사법원 재판 집행의 지휘감독

검찰관은 사형집행에 참여하고 자유형의 집행을 지휘하며, 벌금 납입을 명령하고, 석방지휘, 이감지휘, 몰수물 처분을 지휘하며 형집행정지 결정을 하는 등 군사법원에서 선고된 재판집행을 지휘 감독한다.

면 특별사법경찰관리는 그 권한의 범위가 사항적이고 지역적으로 제한된다(전기 법률 제6조).
54) 1999년증보판 국방부과학수사연구소 수사실무편람 18쪽 참조.

㈐ 다른 법령에 의한 권한에 속한 사항

검찰관은 사회보호법(제41조), 공직자 윤리법(제8조), 반국가 행위자의 처벌에 관한 특별조치법(제15조)상 군법 피적용자에 대하여 검사의 직무를 대행하고 군행형법에 의한 교도소 순시 권한을 가진다(군행형법 제3조 제2항).

나. 검찰수사관 자격 및 수사범위(군사법원법 제47조 제3항)

군사법원법은 보통 검찰부가 설치된 검찰부에 근무 중인 부사관 및 군무원 등에게 검찰수사관 제도를 도입, 검찰관을 보좌하여 그 지휘를 받아 범죄를 수사하도록 하고 있다.

다. 헌병의 군사법경찰관 자격 및 수사범위

헌병과의 장교·준사관 및 부사관과 법령에 의하여 범죄수사 업무를 관장하는 부대에 소속하는 군무원 등으로서 범죄수사 업무에 종사하는 자를 말하며 기무부대 군사법경찰관 및 국정원의 군사법경찰관이 취급할 수 있는 수사범위를 제외한 모든 범죄에 관하여 수사를 할 수 있다. 다만 여기에서 말하는 모든 수사라 함은 수사 관련 사항인 변사체처리 지휘와 구속 영장신청 및 압수수색신청 등 인권침해 요소가 있는 특정분야에 대하여 검찰관을 경유, 검찰관이 군판사에게 이를 청구하여 승인받도록 규정하고 있다.

라. 기무부대 군사법경찰관 자격 및 수사범위

법령에 의한 기무부대에 소속하는 장교·준사관 및 부사관 및 군무원으로서 보안업무에 종사하는 자를 말하며 기무부대 군사법경찰관은 형법 제2편 제1장(내란의 죄) 제2장(외환의 죄), 군형법 제2편 제1장(반란의 죄) 제2장(이적의 죄), 동법 제80조(군사기밀 누설죄), 제81조(암호부정사용 죄)와 국가보안법, 군사기밀보호법, 남북교류협력에 관한 법률 및 집회시위에 관한 법률(국가보안법에 규정된 죄를 범한 자가 집회 및 시위에 관한 법률에 규정된 죄를 범한 경우에 한한다)에 규정된 죄에 대해서만 수사권한이 있고, 이외의 범죄에 대해서는 수사할 수 없다.

마. 국가정보원의 군사법경찰관 자격 및 수사범위

국가정보원 직원으로서 국가정보원장이 군사법경찰관으로 임명한 자를 말하며, 국가정보원의 군사법경찰관은 국가정보원법 제3조 제1항 제3호(형법 중 내란의 죄, 외환의 죄, 군형법 중 반란의 죄, 암호부정사용죄, 군사기밀보호법에 규정된 죄, 국가보안법에 규정된 죄에 대한 수사)와 동법 제4호(국정원 직원의 직무와 관련된 범죄에 대한 수사)에 대해서만 수사권한이 있고, 이외의 범죄에 대해서는 수사할 수 없다.

바. 군사법경찰리의 자격요건과 직무범위(군사법원법 제46조)

㈎ 법령에 의한 헌병과의 병,

(나) 법령에 의한 기무부대에 소속하는 병으로서 보안업무에 종사하는 자,

(다) 국가정보원 직원으로서 국가정보원장이 군 사법경찰리로 지명한 자 등을 군사법경찰리[55]라고 한다.[56]

위와 같이 군사법경찰관·리(헌병, 기무, 국정원) 자격의 법적 근거는 군사법원법 제43조에 의하며, 동법 제228조 내지 제283조 규정에 의해 법으로 정해진 각각의 수사한계 내에서 사건의 진상을 파악조사하여 법령을 적용 처리의견(기소·불기소 의견 등)을 명시한 다음 각종 수사서류와 증거물을 첨부하여 관할 보통검찰부에 사건을 송치 또는 송부를 하도록 되어 있고 이를 송치받은 보통검찰부 검찰관은 객관적인 사항을 재조사 후 기소(약식기소) 또는 불기소 결정 등 기소 독점주의에 권한을 갖고 있다.

(3) 검찰관과 군사법경찰관은 상호협조 관계

군사법원은 형사소송법 구조와는 달리 군검찰관과 군사법경찰관은 각자 독립적인 수사권을 갖도록 규정하고 있다. 군사법원법상 범죄

---

55) 군사법경찰리는 수사업무수행 간 군사법경찰관을 보좌하는 권리와 의무를 가진다. 다만 군검찰관이나 군사법경찰관으로부터 특정한 수사임무를 받으면 군사법경찰관의 사무를 취급할 권한이 인정된다. 예컨대 특별법인 군형법에만 적용되는 군무이탈자에 관하여 육규142장 6절(군무이탈체포 및 사건처리) 제62조(체포전담조운용) 제2항 체포전담조는 헌병부대 근무하는 병사중 선발하여 장관급지휘관이 지휘하는 부대의 인사명령과 장관급 지휘관명의의 임명장을 수여하고, 임명장을 받은 체포전담조는 해당부대 헌병대장통제하에 군무이탈자 대상 체포활동을 한다.
56) 위와 같은 군사법경찰리는 범죄수사 시 단독수사를 할 수 없고 군사법경찰관의 보좌역할을 수행하는 것이라 보면 된다.

수사에 있어서 검찰관과 군사법경찰관의 관계는 군의 특수성으로 인해 형사소송법과는 달리 군검찰관이 군사법경찰관에 대한 지휘감독권이 있다는 명문 규정은 없으며, 다만 군사법원법상 검찰관과 군사법경찰관은 상명하복 관계가 아닌 상호 협조적인 관계로서의 성격을 지니고 있는데 그 이유는 다음에 해당되기 때문이다.

가. 군사법원에는 검찰청법 제4조 제1항 제2호(검사의 직무상 범죄수사에 대한 사법경찰관리의 지휘감독)나 동법 제53조(범죄수사에 있어서 검사의 사법경찰관리의 지휘권) 및 동법 제54조(검사장의 경정이하 사법경찰관·리에 대한 책임요구권)와 같은 규정이 없다.

나. 검찰관과 군사법경찰관·리와의 직무상 관계를 규정한 조문이 군사법원상에 있기는 하나(구속영장의 집행에 관한 제119조, 수사단계의 있어서의 구속에 관한 제238조, 압수 수색 검증에 관한 제156조, 사법처리 결과에 관한 제238조 등) 이것만 가지고는 군검찰관이 수사상의 지휘감독권이 있다고 단정할 수는 없다고 본다.

다. 군사법원법 제45조(군사법 경찰관과 상관의 명령)에서의 군사법경찰관의 직무상 상관이란 군구조상 지휘계통의 상관으로 해석함이 타당하다. 따라서 군검찰관과 군사법경찰관의 관계는 수사범위의 있어서 직무상 상호 협조관계에 있다고 보면 된다(군사법원법 개정 전인 구 군법회의법 해설 1964년도 국방부 발행 참조).

2. 군수사기관의 영상녹화물 운영실태

(1) 군수사기관의 영상녹화물 도입 배경

기존에는 군검찰관(검사) 앞에서 피의자가 자백 후 법원에서 부인한다고 하더라도 검찰관(검사) 작성 조서의 경우 형사소송법의 규정에 의하여 자동적으로 형식적 진정성립을 인정하면 실질적 진정성립이 인정되어 유죄의 증거로서의 사용자격요건을 갖추었으나 시대가 변천하면서 피의자 또는 피고인의 조서 진정성립 인정 여부에 따라 유죄의 증거력도 다음과 같이 많은 변화를 가져오고 있다.

가. '06.12.16.(대법원 판례) 검사작성의 조서라고 하더라도 형식적 진정성립뿐만 아니라 실질적 진정성립을 인정해야 증거능력을 가진다고 판시함으로써 검사의 증거능력 및 업무의 투명성, 임의성확보, 인권보호 차원하 서울 남부지검에서 영상조사한 수천 건 중 피의자(피고인)가 법정에서 부인하는 사례가 거의 없었다는 모범 사례

나. 형사소송법 제244조 제1항 피의자의 진술은 조서에 기대하여야 된다고 명시하고 대법원 '92.6.23. 선고(92도682 판결) 피의사실 요지, 진술거부권, 변호인선임권을 고지하고 녹음·녹화를 조서에 준하여 취급한다는 취지의 판결문(증거능력 있음)

다. 청주지방법원 '04.7.1.('04고합183 판결) 진술조서 없이 제출한 피해자에 대한 녹음·녹화 비디오테이프를 증거로 채택한 사례

라. 서울남부지방법원 단독판사 12명 중 11명이 조서없이 수사과정을 녹음·녹화한 자료를 제출시 적법한 증거 제출방식이 아니라고 할 수 없다는 견해가 다수(증거로 인정 할 수 있다는 취지) 있은 이후 각 지방검찰청 및 경찰청 산하 각 지방경찰청에서 영상녹화 시스템을 적극 도입 활용하고 있는 등 영상녹화제도의 활용도가 증대된 것이 계기가 된 후, 육군헌병 병과장겸 수사단장이 수사과정에서의 투명성 보장을 통한 피의자 인권보장은 물론 수사공신력제고 차원하에 군 수뇌부에 영상녹화시스템제도 도입의 타당성을 적극제시 예산을 확보 육군수사단 및 예하 사단급이상 전 헌병부대에 영상진술녹화실을 설치 및 지침57)을 하달 모든 범죄 사건에 대해 영상녹화시스템을 운용하도록 하면서 운영상의 문제점을 보완, 현재 상급 군 검찰과 상호협조를 통해 군 검찰 지침운영에 따른 강력사고 및 각종 중요범죄에 한하여 영상녹화시스템을 운영 중이고 3군(육군, 해군, 공군)에서도 육군과 동일한 운영을 하고 있고, 군 검찰에서도 전군 보통검찰부가 설치된 곳에 영상녹화시스템을 설치, 영상진술녹화 및 피의자 신문조서 등을 병행 운영 하면서 공판장에서 피고인(피의자)이 진술을 번복할

---

57) 제1조 (목적) 본 지침은 영상녹화 제도가 입법화됨에 따라 수사관들에게 영상녹화 운용절차 및 주의사항을 고지시켜 수사과정의 투명성 보장으로 인권보호 및 수사공신력을 제고하는 데 그 목적이 있다.
제2조 (녹화시기 및 대상사건)
군사법경찰관은 취급사건 중 군검찰 영상녹화 업무처리 지침의 영상녹화 대상사건을 준용, 수사관계자(피의자, 참고인, 관련자 등) 조사시 진술녹화시스템이 설치된 장소에서 조사를 실시하고 관련 상황을 녹화하여야 한다. 다만, 피의자 또는 사건관계자, 대리인이 이를 거부할 때와 출장수사 등으로 인해 장소, 환경적 여건이 제한될 경우 예외로 할 수 있다.
(1) 사건 관계자 조사시 수사관은 진술녹화시스템 녹화 촬영을 조치하여야 하고 당사자 부동의 시에는 촬영해서는 안 된다.
(2) 피해자의 경우 16세 미만이거나 신체장애 또는 정신상의 장애로 사물을 변별하거나 의사를 결정할 능력이 미약한 때에는 반드시 진술내용과 조사과정을 녹화·보존하되 피해자 또는 법정대리인이 이를 동의하지 않을 시는 촬영해서는 안 된다.

경우 또는 군수사기관(군사법경찰관 및 검찰관)에서 피신조사시 인권유린(폭언, 협박, 고문 등)행위를 당했다는 등을 주장시 상황에 따라 영상진술녹화물을 증거로 제시함으로써 피고인 조사의 적법성 및 담당수사관 등이 불합리한 처분을 받지 않도록 공판증거로 적극 활용 중에 있음.

(2) 진술의 영상녹화의 법적 근거

군에서는 진술영상 녹화의 법적 근거를 별도로 두지 않고 형사소송법상의 법적 근거로 한 군검찰 영상녹화업무 처리지침 등을 참고하여 3군(육군·해군·공군) 헌병수사단별로 피의자신문 시 영상녹화 운영절차의 세부적인 업무처리 지침을 제작, 전군에 하달하여 일선 군사법경찰관들이 임무수행 간 이를 적극 준수하도록 강조하면서 수시 지도방문 등을 통해 과오를 범하는 일이 없도록 지도하고 이를 어길 경우 신상필벌을 강화함은 물론 피의자 인권보장에 최선을 다하면서 다음과 같은 법적 근거로 운영 중에 있다.

가. 피의자 진술의 영상녹화(형사소송법 제244조의 2)

㈎ 피의자의 진술은 영상녹화할 수 있다. 이 경우 미리영상녹화 사실을 알려 주어야 하며 조사의 개시부터 종료까지의 전 과정 및 객관적 정황을 영상녹화하여야 한다.

㈏ 동법 제1항에 따른 영상녹화가 완료된 때에는 피의자 또는 변호인에게 지체 없이 그 원본을 봉인하고 피의자로 하여금 기명날인 또는 서명하게 하여야 한다.

㈐ 동법 제2항의 경우 피의자 또는 변호인의 요구가 있을 때에는 영상녹화물을 재생하여 시청하게 하여야 한다. 이 경우 그 내용에 대해 이의를 제기한 때에는 그 취지를 기재한 서면을 첨부하여야 한다.

나. 검사 또는 사법경찰관의 조서 등(형사소송법 제312조)

㈎ 검사가 피고인이 된 피의자의 진술을 기재한 조서는 적법한 절차와 방식에 따라 작성된 것으로서 피고인이 진술한 내용과 동일하게 기재되어 있음이 공판준비 또는 공판기일에서의 피고인의 진술에 의하여 인정되고 그 조서에 기재된 진술이 특히 신빙할 수 있는 상태하에서 행하여졌음이 증명된 때에 한하여 증거로 할 수 있다.

㈏ 동법 제1항에도 불구하고 피고인이 그 조서 성립의 진정성을 부인한 경우에는 그 조서에 기재된 진술이 피고인이 진술한 내용과 동일하게 기재되어 있음이 영상녹화물이나 그 밖의 객관적인 방법에 의하여 증명되고 그 조서에 기재된 진술이 특히 신빙할 수 있는 상태하에서 행하여졌음이 증명된 때에 한하여 증거로 할 수 있다.

㈐ 검사 이외의 수사기관이 작성한 피의자신문조서는 적법한 절차와 방식에 따라 작성된 것으로서 공판준비 또는 공판기일에 그 피의자였던 피고인 또는 변호인이 그 내용을 인정할 때에 한하여 증거로 할 수 있다.

㈑ 검사 또는 사법경찰관이 피고인이 아닌 자의 진술을 기재한 조서는 적법한 절차와 방식에 따라 작성된 것으로서 그 조서가 검사

또는 사법경찰관 앞에서 진술한 내용과 동일하게 기재되어 있음이 원진술자의 공판준비 또는 공판기일에서의 진술이나 영상녹화물 또는 그 밖의 객관적인 방법에 의해 증명되고, 피고인 또는 변호인이 공판주비 또는 공판기일에 그 기재내용에 관하여 원진술자를 신문할 수 있었던 때에는 증거로 할 수 있다. 다만 그 조서에 기재된 진술이 특히 신빙할 수 있는 상태에서 행하여졌음이 증명된 때에 한한다.

㈀ 제1항부터 제4항까지의 규정은 피고인 또는 피고인이 아닌 자가 수사과정에서 작성한 진술서에 관하여 준용한다.

㈀ 검사 또는 사법경찰관이 검증의 결과를 기재한 조서는 적법한 절차와 방식에 따라 작성된 것으로서 공판준비 또는 공판기일에서의 직성자의 진술에 따라 그 성립의 진정함이 증명된 때에는 증거로 할 수 있다.

위와 같이 군에서는 일반 검사 및 사법경찰관이 적용 중인 형사소송법 제244조의 2 등 근거로 세부적인 업무지침을 만들어 예하부대에 하달함으로써 이를 적극 활용하고 있는 등 피의자 진술의 영상녹화를 할 수 있는 법적 제동 장치가 마련되어 있다.

(3) 영상녹화물 절차에 관한 준수사항

피의자의 경우는 영상녹화사실에 대해 반드시 동의 요건은 요하지 않고 영상녹화사실 유무만 정확히 고지하면 족하고(형소법 제244의 2 제1항) 영상녹화물에 신문이 녹화되고 있다는 고지 장면이 포함되어야 한다고 규정(형사소송규칙 제134의 2 제3항 제1호 및 134조의

3 제3항)하고 있기에 피의자대상 영상녹화를 하기 전 영상녹화 사실을 고지하였다 하더라도, 실질적인 영상녹화 조사시 중복되더라도 확인 차원에서 지금으로부터 영상녹화를 하겠다는 고지를 하고, 그곳에 설치된 카메라 위치를 알려 주면서 지금부터 영상녹화를 진행하겠다는 취지를 분명히 알려 주어야 함이 중요하다.

가. 영상녹화시 피의자의 고지의무(형사소송법 제244조의 3)

㈎ 신문시 일체의 진술을 거부할 수 있다는 점

㈏ 진술을 하지 않더라도 불이익을 받지 않는다는 점

㈐ 진술을 거부할 권리를 포기하고 행한 진술은 법정에서 유죄의 증거로 사용할 수 있다는 점

㈑ 신문을 받을시 변호인을 참여시키거나 조력을 받을 수 있다는 것 등을 고지하고 피의자의 답을 조서에 명시하거나 자필로 기재 서명 날인하도록 해야 하는데 이때 주의할 점은 진술거부권 등 그 당시 상황에 대해 영상녹화물에 가감 없이 반드시 기록하여야 함

㈒ 영상녹화 전 피의자의 인적사항(성명, 주소, 주민등록기준지 등)을 도용할 우려에 대비해 반드시 공적 신분증을 확인해 두어야 하며, 장애인 등에 대해서는 신뢰관계가 형성된 동석이 허용되기 때문에 동석자의 인적사항도 확인할 필요가 있음

㈐ 영상녹화 전 피의자를 상대로 한 여러 종류의 회유나 강요 및 협박 등을 당했는지를 명확히 하기 위해 조사질문시 영상녹화 전 불이익을 당한 사실 유무를 반드시 물어보고 조사내용에 그 표정까지 상세히 기록해 두는 것이 차후 문제의 소지를 사전에 예방할 수 있기에 치밀하고 세밀한 조사에 임하는 자세가 매우 중요함

(4) 군수사기관의 영상녹화 대상 운용지침

군검찰이나 군사법경찰관이 수사절차의 적법성, 투명성, 인권침해 방지 차원에서 모든 범죄사건에 관하여 영상녹화를 할 경우 영상 CD 보관 인력 및 방대한 자료 보관 등의 문제점이 있는 관계로 각급 헌병대(단)에서 군사법원이 설치된 보통검찰부와 상호 협조를 통하여 일부 중요사건에 한해 송부하고 그 외 영상녹화물은 최초 조사 취급부대인 헌병대(단) 등에서 보관하고 있는 실정에 따라 군사법경찰관 최고 수뇌부인 병과장과 군검찰부와 상호 협조하에 군검찰 영상녹화업무처리 지침 영상녹화 대상사건을 준용하여 다음과 같이 진술녹화 대상범죄를 적용 운영 중에 있다.

(가) 살인, 성범죄, 중수뢰, 선거법위반, 강·절도, 마약, 사기, 횡령, 배임, 뺑소니, 총기·탄약분실사건, 총기휴대군탈 등
(나) 지휘관이 판단하여 기타 주요범죄 영상녹화 실시
(다) 군검찰관이 필요하다고 판단하여 제출을 요청한 범죄 등이다.

3. 미란다원칙 고지의무화 배경 및 사안별 고지요령

(1) 미란다원칙 고지의무 배경[58]

1963년 3월 미국 애리조나 주 피닉스 시의 한 극장 앞에서 10대 소녀를 납치, 강간한 혐의로 재판에 회부된 23세의 멕시코계 청년 어네스토 미란다의 이름으로, 미국인들에게는 미란다 대 애리조나로 더 잘 알려져 있다. 경찰조사에서 자신의 범행사실을 자백하고 진술조서에 서명을 마친 미란다가 돌연 재판과정에서 강요된 자백이라며 진술을 번복함으로써 재판에 잠시 차질이 생겨 법원은 미란다의 주장을 인정하지 않고 최고 30년의 중형이 내려졌고 주(州)대법원의 결과도 동일하였다. 그 후 미란다의 무죄를 주장하는 미국자유시민연맹이 연방대법원에 사건을 끌고 가 연방대법원은 5 대 4로 원심을 뒤집고 미란다의 손을 들어 주었다. 판결 후 인권에 대한 획기적인 판결이란 긍정적 평가도 있었지만 비난의 목소리도 적지 않았고 판결 이후 공교롭게도 강력범죄가 급증하는 선례를 남기게 되었고, 미란다는 그 뒤 동거여인의 증언 등으로 다시 유죄가 확정되어 옥살이를 하다가 1972년 가석방되었으나 1976년 술집에서 싸움 끝에 생을 마감하게 되었다. 위와 같은 연방대법원의 판결로 인해 그 후 어네스토 미란다의 이름에서 유래되어 오늘날 미란다원칙고지의무가 정착되게 되었다.

오늘날 각종 불법집회현장에서 경찰관이 적법한 절차를 준수하였

---

58) http://ko.wikipedia.org. 2012. 3. 20 검색

다고 하나 일부 법적 절차준수 미이행 또는 과오로 인해 위법한 행위자를 연행시 경찰이 미란다원칙고지를 하지 않았다거나 합법적인 집회를 강압적으로 진압하는 과정에서 상해를 입혔다고 주장하는 원고 측(피해자 주장)이 국가를 상대로 한 손해배상청구를 함으로써 각 지방법원에서는 원고 주장의 타당성이 있고 피고인(공권력을 행사한 경찰 등)이 주장하는 합법적인 절차를 준수했다는 객관적인 근거가 없다며 일부 원고승소 판결로 국가가 이를 배상하는 사례가 종종 발생함에 따라 일선에 근무하는 사법경찰관리(군사법경찰관리) 등이 다음과 같은 사안별 미란다원칙 고지의무 생활화가 절실히 요구됨에 따라 이를 철저히 준수해야 할 것이다.

(2) 피의자 체포, 구속함에 있어 미란다원칙 고지요령

헌법 제12조 제5항에 누구든지 체포 또는 구속의 이유와 변호인의 조력을 받을 권리가 있음을 고지받지 아니하고는 체포 또는 구속을 당하지 않는다는 것과 군사법원법 제232조의 5, 제112조에 검찰관, 군사법경찰관이 피의자를 체포 구속함 등에 있어 피의자에게 다음과 같이 고지하여야 한다고 명시되어 있다.

　가. 범죄사실 요지로 귀하는 언제, 어디서, ○ ○ ○ 죄를 범한 혐의를 받고 있다.
　나. 체포, 구속사유로 "군사법원법 제232조의 3, 동법 제110조 제1항, 제2호, 제3호에 의거하여 긴급체포 사유에 해당되므로 영장 없이 체포하겠습니다"라고 설명한다.
　다. 변호인을 선임할 수 있는 권리부여로 귀하는 지금부터 변호인을 선임하여 도움을 받을 수 있다.

라. "변명의 기회 부여로 변명할 말씀이 있으면 해주시기 바랍니
다" 등을 고지해야 한다.

(3) 현행범 체포시 법적 근거

가. 현행범인은 누구나 영장 없이 체포할 수 있다(군사법원법 제
248조).

나. 현행범인은 범죄의 실행 중이거나 실행 직후인 자(동법 제247
조 제1항), 범인으로 호창되어 추적되고 있는 자, 장물이나 범죄에
사용되었다고 인정하기에 충분한 흉기, 기타의 물건을 소지하고 있
는 자, 신체 또는 의복류에 현저한 증적이 있는 자, 누구인지 물음에
도망하려는 자 등(동법 제2항)이다.

(4) 긴급체포 법적 근거(군사법원법 제232조의 3)

가. 검찰관 및 군사법경찰관은 피의자가 사형무기 또는 장기 3년
이상의 징역이나 금고에 해당하는 죄를 범하였다고 의심할 만한 상
당한 이유가 있고(군무이탈자는 1년 이상 10년 이하 징역에 해당되
나 군사법경찰리인 군탈체포조의 경우 위법의 소지가 있어 사전에
체포영장을 발부받아 체포활동이 가능함)

나. 피고인이 증거를 없앨 염려가 있을 때 또는 피고인이 도망하
거나 도망할 염려가 있을 때(동법 제110조 제1항 제2호) 등에 해당

하는 사유가 있는 경우 긴급을 요하여 군판사의 체포영장을 받을 수 없는 때는 그 사유(미란다원칙 고지)를 알리고 영장 없이 피의자를 체포할 수 있는데 이때 체포 즉시 관할검찰관에게 승인받은 후 48시간 내 구속영장을 청구해야 한다. 따라서 피의자 긴급체포, 구속할 경우 등 미란다원칙 고지의무 생활화가 반드시 필요하다.

4. 영상녹화시스템 운용방안

(1) 영상녹화 실시 전후 절차요령

피의자 대상 영상녹화를 할 경우 법령에 근거한 절차를 준수해야만 공판장에서 법적 증거물로 인정받을 수 있으므로 다음과 같은 절차를 철저히 준수해야 한다.

가. 피의사실 요지고지

나. 진술녹화 동의 여부 확인(사전고지 요건)

다. 진술거부권 및 변호인 선임권고지

라. 녹화시작시간고지

마. 조사시작고지

바. 조사(피의자 신문조서 및 참고인진술조서 작성)

사. 조사종료 및 시간고지

아. CD 제작

자. 서명날인

차. 진술녹화 요약보고서 작성 후 보관

카. 군검찰로부터 녹화자료 요청 시 녹화된 CD 첨부 송부

일선 군사법경찰관이 진술영상 녹화 종료 후 반드시 CD 2개를 제
작하여 1개는 검찰부에 송부하고 1개는 자대보관해야 하는데 이는
많은 사건으로 시간이 경과된 후 공판장에서 피고인(피의자)이 수사
관에게 강압·협박 주장 내지 불법한 행위를 당했다거나 있지도 않
았던 사실에 대해 이를 주장할 시 보관해 두었던 CD를 재확인하여
당시 조사상황의 기억을 환기시켜 사실에 입각한 내용을 공판장에 출
석 시 등에 대비함이 필요하고 또한 CD 등 분실 시를 대비하여 두
는 것이 수사과정의 문제의 소지를 없앨 수 있는 대안이기 때문이다.

(2) 영상녹화 조사시 중단할 경우 주의할 점59)

가. 영상녹화 조사시 피의자 기준으로 자발적 중단(피의자가 영상
도중 생리적 현상이나 휴식 등을 요하거나 조사를 거부하는 경우 등)
과 불가항력적 중단(전기정전, 영상녹화장비 고장 또는 오작동, 수사
기관의 필요에 의한 중단 등)이 발생할 수 있다.

나. 형사소송법 제134조의 2 제3항 제5호 규정에 중단사유를 불
문하고 조사를 중단하였다가 재개하는 경우 중단사유와 중단시각,
중단 후 재개한 시각 등이 영상녹화물에 포함되어 있어야 하는데 이
는 진술의 임의성이나 당시 상황에 대한 특이사항을 기록해 두어야
만 차후 객관적인 증빙자료로 활용할 수 있다.

---

59) 검찰 특별사법경찰 수사실무 영상녹화 중단시 절차(04, 임의수사 – 조서작성 117
    페이지).

다. 영상녹화를 재개할 경우 피의자에게 진술거부권 등을 다시 고지할 필요는 없으나 다만 영상녹화 중단시점부터 재개시점까지 장시간이 지났다면 조사의 연계성을 인정받기 어려울 수 있어 재차 진술거부권을 고지하는 것이 바람직하다.

라. 영상녹화가 중단된 시간 동안 피의자가 수사관에게 회유나 협박 등을 당했다고 주장시 불리하게 작용할 수 있기 때문에 영상녹화를 재개하기 전 중단된 시간 동안 어떠한 일이 있었는지를 물어보면서 이를 조서에 명시하고 기록해 두는 것이 차후 수사의 객관성을 확보할 수 있음을 알아 두는 것이 좋다.

5. 진술 영상녹화 고지문 및 CD 표지 작성 예문 등 예문

수사기관이 사건을 수리하여 수사를 개시함을 입건이라고 한다. 입건의 원인은 범죄인지, 고소·고발 등을 접수하게 되면 수사에 착수하게 되고 군사법경찰관은 검찰관의 지휘를 받지 않고 독자적으로 수사를 실행하되 군사법원법 등 관계법령을 준수하도록 되어 있다(군사법원법 제228조 제1항).

다만, 군사법경찰관이 수사를 시작하여 입건하였거나 입건된 사건을 이첩받았을 경우 관계된 사항을 관할 보통 검찰부에 통보하도록 되어 있다(동 조 제2항). 범죄로 인해 체포영장에 의한 체포, 긴급체포, 현행범 체포시 등 피의자(무죄추정주의입각)대상 각 수사기관 부대별로 진술하고 영상녹화 시설이 구비된 장소에서 군사법경찰관·리 또는 변호인, 어린 여성일 경우 성년 여성의 입회하에 진술영상녹화를 하여야 한다.

진술영상 녹화 전 피의자 및 참고인으로 하여금 다음과 같은 진술영상 녹화 고지문 고지와 동시에 조서동의서를 직접 보여 주고 자필로 서명 날인하도록 하고 영상녹화 시작부터 종료 시까지 가감 없이 그대로 영상녹화한 후 신문조서를 읽어 보게 한 다음 자필 서명하도록 함과 동시에 영상녹화물은 CD 2장에 다음과 같은 표지문을 붙여 본인이 직접 확인·서명하도록 하여 그 자리에서 밀봉하고 마지막으로 조서를 종료하였다는 수사과정 확인서에 자필 서명, 날인하도록 한 후 대표 군사법경찰관(수사기관 지휘관)에게 진술영상 녹화 요약서를 보고하여야 하며, 영상녹화물 CD 1장은 관할 보통검찰부에 송치 시 첨부하여 송부하고 나머지 CD 1장은 자대보관하는 절차를 진행하고 있는 실정이다.

현재 군에서는 피의자신문 시 영상녹화를 하면서 신문조서를 동시에 받고 있음으로 인해 종이 낭비 등 문제의 소지는 일부 있으나 현행 제도하에서는 완벽한 공소유지를 위해서 진술영상 녹화와 신문조서를 동시에 병행하는 방법이 최선의 방책이라 사료되며 영상녹화 시 다음과 같은 서식 작성을 철저히 준수해야 할 것이다.

(1) 영상조사 동의서 작성 예문

영상조사 동의서

■ 인적사항

성명:

소속:

계급(직업):   군   번(주민등록번호):

주소:

등록거주지:

■ 내 용

상기 본인은 ○○○○년 ○○월 ○○일 ○○:○○경 ○○부대 헌병대
(단) 영상조사실에서 수사관○○ ○○○으로부터 영상조사에 대한 설명을
듣고 이에 동의합니다.

○○○○년 ○○월 ○○일

동의자: ○   ○   ○(인)

(2) 피의자 영사녹화시 고지문 작성 예문

진술 영상녹화 고지문(피의자)

■ 녹화 전
● 저는 육군 ○○○에서 근무하고 있는 수사관 ○○○입니다.
● 지금부터 피의자 ○○○에 대한 ○○ 사건에 관해 조사(신문)하고자
  합니다. 위 사건의 요지는 ○○○입니다.
● 이제부터 조사를 실시하고 그 과정을 녹화하려고 합니다.
  녹화에 동의를 하시는가요?
● 헌법과 법률에 따라 형사상 자기에게 불리한 진술을 강요당하지 아니
  할 권리가 있고 진술을 거부할 수도 있습니다.
  그리고 변호인을 선임하여 도움을 받을 수도 있습니다.
● 그러면 조사(신문)를 시작하겠습니다.
  오늘은 ○○○○년 ○○월 ○○일이고 현재 시간은 ○○시 ○○
  분입니다.

■ 조사실시

■ 녹화 후
● 이상으로 조사(신문)를 마치겠습니다.
  현재 시간은 ○○시 ○○분입니다. 맞는가요?
● 수고하셨습니다.

(3) 참고인 영상녹화시 고지문 작성 예문

진술 영상녹화 고지문(참고인)

■ 녹화 전

● 저는 육군○○○에서 근무하고 있는 수사관 ○○○입니다.

● 지금부터 피의자 ○○○에 대한 ○○ 사건에 관해 참고인으로 조사
(신문)를 하고자 합니다. 위 사건의 요지는 ○○○입니다.

● 이제부터 조사를 실시하고 그 과정을 녹화하려고 합니다.
녹화에 동의를 하시는가요?

● 그러면 조사(신문)를 시작하겠습니다.
오늘은 ○○○○년 ○○월 ○○일이고 현재 시간은 ○○시 ○○분
입니다.

■ 조사실시

■ 녹화 후
이상으로 조사(신문)를 마치겠습니다.
현재 시간은 ○○시 ○○분입니다. 맞는가요?

● 수고하셨습니다.

(4) 영상녹화물(CD) 표지문 작성 예문

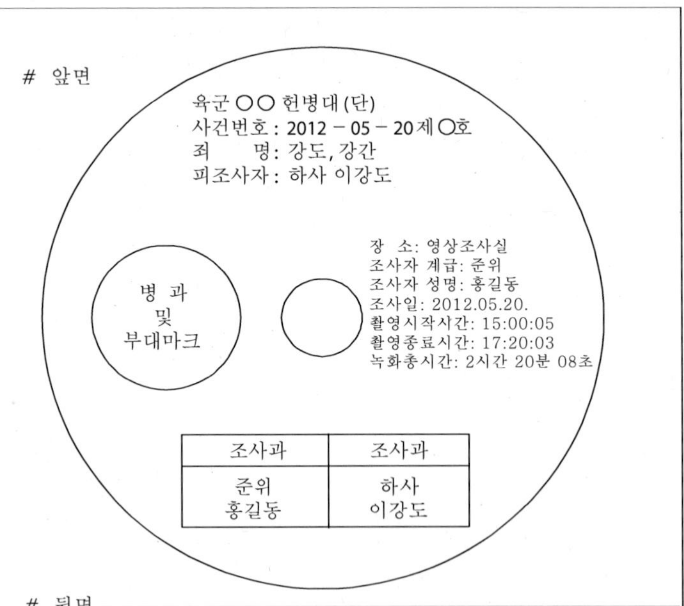

조사과	조사과
준위 홍길동	하사 이강도

\# 뒷면

본 CD는 육군○○ 헌병대(단) 2012 - 05 - 20. 제00호 사건
관련 자료로서 이를 무단 복제하거나, 권한 없는 자의 열람을
금함.

조사과	조사과
준위 홍길동	하사 이강도

장 소 : 영상조사실
조사자 계급 : 준위
조사자 성명 : 홍길동
조사일 : 2012.05.01.
촬영시작시간 : 15:00:05
촬영종료시간 : 17:20:03
녹화 총 시간 : 2시간 20분 08초

(5) 수사과정 확인서 작성 예문

수사과정 확인서

구　　분	내　　용
1. 조사장소 도착시간	
2. 조사시작 시간 및 종료시간	시작시간: 종료시간:
3. 조서열람 시작시간 및 종료시간	시작시간: 종료시간:
4. 그 밖에 조사과정 진행경과 확인에 필요한 사항	
5. 조사과정 기재사항에 대한 이의 제기나 의견 진술 여부 및 그 내용	

군사법경찰관 ㅇㅇㅇ는(은) ㅇㅇㅇ를(을) 조사한 후, 위와 같은 사항에 대해 ㅇㅇㅇ로(으로)부터 확인을 받았음.

2012. ㅇㅇ. ㅇㅇ.

확 인 자 ㅇ　ㅇ　ㅇ(인)

군사법경찰관 ㅇ　ㅇ　ㅇ(인)

(6) 진술 영상녹화 요약서 작성 예문

육군 ○○○헌병대

진술 녹화 요약서

조사회차: 제○회　　　　　　　담당수사관 준위 ○○○

사건명: 강도·강간 피의사건

피의자: 하사 이 강 도

위 사건의 피의자를 다음과 같이 조사하고 그 조사과정을 진술녹화하였음.

- 다　　음 -

1. 조사자: 군사법경찰관 헌병 준위 ○○○

참여자: 군사법경찰관 헌병 상사 ○○○

2. 피의자

성　명: 이 강 도　　　　　주민등록번호:

계급(직업): 하사　　　　　군　　번:

주　소: 서울 영등포구 당산동 ○○○ 번지

연락처: 010 - 4567 - 1235

3. 조사일시: 2012.5.20. 15:00~17:20(총 2시간 20분)

4. 조사장소: 육군 ○○○부대 헌병대(단) 영상조사실

5. 진술요지: 별지와 같음

6. 첨　부: 녹화물(CD) 1장

2012.5.20.

군사법경찰관 헌병 준위 ○ ○ ○

군사법경찰관 헌병 상사 ○ ○ ○

6. 영상녹화 조사시 변호인 참여 권한 및 한계

(1) 변호인 참여 권한 규정[60]

형사소송법 제243조의 2 제1항(변호인의 참여 등)에 검사나 사법경찰관은 피의자 또는 변호인 등의 신청에 의해 정당한 사유가 없는 한 변호인을 피의자에 대한 신문에 참여하게 한다는 명문화 규정이 되어 있고, 제2항은 피의자신문에 참여하고자 하는 변호인이 2인 이상일 경우 변호인 1인을 지정할 수 있다.

(2) 변호인 피의자신문 참여시 진술권한 범위

변호인은 피의자신문에 참여 후 피의자를 대변한 의견을 진술할 수 있으며, 피의자신문 도중에도 부당한 신문 방법에 대해 이의를 제기할 수 있는데 이는 검사(군 검찰관) 또는 사법경찰관(군 사법경찰관)의 승인을 얻어 의견을 제시할 수 있다고 규정하고 있다. 동법 제4.5항은 변호인의 의견이 기재된 피의자신문조서는 변호인에게 열람하게 한 후 변호인으로 하여금 그 조서에 기명날인 또는 서명하게 하고 검사(군검찰관) 또는 사법경찰관(군사법경찰관)은 변호인의 신문참여 및 그 제한에 관한 전반적인 사항을 조서에 기재하여야 한다고 되어 있다.

---

60) 검찰 특별사법경찰 수사실무 조사절차 관련 제도(변호인 참여).

(3) 피의자 영상녹화 진술시 변호인의 참여 제한 관련

대법원 및 헌법재판소 판례를 보면 변호인 참여는 무제한적으로 허용되는 것이 아니다. 예를 들면 변호인이 검사나 사법경찰관이 신문시 부당한 방해를 하거나 수사기밀을 누설하는 경우 등까지 허용되는 것이 아니다. 따라서 신문에 참여한 변호인에 대해 검사나 사법경찰관이 피의자를 신문 도중에도 참여를 제한할 수 있는 것과 퇴거를 시킬 수 있는 정당한 사유를 살펴보면

가. 변호인은 피의자신문 도중 검사나 사법경찰관의 승인 없이 신문에 개입할 수 없으며 특히 신문에 참여한 변호인이 자신의 마음에 들지 않는다며 모욕적인 발언 등을 할 수 없다.

나. 신문의 객체는 변호인이 아닌 피의자이기에 변호인이 피의자를 대신하여 답변하는 일은 있을 수 없고 또한 피의자에게 특정한 답변과 진술을 번복 유도하는 행위는 허용되지 않는다.

다. 변호인은 부당한 신문방법에 대해 신문 도중이라도 이의를 제기할 수 있다(형사소송법 제243조의 2 제3항). 여기서 말하는 부당한 신문방법이란 강요, 폭언, 협박, 회유에 의한 진술을 이끌어 내는 신문방식을 말하는 것으로서 위에서 열거한 부당한 행위가 아니라면 이의를 제기할 수 없다는 것이다.

라. 피의자신문시 검사나 사법경찰관의 허락 없이 이를 촬영·녹음·기록하는 행위는 허용되지 않으며 만약 이를 어기고 강행해서도

안 된다. 다만 변호인 입장에서 기록과 관련해 피의자에게 적절한 조력을 위해 기억보조용 메모 정도 선에서 허용이 가능한 것으로 보면 될 것이다.

여기서 주의할 점은 위에서 열거한 바대로 피의자신문시 참여한 변호인(변호사 등)에게 규정에 의해서만 너무 무리한 제재를 가하다 보면 수사관 개개인의 약점이 더욱 부각되어 차후 문제의 소지가 될 가능성이 있으므로 변호인이 기분 나쁘지 않은 범주 내에서 적절히 지혜롭게 대처해 나가는 것이 유능한 수사관의 지름길임을 명심해야 한다.

제3장 영상녹화 활용에 관한 해외 입법례

제1절 영미법계 국가

1. 영국

(1) 도입배경

영국에서는 일찍이 1960년대부터 피의자조사과정을 녹음하는 제도의 도입이 제창되었으나,[1] 수사기관인 경찰의 반대로 제도의 도입이 이루어지지 못하다가 1980년대에 들어 발생한 Confait 살인사건[2]을 포함한 일련의 사건 등을 계기로 기존 영국경찰의 신문기법이 인권침해의 소지가 많다는 여론이 확산되자 녹음의 필요성이 지

---

[1] 이에 대한 최초의 논의는 1960년 G. Williams의 "경찰관에 의한 조사: 몇 가지 실질적인 검토"라는 논문에 의해 제기된 것으로, 그는 경찰관이 협박, 위계 등을 사용하거나, 부정확한 자백조서를 기재하는 사례를 지적하면서 이스라엘 등에서 시행하는 테이프녹음제도의 도입을 주장했다(탁희성/백광훈, 「수사상 녹음·녹화자료의 증거능력 부여방안」, 한국형사정책연구원(2003), 69면)고 한다.

[2] 위 사건은 1972년 영국 런던에서 맥스월 콘페라는 남창(男娼)이 불탄 집에서 질식사한 채로 발견된 후 3명의 청소년들이 경찰에서 범행을 자백하여 살해혐의로 기소되었으나, 재판과정에서 그 사인(死因)이 피의자들의 행위로 인한 것이 아님이 증명되고 경찰에서의 자백이 허위로 밝혀져 무죄가 선고된 사안이다(Henry Fisher, Report of an Inquiry into the circumstances leading to the trial of three persons on charges arising out of the death of Maxwell Confait and the fire at 27 Dogget Read, London SE6, HMSO, 1977).

적되었다.

이에 영국정부는 1983년 녹음제도를 시험적으로 실시하기에 이르 렀으며, 1984년에는 Guildford Four 사건 등을 계기로 피의자의 유치 및 조사(Interview) 등을 적정화하기 위하여 그 근거법인 경찰 및 형사증거법(Police and Criminal Evidence Act 1984; 약칭 PACE법)을 제정하였고, 이 PACE법에 기초하여 1988년 피의자신문의 녹음에 대하여 규정한 실무규범E(Code E: Code of Practice on Recording of Interviews Suspects)3)에 이어, 2001년 형사사법 및 경찰법(Crimimal Justice and Police Act 2001)의 시행에 따라 2002년부터는 비디오녹화에 대하여 규정한 실무규범F(Code F)에 의해 비디오녹화제도가 시행되고 있다.

(2) 증거법 체계

위에서 언급한 것처럼 영국은 1984년 경찰 및 형사증거법을 제정하고, 1985년 검찰제도를 도입한 이래 지속적으로 사법개혁을 추진하면서 형사증거법의 변화를 모색하여 왔는데, 2003년 형사소송법 (Criminal Justice Act 2003)을 제정함으로써 종래의 common law 상 전문법칙에 대한 수정을 가하였다.

먼저 진술증거와 관련된 주요한 변화내용을 살펴보면, 첫째, 증인이 공판정에서 수사단계에서 일정한 진술(A)을 한 사실을 인정하면 이 인정진술을 증거로 할 수 있으며, 나아가 증인이 A라고 말한 사실 자체를 다투는 경우 A라고 말한 사실을 입증함으로써 이를 증거

---

3) Code E는 1988년 시행되었으며, 이후 관련법의 개정 및 제정에 따라 1991년, 1995년, 1997년, 1999년 등에 개정이 있었다.

로 할 수 있도록 한 것을 들 수 있다.

그리고 이때 증인을 신문하면서 조서를 보여 줄 수 있다(동법 제119조). 즉 증인의 인정진술의 증거능력과 증인의 공판정 외 진술의 입증을 허용한 것으로 이는 증인의 수사단계에서의 진술에 대한 독일의 증거법과 유사하다. 특히 이 규정의 성문화 의미는 기존 전문법칙의 예외사유로 신빙성(reliability) 기준이 법원의 재량판단에 의해 증거능력의 부여 여부가 결정되었으나, 이 규정으로 법원의 신빙성 판단을 받지 않고 자동적으로 증거능력이 부여되었다는 점이다.4)

둘째, 전문증거의 예외적 허용사유로 두려움(fear) 개념을 도입하여 증인이 두려움으로 인하여 법정에서 진술하기 어렵거나 법정에 출석하여도 진술을 계속하지 못하는 경우는 수사단계에서의 진술을 증거로 할 수 있게 하였고(동법 제116조 제2항 e호), 여기서 두려움의 개념은 생명·신체의 위해에 대한 것뿐만 아니라 재산상 손실도 포함하는 것으로 광범위하게 해석되는 개념으로 규정하였다(동법 제116조 제3항). 따라서 종래의 common law상의 전문법칙의 예외사유보다 수사기관의 참고인진술조서 등이 증거로 사용될 수 있는 범위가 크게 확장된 것이다.

셋째, 영상녹화물의 증거능력에 관하여 증인의 공판정 외 진술에 대해서도 일정한 요건하에 영상녹화물의 증거능력을 인정한 것이다(동법 제137조). 물론 증인이 공판정에 나와 있는 것을 전제로 하여 증인의 기억이 생생한 때에 영상녹화하였다는 등 여러 가지 요건이 있지만, 모든 사건에 있어 증인의 진술에 대한 영상녹화물의 증거능력이 인정되게 된 것은 획기적인 것이라 할 수 있다.

---

4) 정웅석, 조서의 증거능력을 인정하는 각국의 형사사법운영실태, 2005년 대검찰청 용역과제, 50면.

제137조 증거로서의 영상녹화물(Evidence by video recording)

(1) 본 장은 이하 요건을 충족하는 경우 적용된다.

    (a) 기소된 범죄나 기소 예정인 범죄에 대한 형사소송절차에서 증인으로 지칭되는 자

    (b) 아래 사항을 목격했다고 주장하는 자(시각적 또는 기타 방법으로)

        (i) 범죄를 구성하는 행위 전부 또는 일부를 포함하는 소추된 사건

        (ii) 소추된 사건과 근접하게 연관된 것

    (c) 종전에 문제 되는 사건에 관하여 진술한 자(질문에 대한 답변을 불문함)

    (d) 그 진술은 증인의 기억이 생생할 때 실시되어야 한다.

    (e) 영상녹화된 내용은 진술로 이루어져야 한다.

    (f) 법원은 주요한 증인의 영상녹화가 증거로 인정되어야 한다는 지침을 만들고 그 지침을 현재도 시행 중이어야 한다.

    (g) 녹화는 그러한 지침에 따라 법정에서 재연되어야 한다.

(2) 만약 법정에서 증인이 출석하여 녹화된 진술의 진실성을 주장한다면, 그 영상녹화물된 진술은 마치 증인이 진술한 것처럼 취급할 수 있다.

(3) (1) (f) 항목에서의 지침은 다음 조건을 충족해야 한다.

    (a) 피고인의 녹화된 진술과 관련하여 제작된 것이 아닐 것

    (b) 아래와 같은 사항이 법원에 의해 인정되는 경우

        (i) 의문점에 대한 증인의 기억내용이 공판정에서의 구두증언보다 녹화 시의 진술에서 보다 명확할 가능성이 있고,

(ii) 이하 제(4)에서 규정하는 특정한 문제들과 관련하여
영상녹화물을 증거로 인정하는 것이 사법정의에 부
합하는 경우

(4) 앞서 언급한 관련 문제란 다음과 같다.

   (a) 문제 된 사건의 시간과 진술이 녹화되는 시간의 간격

   (b) 증인 진술의 신빙성에 영향을 미치는 다른 요소들

   (c) 영상녹화의 품질

   (d) 증인이 법정에서 증언할지, 영상녹화물을 활용할지에 대
한 입장

(5) 제(2)항의 목적에 관하여 영상녹화된 진술이 서약 없이 실시
되었더라도 무방하다.

(6) 본 항에서 말하는 'prescribed'는 장관(Secretary of State)에
의해 구체화된 특정한 규칙을 의미한다.

제138조 영상녹화물 증거: 추가항목(Video evidence: further provisions)

(1) 제137조의 요건을 충족하여 영상녹화물이 증거로 허용될 때, 증
인은 영상녹화물 이외의 주요 증거를 제출하지 않아도 된다(here
a video recording is admitted under section 137, the witness
may not give evidence in chief otherwise than by means of
the recording).

(2) 제137조 (1) (f)항에서의 지침은 영상녹화물의 일부분을 허용
하는지에 관한 내용도 포함한다. 위 항목과 본 항목에서 영상
녹화나 증인의 녹음된 진술에 대한 지침은 적절한 곳에서 참
조하면 된다.

(3) 제137조 이하에서 영상녹화물의 일부분을 증거로 허용할지에

관하여 고려할 때 법원은 아래와 같은 사항을 고려해야 한다.

  (a) 일부분을 허용하는 것이 피고인에 대한 편견을 야기할 위험을 발생시키는지

  (b) 만약에 일부분을 허용하는 것이 편견을 발생시킨다면, 그럼에도 불구하고 진실이나 상당한 진실에 대한 사법정의를 달성하기 위한 이해관계 때문에 영상녹화물이 필요한지

(4) 아래의 조건을 충족한 경우에만 법원은 제137조 (1) (f)항에서의 지침을 내릴 수 있다.

  (a) 장관은 이 장에서의 지침을 시행하는 데 있어 법원에 대해 공판절차에서의 지침에 관한 합의사항을 만들 수 있다고 고지하였고,

  (b) 그리고 위 고지는 철회되지 않을 것

(5) 본 장을 적용하지 아니하고도 영상녹화물이 증거로 인정되는 경우 제137조의 어떤 사항도 영상녹화물의 증거능력에 영향을 미치지 않는다.

요약하면, 영국 형사소송법은 증인의 법정 외 진술이 기억이 생생한 때에 녹화되었고, 증인이 법정에서 녹화된 진술내용이 진실이라고 주장하는 등 일정한 요건을 갖춘 경우에는 영상녹화물의 증거능력을 인정하는 것이다.

이러한 법규정은 영미법상 최량증거의 원칙(best evidence rule)에 대한 수정이라고 볼 수 있다.5) 구두주의는 증거법의 세계에서 최우

---

5) 최량증거의 원칙이란 서증의 내용을 증명하기 위해서는 원칙적으로 원본이 증거로 제출되어야 한다는 원칙으로, 여기서의 서증이란 문서, 녹음, 사진 등을 포함한다(Roger C. Park, Evidence Law, Thomson, 591면).

량증거원칙과 중복조사금지원칙으로 표현되는데, 최우량증거의 원칙은 재판의 적정하고 효율적인 진행을 위해서는 동일한 내용의 증거로서 증거능력이 있는 증거가 여러 개 있는 경우에도 가능하면 최우량의 증거를 조사하라는 것이고, 중복증거금지원칙은 중복된 증거는 반복하여 조사하지 않아도 된다는 것이다.6)

따라서 법정에서 증인이 출석하여 증언할 수 있다면 굳이 참고인 진술조서, 진술서, 영상녹화물을 증거조사할 필요는 없는 것이다. 전통적으로 영미법은 최량증거는 증인이 보거나 들은 것을 법정에서 회상하는 것을 의미해 왔는데, 사건 발생 후 수개월이 지나 공판이 열리게 되면 증인의 기억이 변형되거나 소멸될 가능성이 높다. 그러나 과학기술의 발전에 따라 증인이 보거나 들은 것을 녹화할 수 있다면 기억이 생생할 때 녹화한 것을 최량증거로 취급할 수 있는 것이다. 따라서 증인의 법정증언을 할 수 있음에도 녹화된 내용이 진실이라고 주장하고 법정 외 진술이 기억이 생생할 때 녹화되었다면 당해 영상녹화물 자체를 증거로 삼을 수 있다는 점에서 전통적인 최량증거의 법칙이 일부 수정되었다고 볼 수 있는 것이다.7)

영국에서 이와 같이 증거법을 크게 개혁한 이유로 가장 중요한 것은 진실발견의 중요성에 대한 인식을 들 수 있는데, Law Commission8)은 "증인의 종전진술이 진실한 것이라고 인정할 수 있는 경우에 왜 사실판단자가 이를 진실한 것으로 인정하여서는 안 되는지 의문이다.

배심원단이나 치안판사들에게 증인이 전체적으로 거짓말하고 있다

---

6) 이완규, 개정 형사소송법의 쟁점, 탐구사, 192면.
7) 허인석, 영상녹화제도의 합리적 운용과 발전방향, 법조 제57권 9호(통권 제624호), 58면.
8) Law Commission은 1995년 발표한 형사증거법에 관한 보고서에서 문제점을 지적하고 개선안을 제안하였으며, 이 제안이 받아들여져 2002년 의회에서 채택한 Criminal Justice Bill을 거쳐 2003년도에 법으로 제정된 것이다.

고 판단하고 그 증인의 증언을 무시할 수 있는 권한을 주고 있는데 왜 배심원단이나 치안판사들이 그 증인의 종전진술을 진실한 것이라고 인정하고 그들이 확신을 가질 수 있는 증언의 부분들을 신뢰할 만하다고 자유롭게 판단할 수 없는지 의문이다"9)라고 하면서, "법원 또는 배심원단에게 종전진술과 번복진술 두 가지를 모두 사용하도록 하는 것이 유용할 것으로 보이며 특히 사건 발생 후 오랜 시간이 지난 후에 공판이 행해지는 경우는 더욱 그러하다"는 이유로 인정진술의 증거사용을 권고하였다.10)

한편, 두려움(fear)의 도입과 관련해서는 피고인의 방어권 보장뿐만 아니라 피해자의 인권을 보호하는 것도 중요하다는 점을 강조하면서 이러한 피해자의 인권보호를 경시함으로 진실이 왜곡되는 것을 막아야 한다는 점을 지적하고 있다.

즉 "범죄의 피해자들도 피고인과 마찬가지로 인권을 가지고 있다. 어떤 나라의 형법·형사소송법 등이 그러한 피해자를 보호하는 데 비효율적이라면 이러한 결함으로 인하여 언젠가 피해자들은 그들의 권리가 침해되는 것에 대하여 불만을 표시하게 될 것이다"라고 하고, "이러한 권리에 대한 소홀은 그 결과로 이런 범주에 있는 사람들 중 많은 합리적인 사람들로 하여금 이를 매우 심각하게 생각하게 하여 차라리 범죄자를 방면하여도 좋다는 식의 선택을 하게 된다"11)는 것이다.

---

9) Law Commission, Evidence in Criminal Proceedings: Hearsay and related Topics, 1995, 165면.
10) Law Commission, op.cit., 166면.
11) Law Commission, op.cit., 63면.

(3) 영상녹화물의 증거능력

영국의 증거법상 영상녹화물은 전문증거에 포함되지만, 피의자에 대한 영상녹화물은 common law에 따라 전문법칙의 예외로서 증거능력이 인정되고,12) 참고인에 대한 영상녹화물은 전문법칙상 일정한 예외가 인정되면 증거능력이 부여된다.13) 특히 증인에 대한 영상녹화물은 일정한 요건을 갖추면 최량증거의 원칙의 수정을 통해 그 자체로 증거능력이 인정된다. 결국 영국에서 영상녹화물의 증거능력을 인정하는 것은 common law와 전문증거에 대한 전문법칙의 예외에 근거한 것이지, 특별법이 있다거나 입법 정책적으로 증거능력을 부여하는 규정이 있기 때문이 아니다.14)

(4) 영상녹화실무

영국에서는 녹음제도가 도입됨에 따라 조사관의 신문기술의 문제점이 차츰 드러나게 되었으며, 이에 경찰은 PEACE 모델15)이라는

---

12) 영국 형사소송법 제118조 제1항은 피의자의 자백(confession)에 대하여 common law에 따라 증거능력을 인정할 수 있도록 규정하고 있다.
13) 전문증거가 증거능력이 인정되는 경우란 영국 형사소송법 제114조 이하의 전문법칙의 예외에 해당하거나, 제118조에 의하여 common law상 일정한 범주 내에서 증거능력이 인정되는 경우, 형사소송절차에서 모든 당사자가 증거능력의 인정에 동의한 경우 또는 전문증거의 증거능력을 인정하는 것이 사법적 정의에 부합한다고 법원이 인정한 경우를 말한다(Criminal Justice Act 2003, 제114조 제1항).
14) 허인석, 앞의 논문, 59면.
15) PEACE 모델이란, 피의자·목격자·피해자 등 진술인이 가지고 있는 정보를 효율적으로 취득하기 위해 수사관이 면담(Interview) 시 유념해야 할 지침과 절차를 제시한 조사기술의 일종이며, 실무가·법학자·과학자·심리학자 등이 참여하여 개발한 것으로 1992년부터 경찰관 교육에 사용되고 있다(National

신문기술을 개발하여 조사경찰관들을 교육시키게 되었고, 이로써 수사기관의 신문기술이 진보하게 되는 성과도 이루게 된 것으로 평가되고 있다.16)

먼저 실무규범 E의 테이프녹음에 관한 구체적인 절차를 보면, 신문개시절차에 관해서는 녹음기기의 설치방법, 조사관 및 입회자의 확인, 신문시간 및 신문장소의 확인, 테이프녹음에 관한 설명, 진술거부권 및 무료에 의한 변호인의 법적 조언을 받을 권리의 고지17) 등을 규정하고 있다(Code E 4.3~4.5).

또한 신문 도중의 절차에 관해서도 상세한 규정을 두고 있는데, 구체적으로 피의자로부터의 이의신청에 대한 취급절차, 녹음테이프의

Crime Faculty, "Practical Guide to Investigating 2000", 2000 참조). 계획과 준비(Planning and Preparation), 도입과 설명(Engage and Explain), 진술청취·명확화와 반론조사(Account, Clarification and Challenge), 종료(Closure), 평가(Evaluation)의 이니셜을 딴 약칭이다. 수사관의 주도적인 준비하에서 이루어지며, 피의자의 진술을 부인·자백에 관계없이 명확히 한 후에 진술 자체의 모순이나 다른 증거와의 모순의 유무를 확인하고, 때로는 이를 탄핵해 나가는 기법을 사용한다(PEACE모델에 대한 자세한 설명은 Rebecca Milne·Ray Bull, "Investigative Interviewing: Psychology and Practice", John Wiley & Sons Inc, 1999 참조).

16) 필자가 영상녹음·녹화시스템을 조사하기 위하여 2007.12.8.~17. 영국·네덜란드·스위스·이탈리아의 법무부(검찰청) 및 일선 경찰서를 방문한 적이 있는데, 영국의 경우 영상녹화증거가 있는 경우에는 이를 확보하는 것이 조사자(경찰) 및 검찰의 의무로 규정되어 있으며, 영상녹화증거의 존재사실 및 수집절차를 사건 문서에 명기해야 하고(Code of Practice under Sections 23 and 25 Criminal Procedure and Investigations Act 1996, Attorney-General's Guidelines in relation to disclosure of information in criminal proceedings), 실무에서 이러한 영상녹화물이 임의성을 입증하기 위한 자료로 활용하지만, 일단 임의성이 입증되면 영상녹화물을 증거(본증)로 사용하는 데 아무런 제약이 없다고 하였다(Gatwick Police Station의 Andy Griffiths, Detective Chief Inspector, North Downs Division Command의 진술).

17) 한편 구속된 피의자는 조사개시 전에 무료로 변호인의 조언을 받을 수 있는 법률부조제도가 정비되어 있으며, 또한 피의자조사시에 변호인의 입회가 허용되고 있다.

교환방법, 휴식절차, 녹음기가 고장 난 경우에 취해야 할 조치, 신문 도중의 녹음테이프 인출방법 등이 여기에 해당한다(Code E 4.8~4.15). 신문종료절차에서는 정정신청의 기회부여, 종료시간의 기록, 피의자에 대한 테이프녹음의 개시에 관한 설명이 행해질 것이 규정되어 있다(Code E 4.17~4.19).

그리고 신문종료 후 동시에 녹음된 2개의 테이프 가운데 1개는 피의자의 면전에서 봉인되어 '마스터 테이프(Master Tape)'로서 별도로 보관된다. 특히 1992년부터는 테러범죄 등 일부 예외를 제외하고는 원칙적으로 범죄에 대한 신문과정에 있어서 신문의 전 과정을 의무적으로 녹음하고 있는데(Code E 3.1~3.4),[18] 녹음은 더블 데커의 신문전용 녹음기기에 의해 2개의 테이프가 동시 녹음되며, 이 중 1개는 변경방지를 위해 봉인하여 보관하고, 나머지 1개는 증거로서 사용하되 그 복제본을 피의자에게 교부한다.

비디오녹화에 관한 실무규범F(Code F)는 녹음테이프를 규정한 실무규범 E와 유사하며 비디오녹화에 따라 고려될 사항이 추가되어 있는데, 기소가능 범죄 및 기소할 수도 있는 범죄는 원칙적으로 녹화하며, 농아·맹인 또는 언어능력을 상실하여 수화를 사용하는 자에 대한 조사시, 피의자나 대리인의 요청이 있는 경우 등 특별한 사정이 있는 경우도 녹화한다고 규정되어 있다.[19]

다만 피의자신문을 비디오녹화하는 것이 합리적으로 실행 가능하지 않은 경우에는 실무규범 E에 따라 테이프녹음으로도 기록할 수

---

18) 영국의 영상녹화는 중죄에 한정하여 의무적으로 시행되고 있다는 견해도 있으나(이영한, 새로운 형사소송법에서의 조서와 영상녹화, 법조 2008.2. 111－112면), 원칙적인 조사방법으로서 몇 가지 예외가 있는 경우에만 영상녹화를 하지 않을 수 있을 뿐 기소될 수 있는 거의 모든 범죄에 대하여 영상녹화를 실시해야 한다고 규정하고 있다.
19) 수사과정의 녹음·녹화제 운영실태보고, 앞의 논문, 18면.

있도록 규정되어 있다(Code F 3.3).

2. 미국

(1) 도입배경

미국은 연방 차원에서는 영상녹화제도에 관한 명문규정을 두고 있지 않지만, 1977년 Montana 주에서 사건에 대한 반복된 진술로부터 아동을 보호하기 위하여 수사절차에서 아동의 진술을 녹화한 비디오를 공판정에서 증인(아동)의 진술을 대체할 수 있도록 허용한 이래, 1990년에 이미 33개 주에서 이를 도입하여 실시하고 있다.[20]

다만 아동에 대한 비디오신문과 달리 피의자의 경우에는 미란다원칙에 의해 피의자조사에 있어 변호인의 입회를 요구하면 경찰은 변호인의 입회 없이는 피의자를 조사할 수 없으므로, 이러한 미란다고지가 적절하게 이루어졌는가를 입증하는 방법의 일환으로 비디오녹화제도가 고려되어 왔으며,[21] 일부 주에서 이를 인정하여 판례나 성문법에 의하여 실시하고 있다.[22]

결국 1966년 미란다 판결이 모든 피의자들의 헌법적 권리를 한층 더 끌어올린 것과 마찬가지로 신문과정의 영상녹화는 허위자백을 치

---

20) 2005년 기준으로 41개 주 260여 개 경찰관서에서 영상녹화제도를 전면 실시하고 있다고 한다(하태훈, 공판중심주의 확립을 위한 형사소송법 개정안, 공판중심주의 확립을 위한 「형사소송법 개정안」 공청회(2005.6.24), 사법제도개혁추진위원회, 12면).
21) 김성돈, 미란다법칙과 위법수사통제방안, 형사법연구 제14호(2000), 27면.
22) 탁희성, 앞의 논문, 12 – 13면.

료할 수 있는 만병통치약(panacea)으로 인식되었으며, 이러한 영상녹화신문에 대한 기대는 만약 경찰에서 신문과정을 영상녹화하지 않았다면, 경찰이 부적절한 행위를 하였다는 것을 의미하는 정도로까지 발전되었다.[23]

이와 관련하여 미국 국가사법위원회(National Institute of Justice, NIJ)는 법집행기관이 피의자신문과 관련하여 비디오녹화기술을 사용한 빈도와 사용경험을 조사하기 위해 전국적 설문조사의 자금을 지원한 바 있는데, 2,400개의 수사기관 중 384개(16%) 기관이 조사나 신문, 자백을 영상녹화한 것으로 조사되었으며, 대부분의 응답기관이 영상녹화에 대하여 긍정적인 경험을 표시하였다[24]고 한다.

특히 영상녹화는 ⅰ) 법정에서 자백의 진실성과 자발성을 입증하는 데 도움이 되고, ⅱ) 수사관의 법정 증언을 준비하는 데 도움이 되며, ⅲ) 부적절한 기법을 사용하지 않았느냐는 의심을 차단하는 데 도움이 된다는 것이다.

그리고 신문과정의 어떤 부분도 비디오녹화를 하지 않기로 결정한 2,016개 기관이 이러한 결정을 하게 된 근거에는 두 가지 중요한 이유가 있었는데, 첫째, 영상녹화는 부적절한 신문기법을 사용하였다는 피고인의 항변을 증가시킨다는 우려이고, 둘째, 신문과정을 영상녹화하는 것은 진실을 말하고자 하는 피의자의 의도를 방해할 것이라는 우려였다[25]고 한다.

---

23) Buckley/Jayne, op.cit., 4면.
24) Op.cit., 7면.
25) Op.cit.

(2) 헌법적 근거

영상녹화물의 증거능력에 대한 대부분의 논쟁은 헌법적인 토대에 기초한다. 즉 미국 연방 수정헌법 제5조의 자기부죄금지특권이 자백 등 유죄의 내용이 담긴 피고인의 진술을 녹화한 영상녹화물을 증거로 사용하는 것에 부정적으로 작용하고 있는가이다.

이와 관련하여 State v. Lusk 사건[26])에서 Missouri 대법원은 비디오테이프에 담긴 피고인의 자백내용을 배심원들에게 보여 주는 것은 피고인의 자기부죄금지특권을 침해하는 것이라는 피고인의 주장에 대하여 "원심법원에 의하여 그것이 자발적으로 이루어졌는지가 결정된 이후에 피고인의 자백을 담은 정당하게 인증된 비디오테이프를 배심원들에게 보이는 것은 어떠한 헌법적 권리를 침해한 것도 아니다.

피고인의 자백이 자유로운 상태에서 자발적으로 이루어진 것이 아니라는 주장은 형사재판에서 자주 보인다. 그러나 자백이 'movietone'의 방법으로 보인다면, 법원이 보다 정확하게 사실을 확정하거나 그러한 주장이 거짓임을 확인하는 것을 가능하게 할 것이다"라고 판시하면서 피고인의 주장을 기각한 것은 정당하다고 판시하였다. 유사하게 불법적인 압수·수색을 금지한 수정헌법 제4조 및 적법절차와 관련된 제5조도 그러한 녹화물의 증거로서의 사용을 금지하지는 못한다.

People v. Higgins 사건[27])에서 New York 주 대법원도 "미란다 고지 후에 피고인이 명백히 자발적으로 그의 헌법적 권리를 포기하고 자백한 것을 담은 비디오테이프는 증거능력이 있으며, 그에 따라

---

26) State v. Lusk, 452 SW 2d 219(1970).
27) People v. Higgins, 89 Miac 2d 913, 392, NYS2d 800(1977).

원심법원은 증거이의신청을 효과적으로 기각하였다. 여기서 비디오테이핑을 한 기술자가 증언을 한 것과 관련하여 제공된 비디오의 증거물로서의 신빙성을 담보하는 증명방법으로서 사진가, 전문가 또는 기술자, 그 외 묘사된 사실을 관찰한 누구에 의하여서도 증명될 수 있다"고 판시한 바 있다. 아울러 영상녹화물은 그것의 사용이 도청을 금지하는 법률에 위반한다는 이유로 증거로서 배제되지도 않는다고 한다.

(3) 증거법 체계

미국 증거법은 common law의 영향으로 위의 영국 증거법과 체계적으로 유사하지만 예컨대 피의자의 자백을 전문법칙의 예외가 아니라 아예 전문증거가 아니라고 규정하는 등 세세한 측면에서 차이를 두고 있다.[28] 미국은 1961년 워렌 대법원장이 연방증거규칙 제정을 권고함에 따라 1972년 연방 대법원이 연방증거규칙(Federal Rules of Evidence)을 완성하여 1975년부터 시행하고 있다.

연방증거규칙에 의하면 어떤 증거에 증거능력이 인정되기 위해서는 증거가 특정사건의 주요한 법적 쟁점과 실질적으로 관련되어야 하고(relevant), 그 쟁점을 입증할 증거가치가 있어야 하며(material), 증거배제법칙에 해당하지 않고 증거능력이 있어야 한다(competent).

---

28) 이는 신빙성(reliability)이나 신용성의 문제보다는 금반언의 원칙(estoppel)문제라고 볼 수 있으며, 또한 自認을 한 반대편 당사자가 법정에 있기 때문에 증거로 제출된다고 하더라도 전문증거가 갖는 위험성을 예방할 수 있다는 점에 근거하고 있다. 즉 반대당사자의 자인이 증거로 제출된다고 하더라도 그 당사자가 법정에 있으므로 제출된 증거에 대하여 충분히 탄핵할 수 있으므로 일반적인 전문증거가 가지는 위험성이 없다는 것이다(Park/Leonard/Goldberg, Evidence Law(2nd ed), Thomson/West, 2004, 274면).

영상녹화물은 일종의 법정 외 진술에 해당하기 때문에 그 증거능력 유무를 확인하기 위해서는 전문증거 및 전문법칙의 예외에 대한 검토가 필요하다. 연방증거규칙 제801조 (c)는 전문증거를 "원진술자의 법정 외 진술(statement)로서 주장하는 사실이 진실함을 증명하기 위하여 제출한 것"이라고 정의하고 있다. 여기서의 진술(statement)에 관하여 연방증거규칙 제801조 (a)는 구두 또는 서면에 의한 주장, 주장을 의도하는 비언어적 행동이라고 정의하고 있으므로 진술서, 조서, 영상녹화물 등을 모두 포함한다.

일부 논문은 녹음녹화테이프는 전통적인 증거법 이론의 입장에서 본다면 실물증거(real evidence) 내지 설명증거(demonstrative evidence)와 달리 그 자체로서는 증언의 진술에 의하여 설명되는 사실을 그대로 묘사하는 정도의 설명능력 이외에 독자적인 증거가치가 있는 것이 아닌 '사진증거(photographic evidence)'로 평가되고 있다[29]고 기술하고 있으나, 이는 문제 있는 표현이다.

왜냐하면 비디오테이프를 실물증거의 일부로 구분하고 있는 연방증거규칙 제901조 (a)(5)는 특수매체기록의 증거조사방법 등을 규정한 한국의 형사소송법 제292조의 3에 준하는 것으로 주로 현장상황이 녹화된 비디오테이프에 관한 것으로 보아야 하고, 그 녹화된 진술내용을 증거로 인정하기 위해서는 여전히 전문법칙이 적용되기 때문이다.

영상녹화물이 전문증거의 진술에 해당한다면 그 증거능력을 어떻게 인정받을 수 있는지 문제 된다. 연방증거규칙은 피의자의 법정 외 진술과 증인의 법정 외 진술을 구별하여 증거능력을 인정하고 있다. 먼저 피의자의 법정 외 진술에 대하여 연방증거규칙 제801조 (d)(2)는

---

29) 이영한, 앞의 논문, 104면.

피의자는 자인(admission by party - opponent)은 아예 전문증거가 아니라고 규정하고 있기 때문에 증거능력이 인정된다.30) 전문법칙의 예외는 정황에 의하여 신용성의 보장을 요구하는데 피의자의 자백에는 이러한 법칙을 적용하기 어렵고,31) 무엇보다 자신에게 반대신문을 할 수 없기 때문에 연방증거규칙은 아예 피의자의 자백을 전문증

---

30) FRE 제801조.
(d) 전문진술이 아닌 진술(statements which are not hearsay)
전문진술이 아닌 진술은 다음과 같다.
(1) 증인의 종전진술(prior statement by witness)
원진술자가 소송(trial)이나 심리절차(hearing)에서 증언하고, 그 증언에 대하여 반대심문(cross examination)이 이루어지고, 그 증언이 (A) 현재의 증언과 불일치하고, 원진술자인 증인이 소송, 심리나 다른 절차(other proceeding)에서 위증의 벌칙을 받겠다는 선서를 한 다음에 하였던 것이거나, (B) 증인의 현재 증언과 부합하고, 명시적 혹은 묵시적 방법에 의하여 증인이 최근에 허위 조작이나, 부적절한 영향이나 동기로 인해 허위의 증언을 하려 한다는 주장을 반박하기 위한 경우 (C) 특정인인 범인을 인식한 후에 행해지는 사람의 동일성에 대한 증언(identification)인 경우
(2) 반대당사자에 의한 자백(Admission by party - opponent)
증언이 반대당사자에 대하여 제출되고,
(A) 개인 혹은 대리권(representative capacity)을 가진 반대당사자가 행한 반대당사자 자신의 진술이거나,
(B) 그 반대당사자가 채택(adoption)하거나, 진실하다고 믿고 있다는 것을 명백히 한 진술이거나,
(C) 그 반대당사자로부터 일정한 주제에 대하여 진술을 할 수 있는 권한을 부여받은 사람에 의한 진술이거나,
(D) 대행(agency)이나 고용관계의 범위 내에 있는 문제에 대하여, 그 대행이나 고용관계가 존재하고 있는 동안에 행해진 당사자의 대행인이나 직원에 의한 진술이거나,
(E) 공모를 진행 중이거나 혹은 이를 더 진행시키기 위한 과정에서 행하여진 당사자와의 공범자의 진술
(C)항에 있어서 진술자가 위와 같은 진술을 할 권한이 있는지, (D)항에 있어서 대행이나 고용관계의 존재 및 범위, (E)항에 있어서 원진술자와 이 진술이 제출될 상대방인 반대당사자와의 공모 여부나 공모범죄 관여의 존재를 고려하는 데 있어서는 위 각 진술의 내용을 고려하여야 하지만, 그 진술만으로는 충분하지 않다.
31) Park/Leonard/Goldberg, op.cit., 274면.

거가 아니라고 규정하고 있는 것이다.

증인의 법정 외 진술에 관해서는 전문법칙을 적용하되, 연방증거규칙 제803조 이하에서 원진술자의 증언이 불가능한 경우 및 원진술자에 대한 신문 가능성이 중요하지 않은 경우로 나누어 전문법칙의 예외사유를 개별적으로 규정하고 있다. 연방증거규칙은 원진술자의 증언이 불가능한 경우로 증인의 종전 증언(former testimony), 이해관계에 반하는 증언(statements against interest), 임종 전 진술(dying declaration) 등을 열거하고 있고, 원진술자에 대한 신문가능성이 중요하지 않은 경우로 정신상태에 관한 진술(state of mind), 흥분상태의 진술(excited utterances), 감각적 진술(present sense impression), 신체상태에 대한 진술(declaration of physical condition), 업무상 기록(business record) 등을 열거하고 있다.

또한 1997년에는 연방증거규칙 제807을 신설하여 전문증거가 중요사실에 관하여 제출되었고, 제출된 전문증거의 입증가치가 다른 증거에 비하여 우월하며, 증거능력을 인정하는 것이 사법정의에 부합하는 경우에는 당해 전문증거가 제803조 및 제804조에 해당하지 않더라도 증거능력을 인정할 수 있다[32]고 규정하고 있다.

결국 영상녹화물은 전문증거의 개념징표인 진술(statement)에 해당

---

[32] FRE 제807조 나머지 예외(Residual Exception)

법원이 (A) 진술이 중요 사실에 대한 증거로 제출되고, (B) 진술이 증거 신청자가 합리적인 노력을 통하여 획득할 수 있는 다른 증거들이 제공하는 것보다 사안에 대하여 보다 더 증거가치가 있고, (C) 그 진술을 증거로 채택하는 것이 이 법의 일반적 목적과 정의의 이익에 가장 잘 부합하는 경우라고 인정하는 경우, 법 제803조와 제804조에 의하여 증거능력이 인정되지 않더라도, 신빙성의 정황적 보장이 인정된다면, 전문법칙에 따른 증거능력 배제 사유에 해당하지 않는다. 그러나 증거 제출자는 위 진술에 대하여 준비할 공정한 기회를 가지도록, 재판이나 심리의 충분한 이전 시간에 그 상대방에게 위 진술을 제출하려 하는 의도, 원진술자의 이름 및 주소를 포함한 그 진술의 특징을 고지하여야 하고, 그렇지 않으면 증거로 할 수 없다.

하지만, 전문증거가 아니기 때문에 피의자의 자백진술을 녹화한 영상녹화물은 증거능력이 인정된다. 또한 증인의 법정 외 진술은 연방증거규칙상의 전문법칙 예외사유에 해당하면 증거능력이 인정된다. 따라서 미국에서 영상녹화물의 증거능력은 연방증거규칙 및 common law의 일반원칙에 의하여 인정되는 것이지 어떤 특별법이 있어야만 인정되는 것은 아닌 것이다.33)

(4) 영상녹화물의 증거능력

미국판례에 의하면 영상녹화된 진술은 피의자의 헌법적 권리가 침해되지 않았고, 공정성과 정황성에 관한 적절한 기초(proper Foundation)가 세워진다면 증거로서 허용된다. 즉 United State v. Branch 사건에서 구체적인 기준을 정하고 있는데, (1) 녹음장치가 대화녹음에 적합하여야 하고 (2) 녹음자가 기계작동에 적임이어야 하며, (3) 녹음은 일어난 일에 대해 정확히 기록되어야 하며, (4) 어떤 변화, 추가 또는 삭제도 있어서는 안 되며 (5) 법정에 제출되는 방법으로 보존되어야 하며, (6) 대화자가 누구인지 알 수 있어야 하고, (7) 허용되지 않는 유도신문이 없어야 한다는 것이다.34)

---

33) 굳이 미국증거법을 거론하지 않더라도 법정을 소재로 한 미국영화, CSI와 같은 범죄드라마에서 수사기관이 피의자 또는 참고인 조사시 캠코더 등으로 영상녹화하는 장면은 수도 없이 등장하고 있다.

34) United State v. Branch, 970 F.2d 1368(4th Cir. 1992).
   (1) the recording device was capable of recording the conversation;
   (2) the operator was competent to operate the machine;
   (3) the recording is a correct rendition of the occurrence;
   (4) no changes, additions or deletions have been made;
   (5) the recording has been preserved in a manner shown to the Court;
   (6) the speakers are identified; and

여기서 (1)과 (2)의 요건은 정확성에 관한 것이고, (3)과 (4)는 진정성립의 요건이며, (5)는 보관의 연속성(chain of custody), (6)은 관련성(Relevance), (7)은 증거능력(Competency)에 관한 요건으로서, 위와 같은 요건은 조사자 또는 영상녹화장비 작동자가 법정에 출석하여 증언하면 입증할 수 있을 것이다.[35]

(5) 각 주의 구체적 입법형태

미국에서는 구금된 피의자조사과정의 녹음·녹화에 대한 법적 강제 여부에 대하여 연방 차원에서 통일적으로 규율하지 아니하고,[36] 각 주에 따라 자율적으로 규정하고 있다. 왜냐하면 영상녹화와 관련된 개별 주의 입법은 원래 증거가 아닌 영상녹화물의 증거능력을 인정하기 위한 특별법이 아니라 특정사건에 대한 녹화를 의무화함으로써 적법절차를 확실하게 보장하기 위하여 제정된 것이며, 주 최고법원의 판례도 원래 증거가 아닌 영상녹화물에 증거능력을 부여하기 위한 조건을 판시한 것이 아니라, 기본권 보장을 위해 영상녹화가 필요한 사건의 범위와 절차를 언급할 뿐이다.[37]

---

(7) there was no impermissible inducement.

35) 허인석, 앞의 논문, 68면.

36) 현재 구금피의자의 신문과정에서 녹음·녹화제를 모든 경찰서에서 전면적으로 시행하고 있는 주는 Alaska, Minnesota 등 2개 주, 일부 경찰서에서 부분적으로 시행하고 있는 주는 Arizona, Arkansas, California, Colorado, Connecticut, Delaware, Florida, Georgia, Hawaii, Idaho, Illinois, Indiana, Iowa, Kansas, Kentucky, Louisiana, Maine, Maryland, Massachusetts, Michigan, Mississippi, Missouri, Montana, Nebraska, Nevada, New Hampshire, New Mexico, New York, North Carolina, Ohio, Oklahoma, Oregon, South Carolina, South Dakota, Tennessee, Texas, Utah, Vermont, Washington 등 39개 주이다. Washington D.C.를 포함하면 총 42개 지역에서 녹음·녹화제를 실시하고 있다.

즉, 위 판례의 공통점은 구금조사시 적법절차 보호를 위해 영상녹화제도를 도입하여야 하고, 심지어 영상녹화되지 않은 법정 외 진술의 증거능력까지 배제하고 있다는 점이다.

따라서 이하에서 소개할 입법례 및 판례 등으로 해당 주에만 영상녹화물의 증거능력을 인정한다고 잘못 해석해서는 아니 될 것이다.

미국 각 주의 녹음·녹화제의 실시형태는 ⅰ) 입법(legislation)에 의한 경우, ⅱ) 판례법을 통하여 수사상 녹화제도를 채택한 경우(court ordered recording), ⅲ) 각 경찰서에서 자율적인 판단으로 시행하는 경우(individual department policies)로 나눠 볼 수 있는데, 입법에 의한 경우는 Washington D.C., Illinois, Maine, New Mexico, Texas 등이고, 판례법에 의한 경우는 Alaska, Minnesota, New Jersey, Massachusetts, New Hampshire 등이며, 나머지 주에서는 수사기법상의 이유 등을 들어 수사기관의 자율에 맡기고 있으나, 주법원에서 피의자진술이 담긴 영상녹화물에 대하여 대부분 증거능력을 인정하고 있어, 대부분의 수사기관에서 중요 사건의 경우에 녹음·녹화를 선호하고 있다고 한다.38)

구체적인 입법형태를 살펴보면, Alaska 주에서는 수사기관에서의 수사과정의 임의성 및 적법절차 준수 여부 확인을 위해 반드시 구금된 피의자조사과정을 녹음·녹화하도록 강제하고 있고, 장비가 갖추

---

37) 허인석, 앞의 논문, 63면.
38) 미국의 일부 주들이 구금조사 또는 중범죄에 대한 영상녹화조사를 의무화하는 내용의 법률을 제정한 것과 관련하여, 일부 논문은 미국의 수사실무상 영상녹화조사가 예외적으로 활용된다거나 다른 주들은 영상녹화제도를 도입하지 않았다고까지 잘못 주장하지만, 위에서 언급한 것처럼 미국증거법상 영상녹화물은 다른 전문증거와 마찬가지로 일정한 요건하에 증거능력이 인정되며, 주의 이러한 입법은 구금조사 내지 중범죄에 대하여 의무적으로 영상녹화를 활용하라는 의미라는 점에 유의해야 한다.

어져 있음에도 녹음 · 녹화하지 아니하면 진술의 임의성을 배제하고 있으며,39) Minnesota 주에서는 법원이 구금장소에서의 조사과정을 전자적으로 녹음 · 녹화할 것을 요구하고 있을 뿐만 아니라40) 법관의 배심원들에 대한 지침 중에 "신문이 영상녹화되지 않았다면 반드시 피고인의 자백을 주의 깊게 살펴보아야 한다"라는 내용을 포함시키고 있다.

Texas 주에서는 구금된 피의자의 경우 자필로 쓴 진술서(Written Statement) 외에도 일정한 요건을 갖추어 녹음 · 녹화된 진술에 대하여 증거능력을 인정하는 형사소송법(제38장 제22절)41) 규정을 마련

---

39) Stephan v. State, 711 P.2d 1156(1985). 구속 중 신문에 대한 전자적 기록이 면책될 수 없는 이유로 실패한 경우에는 알라스카 헌법하에 적법절차에 따른 피의자의 권리를 위반한 것이라는 점을 확인하고 따라서 이 경우의 피의자의 진술은 증거로서 받아들일 수 없다.

40) State v. Scales, 518 N.W.2d 587(1994). 권리나 권리의 포기 그리고 모든 질문을 포함한 강제적 신문이 용이한 상황에서는 전자적으로 기록되어야 하고, 구금장소에서 신문이 진행된 때에는 녹화되어야 한다. 만약 사법경찰관이 이 녹화요건을 충족하지 못하였을 때에는 수사에 따르는 피의자의 어떠한 진술도 재판에 사용되지 못한다.

41) Texas Code of Criminal Procedure Article 38.22(1979, 1989.). Sec. 3. (a) 어떤 강제적 신문의 결과로서 행해진 피의자의 자백 등 진술이 아래의 요건을 갖추지 못하였다면 형사절차에서 피고인에게 불리한 증거로 허용될 수 없다.
(1) 동작사진(motion picture), 비디오테이프(video tape) 또는 다른 시각적 기록(other visual recording)을 포함한 전자적 기록(electronic recording)으로 진술을 기록한 경우
(2) 진술에 앞서 녹화 중에 피의자는 동법 제2조 (a)항의 권리들을 고지받아야 하고 그 권리들을 알고(knowingly), 인지하고(intelligently), 자발적으로(voluntarily) 포기해야 한다.
(3) 녹화장치(recording device)는 정확한 녹화를 할 수 있어야 하고 녹화장치를 작동하는 자(operator)는 자격 있는 자이어야 한다. 그리고 녹화(recording)는 정확해야 하며 편집되어서는 안 된다.
(4) 녹화자료에서의 육성은 식별되어야 한다.
(5) 녹화가 시작된 날로부터 20일 이내에 피의자를 대리하는 변호사에게 이 법 조항에 따라 피의자의 진술을 녹화한 모든 자료를 진정하고 완전하며 정확한 사본으로 만들어 제공하여야 한다.

함으로써 사실상 녹음·녹화를 강제하고 있다.

Illinois 주는 2005년 사형선고를 받은 다수의 피고인들이 DNA 증거를 통해 무죄석방된 이후, 형사소송법(주법 제725장) 제103 - 2.1조의 (b)항(2005.7.18.)에서 구금된 자(custodial interrogation)[42] 및 살인 피의자에 대한 조사시 의무적으로 영상녹화할 것을 규정하였는데,[43] 이는 1985년 Alaska 주, 1994년 Minnesota 주에 이어 수사기관으로 하여금 의무적으로 영상녹화를 요구한 세 번째 주에 해당한다.

New York 주에서는 살인·성범죄사건 전체에 대하여 피의자신문 과정에 대한 녹음·녹화를 임의로 시행하고 있으며, 나머지 범죄는 사안에 따라 필요한 경우에 한하여 녹음·녹화가 시행되고 있는데, 이 경우 원칙적으로 피의자만 시행하되, 피해자나 참고인이 아동인 경우에는 제3자에 대해서도 시행하고 있다.

Washington D.C.에서는 2003년 6월 23일부터 시행된 워싱턴 D.C.의 녹음·녹화절차법(Electronic Recording Procedures Act of 2002)에 따라 체포사건 모두에 시행하나, 살인·중상해·성범죄에 대해서는 의무적으로, 나머지 범죄의 경우에는 담당 경찰관의 재량

---

42) custodial interrogation에 대하여 한국에서는 강제적 신문, 구금조사 등으로 번역되고 있는데, 명칭이야 어떻든 custodial interrogation이라 함은 구속뿐만 아니라 어떠한 방법에 의해서이든 피의자의 행동의 자유가 박탈된 상태에서 이루어지는 조사를 총칭하며, custodial interrogation의 경우에는 miranda 권리를 고지해야 한다는 점에서 non - custodial interrogation과 차이가 있다.

43) 일리노이 주 형사소송법(주법 제725장) 제103 - 2.1조의 (b)항(2003.7.18.) 경찰서 또는 다른 구금장소에서의 강제적 신문의 결과로서 피의자에 의하여 행해진 구두, 서면 또는 표식언어에 의한 진술은 다음의 요건을 갖추지 못하면 형사소송절차에서 증거로서 허용되지 않는 것으로 간주된다.
(1) 강제적 신문은 전자적으로 기록되어야 하며,
(2) 강제적 신문의 전자적 기록은 실질적으로 정확하고 의도적으로 변경되어서는 안 된다.

에 의하여 녹음·녹화할 수 있도록 규정하고 있으며, 다만 참고인이나 피해자에 대해서는 원칙적으로 시행하지 않고 있다.44)

2005년 New Jersey 주도 자백이 증거로 채택되기 위해서는 반드시 전자적으로 기록되어야 한다고 요구하였으며, 콜롬비아 특별구법 17(statute 17)도 경찰서장에게 경찰이 위험한 범죄나 폭력범죄의 피의자를 신문할 경우 신문을 전자적으로 기록할 것을 요구하는 일반명령을 채택할 것을 요구하고 있다.45)

그런데 강제규정이 아님에도 이처럼 수사기관이 녹음·녹화를 선호하는 이유는 피의자가 공판과정에서 수사기관에서 자백한 사실을 부인하는 경우 자백과정 및 수사과정의 공정성을 배심원들에게 보여주는 데 효과적이며, 특히 성폭력 피해아동(juvenile victim)의 경우에 반복조사를 피하고 기억력의 한계로 최초진술이 번복되는 것을 막기 위한 것으로 알려져 있다.46)

Arizona 항소법원도 아동학대사건에 대한 판결에서 "6살 된 피해자인 아동이 법정에서 증언하기에 적절한 상황이 아니라는 전문가의 조사내용, 비디오진술시피고인 또는 그의 변호인이 함께 있었으며 당시 반대신문을 할 기회가 주어진 점" 등을 들어 피해자의 진술내용을 담은 영상녹화물의 증거능력을 인정한 바 있다.

---

44) 녹음·녹화절차법(Electronic Recording Procedures Act of 2002)에 따르면 경찰관이 피해자나 참고인에 대하여 녹음·녹화를 하고자 할 경우에는 검찰청(US ATTorney's Office) 검사의 검토(consulting)를 받아 허가(authorize)를 받도록 규정하고 있으며, 다만 동 법률은 세부절차에 대해서는 경찰 자체의 내규(GO(general order) - SPT - 304.16)에 포괄적인 위임을 하고 있다.

45) 미국 전역 수사기관에 대한 설문조사 결과를 보면, 인구 5만 명을 넘는 지역을 관할하는 경찰서의 1/3 정도가 영상녹화를 하고 있다(Buckley/Jayne, Id., 5면)고 한다.

46) 김후곤, 피의자의 진술내용을 담은 영상녹화물의 증거능력, 해외연구검사 연구논문(2006.2).

3. 캐나다

캐나다에서는 1988년에 제정된 Criminal Code Section 715. 1을 통해 참고인에 대한 비디오신문을 피해자가 사건 당시 18세 이하인 경우에 허용하고 있는데,[47] 그 목적은 증거의 보전 및 실체적 진실의 발견에 있다. 왜냐하면 영상녹화는 좀 더 자연스러운 상황에서 아동이 한 증언을 보전함으로써 과거의 사실을 가장 잘 설명할 수 있을 뿐만 아니라 범죄 발생 이후의 외부적 영향에 의해 증언이 변질되는 것을 방지할 수 있기 때문이다.

예컨대 4세 때 학대를 받은 아동은 1~2년 후의 재판과정에서 학대사실을 제대로 기억하지 못할 수도 있는데, 재판에서 영상녹화물을 이용한다면 아동에게 심리적 압박이나 충격을 완화할 수 있을뿐

---

47) Criminal Code PART XXII PROCURING ATTENDANCE. VIDEO-RECORDED EVIDENCE. 715. 1 (1) (Evidence of viction or witness under 18) In any proceeding against an accused in which a victim or other witness was under the age of eighteen years at the time the offence is alleged to have been committed, a video recording made within a reasonable time after the alleged offence, in which the victim or witness describes the acts complained of, is admissible in evidence if the victim or witness, while testifying, adopts the contents of the video recording, unless the presiding judge or justice is of the opinion that admission of the video recording in evidence would interfere with the proper administration of justice.
(2) (Order prohibiting use) The presiding judge or justice may prohibit any other use of a video recording referred to in subsection(1).
형사법 제22장 출석담보. 영상녹화증거 제715조 제1항 제1호(18세 미만 피해자 또는 증인의 특칙) 피해자 또는 증인이 범행 당시 18세 미만인 경우, 범행 후 적절한 시간 내에 피해자 또는 증인의 피해 또는 목격진술을 녹화한 영상녹화물은 피해자 또는 증인이 법정에서 영상녹화 내용의 진정성립을 인정한 경우 증거로 사용할 수 있다. 다만, 재판장이 영상녹화물을 증거로 채택할 경우 사법정의의 적정한 실형에 지장을 초래한다고 판단하는 때에는 그러하지 아니하다.
제2호(사용금지명령) 재판장은 전 호에 규정된 영상녹화물의 다른 용도 사용을 금지할 것을 명할 수 있다.

더러 아동이 재판 이전에 학대받았던 아픈 기억에 대하여 낯선 수사관으로부터 수차례 같은 질문을 받는 횟수를 줄일 수 있는 것이다.

물론 이러한 영상녹화에 의한 증언은 전형적인 전문증거로 피고인의 대면신문권이 지나치게 침해된다는 논란이 있어 왔는데, 피고인이 위 규정이 전문증거법칙을 위배하여 공정한 재판을 받을 권리를 침해하였다고 주장한 사건에서, 대법원은 아동의 영상녹화 진술은 아동이 그 내용을 인정할 경우 법정 내 증언의 일부가 되므로 전문증거가 아니라고 판시한 바 있다.[48]

다만 아동증인이 '내용을 인정한다'는 의미에 관해서는 하급심 간 논란이 있었는데, **Alberta** 주 항소법원은 설사 증인이 자신의 진술 내용을 기억하지 못한다고 하더라도 증언을 했던 사실, 그리고 그 당시 증인이 진실을 증언했다는 사실이 있으면 내용을 인정하는 것으로 해석해야 한다[49]고 판시한 반면, **Ontario** 주 항소법원은 증인이 현재의 기억에 의하여 영상녹화 진술내용의 정확성을 확신할 때 비로소 내용을 인정하는 것으로 보아야 한다[50]고 판시한 바 있다.

이에 대하여 **1997**년 대법원은 입법취지에 비추어 볼 때 **Ontario** 주 항소법원의 해석은 지나치게 제한적이라고 지적하면서 **Alberta** 주 항소법원의 손을 들어 주었고,[51] 이 판결로 인해 수사기관은 아동피해자에 대하여 영상녹화조사를 본격적으로 활용하게 되었고 아동피해사건 수사의 패러다임이 바뀌는 전환점이 되었다[52]고 한다.

한편 피의자신문에 대해서는 **1978**년 온타리오(**Ontario**) 주의 **R.**

---

48) R. v. L.(D.O.)(1993), 25 C.R.(4th) 285(S.C.C.).
49) R. v. Meddoui.(1990), 2 C.R.(4th) 316 at 323－24(Al. C.A.).
50) R. v. Toten(1993), 83 C.C.C.(3d) 5(Ont. C.A.).
51) R. v. F(C.C.)(1997), 120 C.C.C.(3d) 225 at 234(S.C.C.).
52) 김윤상, 영상증언제도에 대한 검토－캐나다 제도를 중심으로－, 해외연수검사연구논문집(Ⅰ) 제22집(2006), 법무연수원, 617－618면.

v. Vangent and Green 판결에서 처음으로 언급되었으며, 2001년 Moore－McFarlane 판결53)에서 온타리오 항소심은 "용의자가 구금상태에 있고, 녹화장비를 갖추는 것이 쉬운 경우에는 경찰은 반드시 신문과정을 비디오로 녹화하여야 한다. 만약 고의적으로 신뢰할 수 있는 기록을 만드는 것을 생각하지 않고 용의자를 신문하기 시작하였다면 그 신문내용은 필연적으로 그 결과로 남는 녹화가 되지 않는 신문들을 의심스럽게 만든다"고 판시한 바 있다.

즉 만약 녹화장비가 사용되지 아니한 이유에 대하여 신문경찰관이 만족할 만한 근거를 가지고 설명을 하지 않는다면 판사는 피고인의 자백이 임의적이 아닌 것으로 추정할 권한이 있다는 것이다. 다만 동의 없는 녹음·녹화에 대하여 Duarte 판결54)에서 캐나다 대법원은 대화의 참여자 중의 한 명이 정부의 대리자인 경우 대화를 비밀리에 녹음하는 경우는 Charter 섹션 8을 위반하는 것이라고 판결한 바 있는데, 이는 사생활의 합리적인 기대를 침해하고 청취자의 범위를 고를 권한을 없애 버리는 것이 된다는 것이다.55)

4. 호주

호주에서 녹음제도가 도입된 것은 1989년부터 1991년 사이에 자백의 임의성이 다투어진 몇 건의 형사사건에 있어서 법원에 의해 조사의 전 과정이 녹음·녹화되지 않은 자백은 원칙적으로 증거능력을

---

53) Moore－McFarlane(2001), 160 C.C.C.(3d)493(Ont. C.A).
54) Duarte(1990), 53 C.C.C.(3d) 1(S.C.C.).
55) 수사과정의 녹음·녹화제 운영실태보고, 앞의 논문, 55면.

부정한다는 판결이 나오게 된 것이 그 계기가 되었는데,[56] Electronic Recording of Interviews with Suspected Persons 제도는 경찰·검찰의 공동연구의 결과물이라고 한다.

이러한 수사과정 녹음·녹화에 대한 법적 근거로 호주 형사소송법 제108조 (1986)는 "대부분의 피의자와 주요 범죄의 참고인을 녹화하고, 특별한 경우가 아니면 피해자와 고소인은 녹화하지 아니하며(중죄의 경우 의무적, 나머지 경죄는 선택적 녹화), 이 경우 법정에서 증거능력을 갖기 위해서는 자백하는 것이 조사자에 의하여 녹화되어야 하고, 녹화테이프가 법정에서 채택되고 이용되는 것을 전문증거법칙(Hearsay Rule)이 방해하지 아니하며, 녹화가 제대로 이루어지지 아니한 경우에는 검사가 합리적인 이유(기술적 결함, 녹화 거부 등)를 입증하여야 한다"는 규정을 들 수 있다.

한편 호주 형법(WA, 1992.) Ch.60A 제570조 - 제570H조(10개 조항)[57]도 영상녹화에 관한 자세한 내용을 규정하고 있는데, 이 조

---

56) 호주의 경우, 녹음·녹화의 방법은 주에 따라 다소 차이가 있으며, 시드니가 소재한 뉴사우스웨일즈 주에서는 피의자신문의 전자적 기록시스템(ERISP, Electronic Recording of Interviews with Suspected Person)이 정비되어 원칙적으로 조사의 전 과정이 녹음·녹화되고 있다. 이에 의하면, 피의자신문은 동시에 3개의 테이프에 녹음되고 별도로 비디오촬영이 이루어지고 있으며, 그중 1개의 녹음테이프는 피의자에게 교부된다(日本辯護士連合會(編), 裁判員制度と取調べの可視化, 明石書店, 2004, 103면 이하).

57) 호주 형법(WA, 1992) Ch.60A 제570조: 용어(조사, 변호인, 피의자, 비디오테이프 등) 정의
제570A조: 피의자가 기소되었을 때 14일 이내에 비디오테이프를 열람, 등사할 수 있음을 규정
제570B조: 권한 없는 자의 비디오테이프 소유 및 상영 금지규정(비디오테이프의 소지가 허용되는 자로 피의자나 변호인, 조사자, 경찰국장 등을 열거함)
제570C조: 비디오테이프의 내용 방송 금지규정
제570D조: 중대한 범죄로 기소된 피고인의 자백은 녹화되지 않은 경우 증거능력 배제(Accused admission in serious cases inadmissible unless videotaped)
(1) 이 장에서, 자백(admission)이란 경찰서나 부패방지위원회 직원에 대한 피

항들이 경찰조사 전체를 비디오로 녹화하도록 요구하는지는 명확하지 않지만, 대부분의 주는 1992년부터 모든 사건의 피의자에 대한 의무적 영상녹화를 실시하고 있다고 한다.

판례도 Kelly v. The Queen 판결에서(1990) "비디오 시설이 이용 가능한 모든 사건에 있어서 모든 피의자의 증거가 비디오로 녹화되어야 한다고 명령하는 공공정책이 예정되어 있지는 않으나, 특정한 정황에 있어서 비디오의 비사용은 불공정성에 대한 현실적인 문제를 야기할 수 있다는 견해를 가지고 있다.

의자의 시인으로 구두, 행동 또는 기타 방법을 가리지 않는다. 중대한 범죄 (serious offence)란 기소된 자가 18세 미만의 자인 경우에는 그 자가 구금에 처해지게 되는 모든 범죄를 의미하며, 18세 이상인 경우에는 약식으로 다루어질 수 없는 성격의 기소범죄를 의미한다.

(2) 중대한 범죄를 저지른 피고인에 대한 공판에서는 다음과 같은 예외가 없는 한 자백진술의 증거능력이 없다.

(a) 영상녹화된 자백진술

(b) 또는 검사가 자백이 영상녹화되지 않은 합리적 사유(reasonable excuse)를 증명한 경우

(c) 또는 법원이 자백의 증거능력을 인정하는 것이 정의의 관점에 부합된다고 판단하는 예외적인 상황이 있는 경우

(3) 제(2)항은 피의자가 죄를 범하였다는 합리적인 근거가 발생하기 전에 피의자가 이미 자백해 버린 경우에는 적용하지 않는다.

(4) 제(2)항에서 말하는 합리적 사유(reasonable excuse)란 다음과 같은 사항을 포함한다.

(a) 영상녹화를 하는 것이 가능하지 않은 상태에서의 자백

(b) 피의자를 구금하는 동안 영상녹화장비를 구하지 못한 경우

(c) 피의자가 영상녹화에 동의하지 않은 경우

(d) 영상녹화장비가 오작동을 일으킨 경우

제570E조: 비디오테이프가 재판에서 증거로 허용되는 경우 배심원은 심의 도중에 비디오테이프를 상영할 수 있다고 규정.

제570F조: 법원은 비디오테이프의 제공, 복사, 편집, 삭제, 상영 및 방송 등에 관한 지시를 할 수 있다고 규정.

제570G조: 비디오테이프는 최소한 5년 동안 경찰에 의해 안전하게 보관되도록 규정.

제570H조: 예비경찰관, 예비변호인 등을 대상으로 한 교육목적의 비디오테이프 상영기준 규정.

그러한 문제가 야기된 경우 사실심 법관이 재량을 행사할 것인가를 결정함에 있어서 비디오 시설의 비사용이 허위자백을 만들어 낼 가능성이 있는가를 고려할 필요가 있다. 만약 그렇다면 그 증거를 배척할 강력한 근거가 될 것이다"[58]라고 판시한 바 있다.

결국 불구속 사건의 경우 영상녹화물뿐만 아니라 조서, 조사자 증언 등으로도 피의자 자백의 증거능력을 인정할 수 있지만, 구속 피의자 등 중대한 사건의 경우에는 녹화된 법정 외 진술만 증거능력이 인정된다.[59]

5. 뉴질랜드

1985년 판사회의에서 뉴질랜드 경찰의 자백진술 기록에 대한 상당한 우려가 표명되어 기록의 전자적 녹화에 대한 다른 나라의 실태 파악을 위한 소위원회가 구성되었는데, 이 소위원회의 보고서에 따라 1987년 뉴질랜드 증거법 개혁위원회는 법무장관에게 경찰조사의 녹음·녹화에 관심을 촉구하기에 이르렀고, 법무장관은 영국·캐나다·호주의 전자적 녹화기법에 대한 조사에 착수하여 1988년 11월 '경찰조사의 전자녹화'에 대한 보고서가 작성되었으며, 1991년경 6개월간의 시범실시 후, 1991년 7월 모든 사건의 피의자에 대한 영상녹화를 전면 실시하고 있다고 한다. 따라서 원칙적으로 피의자조사는 비디오녹화에 의하는데, 기술적 문제 등으로 녹화가 불가능할 때

---

58) Anthony Karstaedt, "Videotaping Police Interviews with Suspects", Murdock University Electronic Journal of law, Vol.4, No.1, 1997, no.2.
59) 허인석, 앞의 논문, 69면.

에는 이를 기록하도록 되어 있고, 녹화를 못 하게 되는 것에 대해서
는 합리적인 사유가 있어야 하고, 후에 법원에서 이를 확인한다고
한다.

6. 홍콩

　법원의 요청에 의해 1997년경부터 시범·실시한 후, 2000년경부
터 전면적으로 실시하고 있으며, 영국과 미국의 FBI에서 실시하는
제도를 연구하여 실정에 맞게 변형하고 있다고 한다. 현재 정부의
조례(Memorandom of Government)에 규정되어, Magistrater가 처
리하는 경죄는 Chief Inspector에 의해 녹화 여부가 결정되고,
District Court에 기소하는 사건은 모두 녹화(배심원 재판사건은 모
두 녹화)되는데, 다만 이 경우 피의자에 대해서만 녹음·녹화하고,
참고인이나 피해자 등에 대한 녹화는 하지 않으나, 아동 피해자와
성폭력 피해자 등에 대해서는 예외적으로 녹음·녹화한다고 한다.

제2절 대륙법계 국가

1. 독일

(1) 시행현황

독일의 경우 피의자신문과 관련하여 녹음·녹화를 의무적으로 강제하는 규정이 없는 반면, 1998년 4월 30일 개정 공포된 형사소송법 중 「형사절차상 증인신문에 있어서 증인보호와 피해자보호의 개선에 관한 법률: 증인보호법」(Gesetz zum Schutz von Zeugen bei Vernehmungen im Strafverfahren und zur Verbesserung des Opferschutzes: ZSchG)이 1998년 12월 1일경부터 시행되게 되었는데, 그 주된 내용은 형사소송법 제58조a, 제247조a, 제255조a의 신설로서, 수사기관이나 법원에서의 증인[60]신문 시 영상-음성매체물, 즉 비디오 및 오디오 등 동영상 기술을 도입하는 데 있다.

즉 형사소송법 제58조a는 수사기관에서의 증인신문 시 영상-음성 매체물에 의한 녹화, 제247조a는 증인에 대한 비디오에 의한 법정 외 신문, 제255조a는 영상-음성 매체물에 대한 증거조사 방법에 관하여 각각 규정하고 있다.

---

[60] 독일 형사소송법은 증인의 개념을 우리 형사소송법과는 달리 '법원 또는 법관'에 대한 것이 아니라 人證(Personliche Beweismittel)으로 자기 자신과 관련이 없는 형사절차에서 사실관계에 대한 정보를 제공할 수 있는 제3자로 보므로 증인과 참고인을 개념상 구별하여 규정하지 않는다. 따라서 독일 형사소송법상 '證人(Zeuge)'의 개념은 공소제기 후에 법원에 채택된 피고인 이외의 자에 국한되지 아니하고 수사기관에서의 참고인 또한 증인으로 규정하고 있다.

먼저 영상-음성 매체물에 의한 녹화방식규정인 형사소송법 제58
조a(증인신문의 녹음·녹화)61)를 살펴보면, 제1항에서 증인신문은

61) StPO § 58a(Aufzeichnung von Zeugenaussagen auf Bild-Ton-Trägern)
(1) Die Vernehmung eines Zeugen kann auf Bild-Ton-Träger
aufgezeichnet werden. Sie soll aufgezeichnet werden
1. bei Personen unter sechzehn Jahren, die durch die Straftat verletzt worden
sind, oder.
2. wenn zu besorgen ist, daß der Zeuge in der Hauptverhandlung nicht
vernommen werden kann und die Aufzeichnung zur Erforschung der
Wahrheit erforderlich ist.
(2) Die Verwendung der Bild-Ton-Aufzeichnung ist nur für Zwecke der
Strafverfolgung und nur insoweit zulässig, als dies zur Erforschung der
Wahrheit erforderlich ist. § 100b Abs. 6 gilt entsprechend. Die §§ 147, 406e
sind entsprechend anzuwenden, mit der Maßgabe, dass den zur
Akteneinsicht Berechtigten Kopien der Aufzeichnung überlassen werden
können. Die Kopien dürfen weder vervielfältigt noch weitergegeben werden.
Sie sind an die Staatsanwaltschaft herauszugeben, sobald kein berechtigtes
Interesse an der weiteren Verwendung besteht. Die Überlassung der
Aufzeichnung oder die Herausgabe von Kopien an andere als die
vorbezeichneten Stellen bedarf der Einwilligung des Zeugen.
(3) Widerspricht der Zeuge der Überlassung einer Kopie der Aufzeichnung
seiner Vernehmung nach Absatz 2 Satz 3, so tritt an deren Stelle die
Überlassung einer Übertragung der Aufzeichnung in ein schriftliches
Protokoll an die zur Akteneinsicht Berechtigten nach Maßgabe der §§ 147,
406e. Wer die Übertragung hergestellt hat, versieht die eigene Unterschrift
mit dem Zusatz, dass die Richtigkeit der Übertragung bestätigt wird. Das
Recht zur Besichtigung der Aufzeichnung nach Maßgabe der §§ 147, 406e
bleibt unberührt. Der Zeuge ist auf sein Widerspruchsrecht nach Satz 1
hinzuweisen.
독일 형사소송법 제58조a(증인신문의 영상-음성 매체물)
(1) 증인신문은 영상-음성 매체물로 녹화할 수 있다. 다음 각 호에 해당하는
경우에는 반드시 영상-음성 매체물로 녹화하여야 한다.
1. 16세 미만의 범죄피해자인 경우
2. 증인이 공판기일에 증인신문을 받지 못할 우려가 있거나 진실규명을 위하여
녹화가 필요한 경우
(2) 영상-음성 매체물의 사용은 오로지 형사소추의 목적과 진실규명에 필요한
경우에만 그 사용이 허용된다. 제100조b (6)항(필자 주: 감청기록의 소각/더 이
상 불필요 시 즉각 소각 및 소각기록 작성), 제147조(필자 주: 변호인의 수사기
록 열람권)와 제146조e(필자 주: 피해자 변호인의 수사기록 열람권)가 준용된다.

비디오나 녹음기에 녹화·녹음할 수 있도록 하는 임의규정을 두면서도 (a) 증인이 16세 미만의 범죄피해자이거나 (b) 증인이 공판기일에 증인신문을 받지 못할 우려가 있거나 증인신문의 녹화·녹음이 실체적 진실 발견을 위해 필수적인 때에는 증인신문을 반드시 녹화·녹음하도록 의무규정을 두고 있으며, 다만 동 조 제2항에서는 비디오나 녹음기의 사용은 형사소추의 목적 및 진실규명을 위하여 필요한 경우에만 그 사용이 허용된다고 명시함으로써 영상녹화 방식의 증언 취득은 예외적인 경우에 사용될 수 있음을 명백히 하고 있다. 물론 본 조항은 증인보호가 입법취지이므로 피고인신문에 대해서는 적용되지 않는다.

한편 경찰은 신문을 녹화하면, 영상녹화물을 증거물로 검찰에 송치하고 신문요약서 또는 녹취서를 기록에 편철하며, 변호인은 참고인의 진술을 녹화한 영상녹화물의 열람을 청구할 수 있으나, 검사는 수사종결 전에는 열람청구를 기각할 수 있으며, 이 결정에 대하여 법원에 이의를 신청할 수 있다. 다만 영상녹화조사의 대상이 된 참고인이 피의자나 그 변호인의 당해 녹화물 열람신청에 대해 동의하지 않는 경우에는 녹화물 대신 녹취서를 교부하여 열람하게 한다.

실무상으로는 예컨대 16세 미만의 성범죄 피해자인 경우 담당경찰

녹화물의 복사본은 다음과 같은 기준에 따라 정당한 열람권을 가진 사람들에게 제공된다. 복사물들은 더 이상의 필요한 목적이 없게 된 경우 즉시 검찰청에 반환하여야 한다. 앞에서 설명한 경우로서 다른 사람에게 녹화물을 양도하거나 복사물을 인도할 경우에는 증인의 동의를 필요로 한다.
(3) 증인이 제2항 제3문에 따라 복사물이 제3자에게 양도되는 것을 반대한 경우에는 제147조 및 제406조e의 규정에 따라 녹화물을 인도하는 대신에 녹화내용을 조서로 만들어야 한다. 조서를 작성하는 자는 조서 말미에 녹화물이 옳게 조서화되었다는 것에 자신의 서명을 하여야 한다. 제147조와 제406조e에 따른 녹화물의 열람권은 침해되어서는 안 된다. 증인은 제1문에 따라 녹화물의 열람 거부권을 고지받아야 한다.

관이 날짜를 정하여 영상조사실로 피해자를 소환하고, 이를 전담하는 수사판사가 직접 피해자에게 범행과 관련된 상황을 묻고 피해자는 이에 대해 답하는 방식으로 절차를 진행하는데, 이때 경찰이 그 과정을 녹화하게 되며, 피의자와 변호인, 검사는 유리창으로 분리된 별도 공간에서 신문과정을 지켜보면서 피해자의 주장에 의문이 있을 경우 이를 지적하고 판사가 피해자에게 물어보는 방법으로 신문이 이루어진다고 한다.[62]

또한 영상 - 음성 매체물에 대한 증거조사 방법을 규정하고 있는 제255조a 제2항[63]을 살펴보면, 성범죄 피해자이거나 살인죄의 목격

---

62) 영상녹화조사 제도 개관, − 디지털 시대의 수사와 인권을 위한 새로운 시도, 서울남부지방검찰청, 28면.

63) StPO § 255a(Vorführung der Bild − Ton − Aufzeichnung einer Zeugenvernehmung)

(1) Für die Vorführung der Bild − Ton − Aufzeichnung einer Zeugenvernehmung gelten die Vorschriften zur Verlesung einer Niederschrift über eine Vernehmung gemäß §§ 251, 252, 253 und 255 entsprechend.

(2) In Verfahren wegen Straftaten gegen die sexuelle Selbstbestimmung(§§ 174 bis 184f des Strafgesetzbuches) oder gegen das Leben(§§ 211 bis 222 des Strafgesetzbuches), wegen Misshandlung von Schutzbefohlenen(§ 225 des Strafgesetzbuches) oder wegen Straftaten gegen die persönliche Freiheit nach den §§ 232 bis 233a des Strafgesetzbuches kann die Vernehmung eines Zeugen unter sechzehn Jahren durch die Vorführung der Bild − Ton − Aufzeichnung seiner früheren richterlichen Vernehmung ersetzt werden, wenn der Angeklagte und sein Verteidiger Gelegenheit hatten, an dieser mitzuwirken. Eine ergänzende Vernehmung des Zeugen ist zulässig.

독일 형사소송법 제255조a(영상 - 음성 매체물의 사용)

(1) 증인신문 영상 - 음성 매체물의 공판정 상영은 제251조 내지 제253조, 제255조의 신문녹취기록의 낭독에 관한 규정이 준용된다.

(2) 성적 자기결정권에 대한 범죄(형법 제174조 내지 제184조c)와 생명에 대한 범죄(형법 제211조부터 제222조) 또는 피보호자에 대한 성적 추행범죄(형법 제225조), 개인의 자유에 대한 침해죄(형법 제232조, 제233조a)에 대한 소송에서 16세 미만의 증인에 대한 신문은 수사판사 앞에서의 증인신문내용을 담은 영상 - 음성 매체물의 상연으로 증인신문을 대체한다. 다만 수사판사의 증인신문 시 피고인 및 그 변호인이 참여할 기회가 있을 경우에 한한다. 증인에 대한 보충적

자인 아동이 증인으로 신문받을 경우의 특칙을 규정하고 있는데, 성적 자기결정권에 대한 범죄(형법 제174조 내지 제184조c), 생명에 대한 범죄(형법 제211조 내지 제222조) 또는 피보호자에 의한 성적 추행범죄(형법 제255조)에 대한 소송에서 16세 미만에 증인에 대한 신문은 공판기일 전의 증인신문을 녹화한 영상-음성 매체물의 사용에 의해 대체될 수 있도록 하고 있다.

이때 공판기일 전의 신문에는 피고인이 변호인과 함께 참여하여야 하고 증인에 대한 보충신문은 허용된다. 즉 원칙적으로 참고인이 법정에 출석하여 증언을 하여야 하고 증언 없이 녹화물 재생만으로는 증거로 사용할 수 없으며, 참고인이 수사과정에서의 진술과 다른 진술을 하는 등 일정한 경우에 한하여 녹화물을 재현하여 증거로 할 수 있는데(참고인도 증인으로 나오는 것을 전제로 하여 영상녹화물을 증거로 할 수 있도록 한 것임), 다만 판사가 수사단계에서 참고인을 증인으로 신문하여 그 진술을 녹화한 녹화물은 일정한 경우(16세 이하 또는 성범죄 등 특정한 사건)에 그 신문 시 참여권자(검사, 피의자, 변호인)에게 참여의 기회를 주거나, 그 신문내용에 영향을 줄 수 있는 기회를 부여한 것을 조건으로 증인의 출석 없이도 이를 증거로 사용할 수 있도록 한 것이다.

실무상으로는 형사소송법 제58조a에서 16세 미만의 자 및 공판정에서 증언하기 어려운 자 등에 대한 녹화를 의무화하고 있는 관계로 미성년자 및 성폭력 피해자 등을 위주로 영상녹화를 하고 있으며, 이 경우 신문 이전에 녹화사실을 미리 당사자에게 알려 주어야 하고, 미성년자인 경우 부모 등에게 알려 승낙을 받아야 하며, 당사자 모르게 신문과정을 영상녹화하는 것은 위법이라고 한다. 다만 신문 시

____

인 신문은 허용된다.

원칙적으로 다른 사람을 입회시키지 않으며, 아동의 경우에도 부모는 다른 방에 머물러 있게 한다고 한다.64)

이처럼 독일에서는 증인, 특히 아동피해자에 대한 녹음·녹화제가 활용되고 있으나, 피의자신문에 대해서는 아직 녹음·녹화제도가 시행되지 않고 있는데, 이는 전문법칙이 적용되지 않는 직권주의 국가에서는 당연한 것이며, 따라서 독일에서 시행되고 있는 영상물 녹화방식은 피의자신문과 기록의 문제점을 해결하기 위한 방안이라기보다는 증인의 보호에 더 큰 가치를 두고 있다는 것을 알 수 있다.

그러나 최근 독일 형사법학계에서도 비디오녹화제도를 단순히 아동성폭력 피해자 등 제한된 참고인에게만 국한해서 적용할 것이 아니라 모든 참고인 더 나아가 피의자에 대해서도 촬영을 의무화함으로써 수사기관이 작성하는 신문조서(진술조서)의 객관성을 높이고자 하는 방안을 연구 중이라고 한다.65) 특히 Nack 교수는 비디오 신문제도의 입법화를 통해 서면에 의한 진술조서를 대체할 것을 제안하였는데, Nack는 "신문조서는 신뢰할 만한 진술의 기록을 통한 증거가치 부여에 그 목적을 두고 있으므로 이를 위해 최상의 기록기술이 투입되어야 한다"는 점을 주장하면서, 시각적인 신문조서가 가장 이상적인 증거가치를 창출할 수 있다고 보고, 진술의 기록을 비디오로 녹화하는 방법은 이러한 요구를 충족시킬 수 있는 가장 이상적인 기록방법이라는 점을 강조하고 있다66)고 한다.67)

---

64) 영상녹화조사 제도 개관, ー 디지텔 시대의 수사와 인권을 위한 새로운 시도, 29면.

65) 박노섭, 앞의 논문, 122면.

66) Nack, Entwurf eines Gesetzes zur Einfuehrung von Videovernehmung, (Logodony, Der Strafprozess vor neuen Herausforderungen?), S. 307.

67) 박노섭, 앞의 논문, 123면(재인용).

(2) 증거법 체계

　독일의 직접주의하의 증거법에서는 피의자의 진술이든 참고인의 진술이든 수사절차상 '진술'은 아무런 제한 없이 증거로 사용할 수 있다. 즉 독일에서는 전문법칙은 적용되지 않는다.[68] 다만 직접주의가 적용되는 관계로 전문법칙과 다른 방법으로 법정 외 진술의 증거능력을 인정하고 있다. 독일 형사소송법 제250조는 "사실에 대한 증거가 사람의 관찰에 근거한 것이라면 그 사람을 재판에서 신문하여야 한다. 이 신문은 종전의 신문의 기록을 읽거나 진술서를 읽는 것으로 대체할 수 있다"고 규정하고, 동법 제254조는 "피고인의 법정 외 진술이 기재된 법관 작성의 피의자신문조서의 경우 법정에서 조서의 낭독으로 증거능력이 인정된다. 수사기관의 경우 피의자신문조서의 증거능력은 없다"고 규정하고 있다. 대신 독일은 직접주의에 따라 수사기관의 조서가 그 자체로 법정에 현출되는 것이 아니라 피고인이 수사기관에서 그렇게 말한 사실이 있다고 인정하는 진술 또는 조사자 증언의 형식으로 조서의 내용이 법정에 현출된다. 즉 구두주의 원칙상 진술의 현출수단으로서 인정이나 조사자증언 등 구두의 방법이 우선되고, 직접주의 원칙상 조서 등 진술의 기록물 특히 수사기관이 피의자나 참고인을 조사하여 그 진술을 기재한 기록물을 진술현출수단으로 사용하는 것을 제한하는 것이다.

　또한 형사소송법 제253조 제1항은 "증인 또는 감정인이 일정 사실에 대해 더 이상 기억이 나지 않는다고 진술하는 때에는 그에 대한 이전의 신문조서의 관련 부분을 기억의 보완을 위하여 낭독할

---

68) Diemer, StPO - Karlsruher Kommentar, C. H. Beck, 2003, § 250, Rn.10.

수 있다"고 규정하고 있다. 여기서 낭독된 증거는 그 자체로 증거조사의 대상이 되어 증거로 사용되고, 조서나 서면을 증거로 하여 증인의 증언을 대체하는 것은 허용되지 않지만 증언이 법정에서 증언을 하는 한 증인의 증언과 함께 증거로 제출되어 낭독되는 것은 허용된다.[69]

2. 프랑스

(1) 시행현황

원칙적으로 프랑스에서는 수사과정을 녹음·녹화하지 않으나, 미성년자의 보호를 목적으로 1998년 6월 17일 형사소송법 개정(Loi n°98 - 468 du 17 juin 1998)에 의해 1999년 6월 1일부터 미성년 성범죄 피해자에 대한 예심수사판사 및 사법경찰의 조사시 영상녹화조사가 의무화되었고,[70] 2000년 6월 15일 형사소송법 개정(Loi n°2000 - 516 du 15 juin 2000)에 의해 2001년 6월 15일부터 보호유치된 미성년 피의자에 대한 사법경찰의 신문 시에도 영상녹화조사

---

69) 정웅석, 조서의 증거능력을 인정하는 각국의 형사사법운영실태, 2005년 대검찰청 용역과제, 84면.

70) 형사소송법 제706 - 52조는 "강간 등 성범죄의 피해자가 18세 미만의 미성년자일 경우 당사자나 법정대리인의 동의를 얻어 녹음이나 녹화를 할 수 있는데, 대질신문에 관한 규정은 적용되지 아니하며, 1부의 사본과 1부의 원본을 만들어 원본은 밀봉하고, 사본은 수사판사 또는 법원서기가 참석한 가운데 비밀을 보장하는 조건으로 당사자 등이 언제든지 열람 가능하며, 원본은 수사판사의 결정에 따라 소송절차 중에 관람하거나 청취할 수 있고, 원본을 유포하거나 사본을 만든 경우 1년 이하의 징역 또는 15,000유로 이하의 벌금형에 처한다"고 규정되어 있다.

가 확대되었으며, 2007년 3월 5일 형사소송법 개정(Loi n°2007 - 291 du 5 mars 2007)에 의해 2008년 6월 1일부터 중죄 혐의로 보호 유치된 피의자에 대한 사법경찰의 신문 시 및 중죄 혐의 피의자에 대한 예심수사판사의 신문 시까지 영상녹화조사가 의무화되었다71)고 한다.

다만 이와 같이 프랑스의 수사절차상 영상녹화조사의 적용범위가 점점 확대되는 추세에 있기는 하나, 영상녹화조사가 조서의 작성과 동일한 지위의 일반적인 조사방법으로 이용되고 있는 것은 아니며 아직까지 수사기관이 사건 관련자들의 진술을 기록하는 가장 일반적인 수단은 조서이다.

중죄사건에 관한 영상녹화조사제도의 도입과정에서는 영상녹화조사제도가 실익이 없으면서 많은 업무량과 예산상의 문제만 야기할 것이라는 비판도 제기된 바 있다72)고 한다.73)

(2) 증거법 체계

프랑스 형사소송법 제427조 제1항 전단은 "법률이 달리 규정하는 경우를 제외하고 범죄 사실은 모든 증거방법에 의하여 증명할 수 있다"고 하여 증거자유의 원칙을 선언하고 있으므로 수사기관이 작성한 조서는 증거능력에 제한을 받지 않고 공판과정에서 진정성립을 인정받을 필요 없이 곧바로 증거로 사용될 수 있다.

---

71) 김영기, 「프랑스 형사절차의 현재와 개혁동향」, 형사소송이론과 실무, 창간호 (2009), 한국형사소송법학회, 151면.
72) 2006 - 2007 회기 제177호 상원 보고서(Sénat session ordinaire de 2006 - 2007, Rapport n°177) 30면.
73) 김영기, 앞의 논문, 152면.

따라서 영상녹화물도 그것이 형사소송법에 규정된 영상녹화조사에 의해 생성된 것이고 또 법률에 그 증거능력을 제한하는 아무런 규정이 없으므로 당연히 증거능력이 인정되며, 다른 증거와 마찬가지로 영상녹화물의 증거가치는 자유심증에 의해 판단될 뿐이다. 물론 증거자유의 원칙은 피고인의 방어권 측면에서도 마찬가지로 적용되는 원칙이므로 피고인은 법률이 달리 정한 경우를 제외하고 모든 형태의 반증으로 자신을 방어할 수 있다.[74]

다만 증거자유의 원칙에서 '증거'라 함은 물론 '적법'하게 수집된 증거만을 의미한다. 명문의 규정은 없으나 이는 판례에 의해 확립된 것으로서, 예컨대 고문이나 폭력 등에 의해 기본적 인권을 침해하는 방법으로 수집된 증거 또는 함정수사 등 부정직한 방법으로 수집된 증거의 증거능력은 배제된다[75]고 한다.

3. 네덜란드

녹음·녹화가 불가능한 것은 아니지만, 특별히 이에 대한 논의가 진전된 바가 없고, 실무상으로도 활용사례가 드물다고 한다.

다만 구 유고에서 발생한 인종청소 등 중대인권유린행위를 처벌하기 위하여 유엔안보리의 결의에 따라 1993년 5월 네덜란드 헤이그에 설치된 구 유고전범재판소(International Criminal Tribunal for the former Yugoslavia)[76]의 경우에는 재판소 규정 제43조[77]가 국

---

74) 김영기, 앞의 논문, 149면.
75) 김영기, 앞의 논문, 149면.
76) 1998.7.17. 로마에서 채택된 로마규정(정식명칭은 '국제형사재판소 설립을 위한 로마규정'임)이 2002.7.1. 발효됨에 따라 설립된 국제형사재판소(International

제전범사건의 검사 신문 시 녹음·녹화를 의무적으로 규정하고 있다. 이처럼 피의자신문에 대해서만 녹음·녹화의무를 부여하고 있는 것이 특징이며, 위 규정에 따라 실제 녹음·녹화가 시행되고 있으나, 이를 법정에 현출할 때에는 재판장의 허가를 받아야 하며, 재판장은 검사의 현출요청을 엄격히 심사하기 때문에 허가된 사례가 한 건도 없고, 오히려 피고인 측에서 현출 요청한 것에 대하여 허가된 사례가 몇 건 있는 정도라고 한다.[78]

Criminal Tribunal)가 집단살해죄, 인도에 반한 죄, 전쟁범죄, 침략범죄를 저지른 개인처벌을 위한 상설적 지위를 가진 재판소라면, 구유고전범재판소는 1993.5. 네덜란드 헤이그에 설치된 임시적 지위를 가진 국제형사재판소이다.

77) 재판소 규정 제43조. 검사가 피의자를 신문할 때에는 아래 절차에 따라 신문이 녹음 또는 녹화되어야 한다.
  1. 신문내용이 녹음 또는 녹화된다는 사실이 피의자에게 피의자가 사용하고 이해하는 언어로 고지되어야 한다.
  2. 신문 중 휴식시간을 가질 경우에는 그 사실 및 소요시간이 녹음 또는 녹화 종료 전 기록되어야 하고 신문이 재개되었을 경우 그 시간도 기록되어야 한다.
  3. 신문이 종료되었을 경우에는 피의자에게 자신이 행한 모든 진술을 명확히 하고, 추가진술할 기회를 제공하여야 하고, 신문종료시간이 기록되어야 한다.
  4. 테이프 복사본 1개 또는 동시 녹음·녹화장비가 있는 경우에는 원본 중 1개가 피의자에게 교부되어야 한다.
  5. 필요에 따라 복사본이 만들어지는 경우에는 원본은 피의자와 검사가 서명한 후 피의자의 면전에서 봉인되어야 한다.
  6. 피의자가 기소된 경우에는 녹취되어야 한다.
78) 수사과정의 녹음·녹화제 운영실태보고, 수사과학연구회 자료집(2003.12), 대검찰청, 104면.

제3절 기타 국가

1. 대만

(1) 시행현황

대만에서는 형사소송법이 입법화되기 이전인 1970년대에 이미 수사기관이 자주적으로 피의자신문을 테이프 녹음하는 제도를 실시하였다. 1977년 8월에 발해진 사법행정부(이후 '법무부'로 변경)의 내부훈령을 통해 검찰이 최초로 시행하였고, 경찰실무에서도 1970년대 후반부터 테이프녹음제도가 실시되었다.[79]

이는 명문의 법적 근거가 없는 상태에서 수사기관의 재량으로서 중대한 사건을 대상으로 실시된 것이며, 피의자신문의 적정성을 담보 및 공판에서의 피고인의 자백의 임의성이나 신용성에 대한 다툼을 감소시키는 것을 목적으로 한 것이었다.

그러나 실제 운용에 있어서는 수사기관이 재량으로서 사건을 선별하여 수사기관의 입장에서 중요한 부분만을 녹음하는 형태로 운용됨으로써 결국 수사기관의 범죄입증에 유리한 방향으로만 주로 활용되고, 피고인의 입장에서는 자백의 임의성을 다투는 것이 오히려 어려

---

79) 검찰의 내부훈령은 "검사는 중대사건에 관하여 필요하다고 인정하는 경우에는 직권으로서 수사절차의 전부 또는 일부를 녹음할 수 있다. 당사자는 조사가 실시되기 전에 검사에 대하여 녹음기의 사용을 요구할 수 있다"는 내용이었다(三井誠·陳運財, 被疑者取調べにおける弁護人立會い權－中華民國(台湾)の新しい制度－(8), 搜査研究 第474号, 東京法令出版, 1991, 86－87면).

워지는 사태가 초래되었다는 비판이 대두되었다.80)

이러한 실정을 고려하여 1990년 4월 법무부는 테이프녹음을 해야할 사건의 범위를 '모든 형사사건'으로 확대함과 동시에 전 과정을 녹화하도록 하고, 수사기관의 직권에 의해 비디오녹화도 실시할 수있도록 하는 '검찰기관의 수사기록화를 지원하기 위한 테이프녹음의 실시요항'을 새롭게 작성하여 내부훈령으로서 발하였다. 그러나 이 실시요강은 법적 효력을 가진 것이 아니며, 특히 신문의 테이프녹음에 관한 절차의 위반에 대하여 어떠한 벌칙도 마련해 두지 않았기 때문에 실무운용에서는 검사가 사건을 선별하여 수사기관의 입장에서 볼 때 중요한 부분만을 녹음하는 사례가 종종 발생하였다. 즉 피의자진술의 임의성을 입증한다고 하는 목적에 따라 재량적으로 신문내용을 부분적으로 녹음하는 것이 검찰의 실무였다.

이와 같이 명확한 법적 근거가 없는 상태에서 수사기관이 실시해온 녹음제도가 피의자신문에 대한 외부감시의 수단으로서 제대로 기능하지 못하고, 사실상 수사기관에만 유리한 제도로서 활용되는 데대한 비판이 고조되던 가운데 의원입법의 형태로 1998년 1월 녹음·녹화제도가 형사소송법에 입법화되었으며, 현행 형사소송법에 의하면, 수사기관은 원칙적으로 '모든 형사사건'의 피의자신문을 의무적으로 녹음하여야 하며, 이때 반드시 '신문의 전 과정'을 녹음하여야 한다(대만형사소송법 제100조의1 제1항).81)82)

---

80) 앞의 논문, 87면.

81) 대만형사소송법 제100조의 1 ① 피고인(주, 대만형사소송법에 의하면, '피의자' 가 검찰로 송치된 시점부터는 '피고인'으로 호칭된다)신문에 있어서는 전 과정을 연속하여 테이프녹음하여야 하며, 필요가 있는 경우에는 전 과정을 연속하여 비디오녹화를 동시에 하여야 한다. 단, 급속을 요하는 상황이 있고, 또한 이를 조서에 명기한 경우에는 그러하지 아니하다.
　② 조서에 기재된 피고인의 진술이 테이프녹음 또는 녹화의 내용과 부합하지

또한 조서에 기재된 피의자 진술이 녹음 또는 녹화된 내용과 불일치할 때에는 이를 증거로 사용할 수 없도록 제한하고 있다(동 조 제2항). 비디오촬영은 필요가 있는 경우 - 범행을 부인하는 사건이나 중대사건 등이 대상이 된다고 함 - 에 병행하게 된다.

한편 이러한 입법적 조치에 수반하여, 검찰에서는 녹음·녹화제도와 관련된 내부훈령을 보완하여 대응하고 있고, 경찰은 세부적인 운용방식과 관련하여 '경찰의 피의자신문의 녹음·녹화에 관한 요점'을 제정하여 시행하고 있는데, 이러한 입법 이후, '모든 형사사건' 및 '신문의 전 과정'을 녹음하도록 규정한 것에 대하여 수사기관의 반대의견이 표출되고 있으며, 실무운용에 있어서도 수사기관이 통상의 사건은 전 과정을 녹음하지만 부인하는 사건이나 사안이 복잡한 사건에 대해서는 피의자가 범행을 자백할 때까지 필요한 설득이나 대화가 어렵게 된다는 이유로 전 과정을 녹음하지 않는 경우가 적지 않다고 한다.

(2) 증거법 체계

대만의 형사법체계는 독일과 프랑스의 영향을 받은 전형적인 대륙법계 국가의 그것과 유사하다. 대만의 검사는 구독일의 예심판사 또는 프랑스의 수사판사의 역할을 그대로 유지하고 있고, 검찰의 권한은 프랑스 검찰과 유사하다.[83]

않는 경우에는 전항의 단서가 있는 경우를 제외하고는 그 부합하지 않는 부분은 증거로 할 수 없다.
82) 이 조문은 형사소송법 제100조의 2에 의하여 경찰단계의 '피의자'에게 준용되고 있다.
83) 허인석, 앞의 논문, 71면.

이처럼 대만은 검사가 예심판사에 준한 지위에 있기 때문에 피의자나 참고인이 검사 앞에서 한 진술은 전문법칙의 예외에 해당하여 그대로 증거능력이 인정된다고 한다. 따라서 검사 면전에서의 피의자신문조서 또는 진술조서가 중요한 의미를 가지고 그 불일치 여부를 확인하기 위하여 영상녹화가 의무적으로 실시되고 있다.[84]

2. 일본

(1) 시행현황

일본의 경우, 현재까지 녹음·녹화제도가 도입되어 있지 않지만 학계에서 피의자신문의 적정화를 위해 그 필요성을 주장하는 견해가 지속적으로 제기되고 있고, 특히 변호사단체에서 제도도입을 강력하게 주장하고 있는 상황이다.

제도도입을 주장하는 입장에서는 그 이점으로서 대략 다음과 같은 점들을 들고 있는데, 첫째, 수사기관의 협박·이익유도 등의 부당한 신문을 방지 내지 감소할 수 있고, 둘째, 사후에 피의자 진술의 임의성이나 신용성에 관하여 법원에 의한 효과적인 체크가 가능하기 때문에 이에 따라 소송관계자의 입증부담이 경감되어 소송 지연이나 불필요한 다툼을 방지하는 부수적 효과가 기대되며, 셋째, 수사기관의 신문이 공명정대함을 보여 줌으로써 국민의 신뢰를 향상시킬 수

---

84) 김종률, 영상녹화제도와 검찰수사실무 변화에 관한 연구, 형사법의 신동향 제8호(2007.6). 대검찰청, 76면; 대검찰청, 수사과정의 영상녹화제도에 관한 국제심포지엄 자료집, 2005, 230면.

있고, 넷째, 신문의 전 과정을 녹음·녹화함에 따라 수사에 있어서의 피의자신문중심주의의 폐해를 수사기관을 자각시켜 그 결과로서 현재의 상담자적 내지 가부장적인 성격의 신문을 변화시킬 수 있다는 점 등이다.

그러나 검찰은 녹음·녹화제도의 도입을 강하게 반대하고 있으며, 일본정부도 제도도입에 소극적인 자세를 견지해 왔는데, 제도의 도입을 반대하는 입장에서는 수사업무 종사자와 피의자 사이의 신뢰관계(rapport)가 형성되었을 때 비로소 피의자가 사실을 진술하게 되는 것이 일반적인바, 신문과정을 녹음·녹화할 경우에는 신문상황이 감시되기 때문에 신뢰관계가 형성되기 어려워 진실발견을 저해한다는 소위 '신뢰관계론'을 주된 논거로 제시하고 있으며, 이 이외에도 비용이 과다하게 소요된다는 점, 위조나 개작의 우려가 있다는 점 등을 이유로 들고 있다.85)

녹음·녹화제도의 도입 추진과 관련해서는 일본변호사연합회(이하 '일변련')의 활동이 주목되는데, 일변련은 1990년대 중반부터 '피의자신문의 가시화'라는 모토를 내세워 녹음·녹화제도의 도입을 주장한 이래 지속적으로 제도도입의 필요성을 홍보하고 있으며,86) 최근에는 조만간 시행될 시민참여재판인 재판원제도하에서 일반시민이 쉽게 이해할 수 있는 재판이 진행되기 위해서 제도도입이 필요하다는 점을 강조하고 있기도 하다.

---

85) 椎橋隆幸, 被疑者取調べ(刑事手續の改革<特集>), 法律時報 第61卷 第10号, 日本評論社, 1989, 19면.

86) 일변련은 특별위원회를 구성하여 학술연구를 수행하고 있고, 각국에 대한 현지시찰이나 학술세미나 개최 등의 다양한 활동을 추진해 왔는데, 2002년 12월에는 일본내각에 녹음·녹화제도 도입에 관한 질의서를 제출하는 등 정부에 대하여 개혁을 촉구하고 있으며, 지난 2004년 6월에는 동경에서 대한변협과 공동주최로 '피의자신문가시화 국제심포지엄'을 개최하기도 하였다.

한편 국제법조협회(IBA)는 2003년 12월 일본의 검찰이 행하는 피의자신문의 전 과정을 녹화 또는 녹음하는 전자기록제도를 도입하자는 일변련의 제안을 지지하는 제안서를 통해 일본정부에 제도도입을 권고한 바 있으며, 일변련은 2003년 12월 녹음·녹화제도 도입을 위한 형사소송법 개정안[87]을 제시하기도 하였다.

---

87) 일변련의 동 개정안은 피의자의 출석요구와 취조에 대한 조항인 일본형사소송법 제198조에 이어 제198조의 2를 다음과 같이 신설하고 있다. 제198조의 2 ① 전조의 취조에 있어서는 검찰관, 검찰사무관 또는 사법경찰직원은 취조의 개시부터 종료까지의 전 과정을 녹화 또는 녹음하여야 한다.
② 전항의 녹화 또는 녹음은 다음의 방법에 의하여야 한다.
1. 녹화 또는 녹음에 있어서는, 음성 및 화상 또는 음성을 기록하기 위한 비디오테이프, 녹음테이프 또는 전자적 방식, 자기적 방식 기타 사람의 지각에 의해서는 인식할 수 없는 방법으로 만들어진 기록으로서 전자계산기에 의한 정보처리용으로 제공되는 기록매체 가운데 동일한 기록매체를 2개 이상 사용하여 동시에 기록하여야 한다.
2. 취조를 개시하는 경우에는 이에 앞서 녹화 또는 녹음을 개시하고, 피의자에게 시계를 보여 주고 시각을 확인시켜야 한다.
3. 취조를 중단하는 경우에는 중단의 이유 및 재개예정시각을 피의자에게 고지하고, 피의자에게 시계를 보여 주어 시각을 확인시킨 다음에 녹화 또는 녹음을 중단시켜야 한다.
4. 제2호의 규정은 취조의 재개 시에 있어서도 이를 준용한다.
5. 취조를 종료한 경우에는 피의자에게 시계를 보여 주어 시각을 확인시킨 후에 녹화 또는 녹음을 종료하여야 한다.
6. 녹화 또는 녹음의 종료 후 즉시 취조를 동시에 기록한 2개의 비디오테이프, 녹음테이프 또는 전자적 기록매체 가운데 1개에 대해서는 취조관이 서명날인하고 봉인하여야 한다. 이 경우 피의자에 대하여 서명날인을 요구하여야 한다. 다만, 피의자는 이를 거절할 수 있다.
③ 취조관은 전항 제6호의 봉인과 동시에 피의자에게 이하의 사항을 기재한 기록매체 목록을 교부하여야 한다.
1. 취조관의 성명·관직 및 기타 취조에 입회한 자의 성명 및 관직
2. 취조의 개시, 중단 및 종료의 연월일시
3. 취조장소
4. 피의자조서작성의 유무 및 그 횟수
④ 기록매체의 복제의 교부청구
1. 피의자 또는 변호인은 피의자에 대한 취조를 기록한 비디오테이프, 녹음테이프 또는 전자적 기록매체의 복제(물)의 교부를 청구할 수 있다.
2. 전 호의 청구를 받은 검찰관, 검찰사무관 또는 사법경찰직원은 즉시 취조를

한편 일본 최고검찰청은 2008년 4월부터 재판원 재판의 대상이 되는 모든 사건에 대하여 영상녹화를 실시하는 내용의 방침을 발표하였다.

위와 같이 일본 최고검찰청이 그동안의 내부 반대를 극복하고 영상녹화제도를 도입한 것은 재판원 재판의 심리시간을 단축하고, 자백한 피의자가 법정에서 진술을 번복한 경우 자백의 신용성을 보장하기 위해서라고 한다.[88]

또한 현재 일본에는 조사과정의 영상녹화 또는 음성녹음에 관한 형사소송법이 2011년 현재 중의원에서 심사 중에 있다.[89]

기록한 기록매체 중 제2항 6호의 봉인을 하지 않은 것(이하 '복제작성용 기록매체'라 한다)에서 복제를 작성하여 교부하여야 한다.
⑤ 검찰관은 공소를 제기한 때에는 신속하게 그 재판소의 재판관에게 제2항 6호에 의해 봉인한 기록매체(이하 '봉인기록매체'라 한다)를 제출하여야 한다.
⑥ 봉인기록매체를 보관하는 재판소는 제4항에 의해 교부된 복제의 정확성을 확인하기 위하여 필요가 있다고 인정되는 때, 기타 정당한 이유가 있다고 인정되는 때에는 피고인 또는 변호인의 청구에 의해 봉인기록매체의 청취 혹은 열람 또는 복제의 작성을 허가하여야 한다.
88) 허인석, 앞의 논문, 76면.
89) 형사소송법의 일부를 개정하는 법률안
형사소송법(소화 23년 법률 제131호)의 일부를 다음과 같이 개정한다.
3. 198조에 다음 제5항을 추가한다.
제1항의 조사에 있어서는 피의자의 진술 및 조사의 상황의 전부를 기록매체(피의자의 신청이 있는 경우에는 음성만 기록할 수 있는 것)에 기록해야 한다. 이 경우에 있어서는 동시에 동일한 방법으로 둘 이상의 기록매체에 기록하는 것으로 한다.
전항의 규정에 의하여 기록을 한 기록매체의 하나에 대해서는 조사를 종료한 때에 신속히 피의자의 면전에서 봉인하여야 한다. 이 경우에 있어서는 동항의 기록매체가 동항의 규정에 의하여 기록된 것이라는 데 대하여 피의자의 확인을 구할 수 있다.
전항의 확인이 된 때에는 동항의 봉인에 피의자의 서명날인을 구할 수 있다. 다만 피의자가 이것을 거절한 경우에는 그러하지 아니하다.

(2) 증거법 체계

일본의 형사소송법에 의하면 피고인의 서명 또는 날인이 있는 것으로서 자신에게 불리한 사실을 시인하는 내용이거나 또는 특히 신용할 만한 정황하에서 작성된 것일 때에는 증거로 사용된다.[90] 특기할 만한 점은, 검사 작성의 피고인의 공술을 녹취한 서면(우리나라의 피의자신문조서)과 사법경찰관 작성의 피고인의 공술을 녹취한 서면 사이에 증거능력의 차이가 없다는 점이다.

이는 피고인이 행한 자신에게 불리한 진술은 신용성이 높고, 피고인에게 진술거부권이 있어 법정에서 진술을 거부할 경우 공판정 외의 진술을 증거로 할 필요성과 상당성이 인정된다고 보는 것이다. 그러므로 일본에서는 검찰의 피의자신문조서이든 경찰의 피의자신문조서이든 가리지 않고 서류의 형식적 진정 성립만 인정되면 증거능력을 부여하는 결과가 된다.[91] 왜냐하면 여기서 '특히 신용할 만한 정황'이라는 요건은 판례와 실무상 거의 인정되고 있으므로, 사실상 요건이라고 말하기 어렵기 때문이다. 따라서 실제의 법정에서 피고인의 공판 기일 외의 공술을 둘러싸고 논란의 대상이 되는 것은 오로지 자백 내지 불이익한 사실을 승인한 수사기관에 대한 공술조서의 임의성만이 문제 된다고 한다.[92]

---

90) 일본 형사소송법 제322조 제1항은 "피고인이 작성한 공술서 또는 피고인의 공술을 녹취한 서면으로 피고인의 서명 혹은 날인이 있는 것은 그 공술이 피고인에게 불이익한 사실의 승인을 내용으로 하는 것인 때 또는 특히 신용할 만한 정황하에서 행하여진 것인 때에 한하여 이를 증거로 할 수 있다"고 규정하고 있다.
91) 백승민, 개정 형사소송법상 검사작성 피의자신문조서의 증거능력, 법조 통권 제613호(2007.10), 204면.
92) 신동운 역, 입문 일본형사수속법, 법문사, 2003, 270면 이하 참조.

제4장 영상녹화물의 증거능력

제1절 영상녹화물에 대한 증거능력 및 증거조사

1. 영상녹화물에 대한 증거능력 부여방법

(1) 대법원의 기본적인 태도

대법원은 수사기관이 조사과정을 수록한 비디오테이프나 녹음테이프에 관해 기본적으로 그 실질이 조서와 같으므로 조서에 준한 진정성립절차를 거쳐 증거능력을 부여하고 있다.

특히 비디오테이프의 경우 영상 부분은 사진에 관한, 진술 내지 음성 부분은 녹음테이프에 관한 각각의 이론에 따라 증거능력을 따지는 것이 기본적인 판례의 태도이다. 다만 피의자의 진술을 녹음·녹화할 경우 반드시 진술거부권을 고지하여야 증거능력을 가질 수 있음은 물론이나,[1] 비디오테이프의 경우 그 특성상 녹음테이프에 비해 증거능력의 인정요건을 완화하고 있는 것 같다.

---

[1] 대판 2010.5.27. 선고 2010도1755.

가. 수사과정의 녹음테이프

판례는 "녹음테이프는 진술 녹취서에 준하여 증거능력이 인정된다"[2]고 보면서, "녹화테이프에 대하여 검증을 실시하여 테이프에 녹화된 대화 또는 진술의 내용을 녹취서로 작성한 다음 이를 검증조서의 일부로 첨부하였다면, 증거자료가 되는 것은 여전히 테이프에 녹화된 대화나 진술의 내용이라 할 것이므로, 그와 같은 테이프의 녹화내용이나 그에 대한 검증조서의 기재는 실질적으로 공판준비 또는 공판기일에서의 진술에 대신하여 진술을 기재한 서류와 다를 바 없어, 피고인이 그 테이프를 증거로 동의하지 않은 이상, 형사소송법 제311조 내지 제315조에 규정한 것이 아니면 이를 유죄의 증거로 할 수 없다"[3]는 입장이다.

나. 사인이 녹음한 녹음테이프

판례는 "녹음테이프 검증조서의 기재 중 고소인이 피고인과의 대화를 녹음한 부분은 타인 간의 대화를 녹음한 것이 아니므로 위 법(통신비밀보호법) 제14조의 적용을 받지는 않지만, 그 녹음테이프에 대하여 실시한 검증의 내용은 녹음테이프에 녹음된 대화의 내용이 검증조서에 첨부된 녹취서에 기재된 내용과 같다는 것에 불과하여 증거자료가 되는 것은 여전히 녹음테이프에 녹음된 대화의 내용이라 할 것인바, 그중 피고인의 진술내용은 실질적으로 형사소송법 제311

---

2) 대판 1968.6.28, 68도570(다만 이 사안은 原告가 재판장실에서 재판장도 없이 청취한 것으로서, 이에 대해 판례가 진술녹취서에 준한다고 판시한 것에 불과하므로 종래의 판례의 태도를 반드시 제313조설에 따랐다고 볼 수는 없다).
3) 대판 2004.5.27, 2004도1449.

조, 제312조 규정 이외에 피고인의 진술을 기재한 서류와 다를 바 없으므로, 피고인이 그 녹음테이프를 증거로 할 수 있음에 동의하지 않은 이상 그 녹음테이프 검증조서의 기재 중 피고인의 진술내용을 증거로 사용하기 위해서는 형사소송법 제313조 제1항 단서에 따라 공판준비 또는 공판기일에서 그 작성자인 고소인의 진술에 의하여 녹음테이프에 녹음된 피고인의 진술내용이 피고인이 진술한 대로 녹음된 것이라는 점이 증명되고 그 진술이 특히 신빙할 수 있는 상태 하에서 행하여진 것으로 인정되어야 한다"[4]고 보면서, "수사기관이 아닌 사인이 피고인 아닌 사람과의 대화내용을 녹음한 녹음테이프는 형사소송법 제311조, 제312조의 규정 이외에 피고인 아닌 자의 진술을 기재한 서류와 다를 바 없다"[5]는 입장이다.

다. 수사과정의 비디오테이프

판례는 "수사과정에서 담당검사가 피의자와 대화하는 내용과 장면을 녹화한 비디오테이프의 녹화내용은 피의자신문조서와 실질적으로 같다고 볼 것이므로 피의자신문조서에 준하여 그 증거능력을 가려야 한다"[6]고 보면서, "수사기관이 범죄를 수사함에 있어서 현재 범행이 행하여지고 있거나 행하여진 직후이고 증거보전의 필요성 및 긴급성이 있으며, 일반적으로 허용되는 상당한 방법에 의하여 촬영을 한 경우라면 위 촬영이 영장 없이 이루어졌다 하여 이를 위법하다고 단정할 수 없다"[7]는 입장을 취하고 있다.

---

4) 대판 2001.10.9, 2001도3106.
5) 대판 1999.3.9, 98도3169; 1997.3.28, 96도2417.
6) 대판 1992.6.23, 92도682.
7) 대판 1999.9.3, 99도2317.

라. 사인이 녹화한 비디오테이프

판례는 "수사기관이 아닌 사인이 피고인 아닌 사람과의 대화내용을 촬영한 비디오테이프는 형사소송법 제311조, 제312조의 규정 이외에 피고인 아닌 자의 진술을 기재한 서류와 다를 바 없으므로 피고인이 그 비디오테이프를 증거로 함에 동의하지 아니하는 이상 그 진술 부분에 대하여 증거능력을 부여하기 위해서는,

첫째, 비디오테이프가 원본이거나 원본으로부터 복사한 사본일 경우에는 복사과정에서 편집되는 등 인위적 개작 없이 원본의 내용 그대로 복사된 사본일 것,

둘째, 형사소송법 제313조 제1항에 따라 공판준비나 공판기일에서 원진술자의 진술에 의하여 그 비디오테이프에 녹음된 각자의 진술내용이 자신이 진술한 대로 녹음된 것이라는 점이 인정되어야 할 것인바, 비디오테이프는 촬영대상의 상황과 피촬영자의 동태 및 대화가 녹화된 것으로서,

녹음테이프와는 달리 피촬영자의 동태를 그대로 재현할 수 있기 때문에 비디오테이프의 내용에 인위적인 조작이 가해지지 않은 것이 전제된다면, 비디오테이프에 촬영, 녹음된 내용을 재생기에 의해 시청을 마친 원진술자가 비디오테이프의 피촬영자의 모습과 음성을 확인하고 자신과 동일인이라고 진술한 것은 비디오테이프에 녹음된 진술내용이 자신이 진술한 대로 녹음된 것이라는 취지의 진술을 한 것으로 보아야 한다"8)는 입장이다.

---

8) 대판 2004.9.13, 2004도3161.

(2) 기존의 학설

녹음테이프에 사람의 진술이 녹음되어 있고 그 진술내용의 진실성이 증명의 대상이 된 때에는 녹음테이프가 진술증거로 사용되지만, 그 녹음테이프의 재생을 통하여 나타난 사람의 진술내용에 대하여 반대신문이 보장되어 있지 않으므로 전문법칙이 적용된다는 것은 당연하다. 문제는 진술증거에 해당하지만 전문법칙의 예외로서 증거능력이 인정된다고 볼 때, 제311조 이하의 규정 가운데 어느 것을 근거로 삼을 것인지 논란이 있다.

가. 형사소송법 제313조 적용설

진술녹음이 증거로 사용되는 경우 형사소송법 제313조에 의해서 증거능력의 유무를 판단해야 한다는 견해이다.[9] 이에 의하면 피의자나 참고인이 자진하여 녹음한 경우에는 진술자의 진술에 의하여 '성립의 진정함이 증명된 때'에 한하여 증거능력이 인정되며, 수사기관 등 제3자에 의하여 녹음된 경우에는 녹음한 자의 진술에 의하여 '성립의 진정이 증명된 때'에 한하여 증거능력이 인정된다고 한다. 그 근거로 진술녹음과 진술서 또는 진술기재서 사이에는 본질적인 차이가 없고 양자를 실질적으로 구별할 필요가 없다는 점을 들고 있다.

한편 사법경찰관의 요구에 의해서 작성된 피의자진술서의 증거능력에 관해서 제313조 제1항이 아닌 제312조 제2항이 적용되는 것과 동일한 이유에서, 피의자의 사법경찰관에 대한 진술을 녹음한 테이

---

9) 강구진, 형사소송법원론, 학연사, 482면; 신현주, 형사소송법(신정2판), 박영사, 625면; 정영석/이형국, 형사소송법(전정판), 법문사, 360면.

프의 증거능력에 관해서는 제312조 제2항이 적용된다고 해석하는
견해도 있다.[10)

나. 형사소송법 제311조 내지 제313조 적용설

진술녹음이 진술증거인 이상 진술녹음의 주체와 원진술의 성격에
따라 제311조 내지 제313조를 준용해야 한다는 견해이다.[11) 그 근
거로 진술녹음은 진술서면의 경우와 동일하게 작성주체 및 작성과정
이 구분될 수 있는데,

ⅰ) 사법경찰관 면전에서 작성되는 진술녹음에 대해서는 제312조
제2항의 입법취지가 관철되도록 특별한 제한을 가해야 할 필요가 있
고,[12)

ⅱ) 요증사실의 체험내용을 법원에 간접적으로 보고한다는 점에서
기술적 조작을 통한 왜곡전달의 가능성이 있다는 점을 근거로 들고
있다.

---

10) 백형구, 형사소송법강의(제8개정판), 박영사, 682면.
11) 배종대/이상돈, 형사소송법(제7판), 홍문사, 661면; 신동운, 형사소송법(제3판),
　　법문사, 855면; 신양균, 형사소송법(제2판), 대명출판사, 759면; 이재상, 형사소
　　송법(제6판), 박영사, 544면; 임동규, 형사소송법(제6판), 법문사, 527면; 차용석/
　　최용성, 형사소송법(제2판), 559면.
12) 만약 그 증거능력에 관하여 문리해석을 하여 제313조 제1항이 적용된다고 하면
　　피고인이 공판정에서 경찰진술을 부인하는 경우 피의자신문조서는 증거능력이
　　부정됨에 반하여 녹음테이프는 증거능력이 인정될 여지가 있다는 모순된 결과
　　를 가져오기 때문이다(신동운, 앞의 책, 654면).

(3) 검토

현재 수사과정을 녹음·녹화한 비디오테이프나 CD가 증거자료로 법원에 제출되고 있으나, 현행 형사소송법에는 그 증거능력과 증거조사방법에 관해 명문의 규정이 없다. 따라서 영상 부분은 사진에 관한 이론에 의해, 진술 부분은 녹음테이프에 관한 이론에 의해 그 증거능력을 따지는 것이 타당할 것이다.

그런데 제313조 적용설은 법문에 너무 얽매여 형식적인 해석론을 전개하고 있다고 본다.[13) 왜냐하면 녹음'테이프'는 제311조 내지 제312조에 규정된 '서면'이 아니므로 이들 조문이 적용될 수 없으나, 그 실질이 진술기재서와 동일하므로 결국 제313조에 규정된 '전 2조의 규정 이외에…… 그 진술을 기재한 서류'로 보고 있는데, 이러한 태도는 법문의 표현에는 충실하다고 볼 수 있지만 진술녹음의 실질적 기능 내지 녹음되는 과정을 간과한 것이기 때문이다.

생각건대 종래의 진술녹음과 전문서류는 기록매체와 방법만이 다를 뿐, 기록 주체나 기록상황의 구조는 동일하므로 전문서류의 작성주체와 작성과정에 따라 증거능력의 요건에 차이를 두고 있는 형사소송법의 취지상 진술녹음에 대해서도 제311조 내지 제313조를 그대로 적용하는 것이 타당하다고 본다.

왜냐하면 진술기재서가 인간의 지각-음성-문자 기타의 기호-법원에 제출이란 점에서, 진술증거로서 이용되는 진술녹음도 인간의 지각-음성-녹음-법원에의 제출이라는 과정을 겪기 때문에 문자 기타의 기호 대신 녹음을 이용한다는 점 이외에는 진술기재서와 흡

---

13) 강동범, 녹음테이프의 증거능력, 판례월보 제328호(1998.1), 41면.

사하기 때문이다.14)

그러나 후술하는 영상녹화물은 조서와 달리 녹화과정에서 조사자의 주관적 판단이 개입될 여지가 없으므로 전문의 부정확성을 증거능력 배제의 이유로 삼기 곤란하며, 영상녹화물의 재생을 통하여 법관이 피조사자의 수사기관에서의 진술내용과 진술태도를 면전에서 접하는 것에 준하여 충분히 음미할 수 있는 기회를 갖는다는 점에서 진술녹음과도 다르다.

더욱이 영상녹화물은 원진술자의 수사단계에서의 진술내용을 그대로 보존하여 법정으로 가져가는 것이므로 본래적 증거라는 측면에서는 조서와 상당한 차이가 있고, 법원이 당사자의 종전 진술과 그 진술태도를 있는 그대로 볼 수 있다는 점에서 일반 조서보다 직접주의에 부합하는 성격을 갖고 있다고 볼 수 있다.

2. 증거조사의 실시방식

(1) 검증에 의하여야 한다는 견해

검증하고 검증조서를 작성하여야 한다는 입장으로, 검사작성의 피의자신문조서의 증거능력에 준한 증거능력을 부여하자는 것이다.

---

14) 차용석, 형사증거법, 308면.

(2) 검증의 대상이 아니라는 견해

'증거물'이 아닌 '증거서류'에 준하는 것이므로 검증의 대상이 아니라는 입장으로, 법정에서는 조서를 열람시키거나 열람할 때와 마찬가지로 법정에서 재현하고, 법정 밖에서는 법정 외에서 판사가 기록을 보듯이 법정 외에서 재현하면 되는 것이지 반드시 '검증'을 할 필요는 없다는 것이다.

즉 증거물이면 검증의 대상이 되나 증거서류는 검증의 대상이 아니라는 입장이다.15) 이에 따르면 CD는 피의자신문조서를 대체하는 것이기 때문에 단지 시청을 하고 증거목록에 증거조사기일을 표시하는 것으로 족하며, 이때 피고인이 실질적 진정성립을 인정할 경우에는 재생하여 보는 것을 생략하고, 속기사로 하여금 CD의 피의자신문내용을 속기하여 공판조서에 첨부하도록 하고, 실질적 진정성립을 부인할 경우에만 재생하여 보면 될 것이다.

(3) 검토

현행 증거조사의 방식은 녹음·녹화테이프에 대해 검증을 실시하여 검증결과를 증거로 사용할 수 있지만, 녹음·녹화테이프가 본격적으로 증거로 제출된다면 모든 경우에 검증을 실시한다는 것은 사실상 어려울 것으로 예상되므로, 녹음·녹화테이프에 대한 증거조사 방법으로는 상영을 원칙으로 하되, 소송관계인이 증거동의를 하는 경우 진술녹취서(녹취요약서)를 낭독하는 방법으로 대신할 수 있도록

---

15) 이 쟁점에 관하여 서울남부지방법원 형사재판장 12명 중 9명이 위 견해를 취하였다고 한다.

하는 방안을 검토할 필요가 있다.

제2절 영상녹화물에 대한 현행 형사소송법의 검토

1. 의무적 영상녹화조사의 인정 여부

법무부 개정안은, 현행형사소송법 제244조의 2(피의자진술의 영상녹화) 제1항 "피의자의 진술은 영상녹화할 수 있다. 이 경우 미리 영상녹화 사실을 알려 주어야 하며, 조사의 개시부터 종료까지의 전과정 및 객관적 정황을 영상녹화하여야 한다"는 규정을 변경하고 있지 않으므로, 의무적 영상녹화조사를 인정하지 않는 것으로 보인다.

생각건대 조서와의 관계 및 영상녹화시설의 설치 현실에 맞춰 단계적으로 검토할 필요가 있다고 본다. 왜냐하면 조서가 존재하는 이상, 의무적 영상녹화조사는 업무부담만 가중시킬 수 있기 때문이다. 따라서 조서를 전면적으로 폐지하거나 조서를 존치시킬 경우에는 결과에 책임지는 조사 주체가 영상녹화 여부를 판단하는 것이 타당하다고 본다.

2. 수사기관의 영상녹화조사에 피의자의 동의가 필요한지

　법무부 개정안은 이에 대하여 아무런 규정을 두고 있지 않다. 그리고 현행형사소송법도 수사기관이 피의자의 진술을 영상녹화하는 경우에 피의자 내지 변호인의 동의를 받아야 하는지에 관하여 아무런 규정을 두고 있지 않는 반면, 참고인의 경우에는 그의 동의를 받아 촬영하도록 규정하고 있다(제221조).

　그러나 당초 현행형사소송법 정부원안에서는 피의자의 진술을 영상녹화하기 위해서는 피의자 또는 변호인의 동의를 필요로 하는 것으로 되어 있었다.16)

　그런데 법사위 논의과정에서 형사소송법 제312조 제1항 소정의 피의자신문조서의 증거능력에 관한 규정에 '원진술자의 진술 또는 영상녹화물 기타 객관적 방법'이 진정성립 요건에 추가됨에 따라, 피의자 또는 변호인의 동의를 요한다면 영상녹화 제도의 실현 자체가 어렵게 된다는 점을 고려하여 피의자에 대해서는 고지만 하고 영상녹화할 수 있도록 하여야 한다는 견해가 대두되었다고 한다.

　이에 대하여 비교법적으로 보더라도 피의자진술의 영상녹화는 수사과정의 투명성 제고와 적법절차의 준수 여부를 확인하기 위해 도입된 것이고, 피의자의 동의를 요건으로 하는 영상녹화를 하는 입법례가 세계적 추세라는 점, 피의자의 진술거부권을 사실상 침해하고

---

16) 법정에서 영상녹화물을 어떻게 사용할 것인지 그 사용용도와 관계없이 피의자의 동의 없이 행한 영상녹화는 영장주의 원칙을 침해할 소지가 있다고 해석하는 견해로는 조국, 「검사작성 피의자신문조서와 영상녹화물의 증거능력」, 저스티스 통권 제107호(2008.10), 189면.

초상권을 침해할 우려가 있다는 점, 피의자에 대하여 고지만으로 영상녹화를 할 수 있게 되면 수사기관의 편의에 따라 선별적으로 영상녹화가 이루어지는 등 문제점이 있다는 반론이 제기되었으며, 이러한 논의 끝에 결국 '조사의 개시부터 종료까지의 전 과정 및 객관적 정황'을 영상녹화하도록 하되, 피의자에게 미리 영상녹화와 사실을 고지만 하고서 영상녹화할 수 있도록 규정하였다17)고 한다.

그러나 사전 동의를 요건으로 피의자의 진술에 대한 영상녹화가 허용된다면, 다음과 같은 이론적 문제점이 발생하므로 법무부 개정안이 타당하다고 본다.

첫째, 수사기관의 수사기법이 피의자의 손에 좌지우지되는 우스운 결과를 초래한다. 영상녹화는 피의자의 인권보호를 위한 장치임과 동시에 수사기관이 취할 수 있는 수사기법 내지 증거확보수단 중의 하나이다.

피의자 유죄의 입증책임을 지고 있는 수사기관은 적법절차 등 형사소송 및 헌법의 기본이념에 위배되지 않는 수사방법을 나름대로 취사선택할 권한이 있다고 본다. 피의자가 진술거부권을 행사하는 등 적법한 권리를 행사하는 것 외에 수사기관에 대하여 피의자신문조서를 작성하지 말라고 할 권한이 없는 것과 같은 이치라고 하겠다.

둘째, 미국의 Washington D.C. 입법례를 보더라도 수사기관의 녹화가 법률에 의하여 강제되어 있는 경우 피의자의 동의 등 일정한 요건하에 녹화를 하지 않을 수 있는 것이지, 동의할 경우만 녹화할 수 있도록 되어 있는 경우는 없다.

왜냐하면 영상녹화는 수사 또는 재판에 활용될 뿐, 외부의 공표가 전제되어 있지 않으므로 프라이버시권의 보호영역에 포함되지 아니

---

17) 이상의 설명으로는 법원행정처, 형사소송법 개정법률 해설, 2007, 50면 참조.

하기 때문이다.

셋째, 피의자의 인권보호를 위하여 피의자의 동의가 필요하다는 발상은 기존의 조서재판에 대한 반성적 고려에서 나온 인권보장형 과학수사기법에 대한 이해가 부족한 점에서 비롯된 것으로 보인다. 영상녹화물이 조서에 비해 월등히 우수한 증명력을 가지고 있으며, 또한 피해자의 고문·가혹행위 등 주장을 입증할 수 있는, 오히려 피의자의 인권보호를 위하여 필요한 것임은 다시 말할 필요도 없다.

왜냐하면 현재 조서의 경우에는 서면의 형태를 띠고 있고 또한 조서의 사본도 교부하지 않으므로 상대적으로 사후 조작이 비교적 용이할 뿐만 아니라 조작이 발각될 가능성도 낮지만, 영상녹화물은 영상기록이 중앙컴퓨터 등에 동시 저장될 경우에는 수사기관이 조직적으로 합세하여 영상녹화시스템상의 모든 자료를 위 변작하지 않는 이상 기술적으로 쉽지 않고, 사본의 보존이나 피의자에의 교부를 의무화할 경우 조작사실이 사후에 발각될 가능성이 높으므로 수사기관이 형사처벌이나 징계처분을 감수하고 이를 조작할 개연성은 적다고 생각되기 때문이다.18)

Hendricks v. Swenson19) 사건에서 연방항소법원도 "자백을 녹화하는 것은 피고인 자신의 방어를 위한 것이다. 왜냐하면 만일 그가 (진술하기를) 주저하거나, 불확실하거나, 더듬거린다면 그러한 사실이 비디오테이프에 나타날 것이기 때문이다.

그리고 만일 그가 육체적으로 고통을 받거나 다른 이유 때문에 비자발적으로 행동을 한 것이라면 조서(written statement)로는 불가능하였을 방법으로 그를 도와줄 것이다"라고 강조한 바 있다.

---

18) 이동희, 앞의 논문, 528면.
19) Hendricks v. Swenson, 456 F2d 503(1972, CA8 Mo).

넷째, 수사기관에 의하여 자의적으로 왜곡될 가능성이 있는 조서의 경우 피의자의 동의 여부와 관계없이 작성하도록 되어 있으면서, 사실상 왜곡될 가능성이 없는 영상녹화물의 경우는 오히려 피의자의 동의 여부에 따라 작성된다는 것은 모순이며, 피의자의 사전동의에 따라 녹화물이 작성된다면 오히려 내용이 부실하고, 사실관계가 왜곡된 녹화물이 될 우려도 있을 수 있다.

다섯째, 영상녹화에 당사자의 동의를 요할 경우에는 영상녹화를 조서의 진정성립 증명수단으로도 활용하지 못할 가능성이 있어 현행 법률규정에도 저촉된다.

여섯째, '피의자의 영상녹화조사 동의요구'는 외국 입법례에도 부존재한다.

일곱째, 참고인 영상녹화 시, 사전 동의를 필요로 하는 것(제221조 제1항)은 참고인(진실규명 협조자)과 피의자(진실규명 대상)의 지위 차이로 인한 결과이다.

3. 당사자의 영상녹화조사 신청권의 인정 여부

법무부 개정안은 제244조의 2(피의자진술의 영상녹화)에 제4항을 신설하여 "피의자는 본 조에 의한 영상녹화조사를 신청할 수 있다. 이 경우 정당한 사유가 없는 한 영상녹화조사를 하여야 한다"고 규정하여 당사자의 영상녹화 신청권을 인정하고 있다. 생각건대 영상녹화조사제도가 수사과정을 모두 보여 주어 투명화시킴으로써 조서에 내재하는 밀행성의 단점을 보완하는 제도라면, 당사자의 영상녹화조사 신청권을 인정하는 것이 타당하다고 본다.

4. 영상녹화물의 작성개수 및 복제본의 피의자 교부 여부

　법무부 개정안은 수사기관의 복제본 교부를 의무화하는 규정이나 피의자나 변호인에게 복제본의 교부를 청구할 수 있는 절차에 관하여 규정하고 있지 않다. 현행 형사소송법도 영상녹화물에 관하여 봉인조치할 1개의 원본에 대해서만 규정하고 있을 뿐이며, 또 다른 원본 내지 복제본의 작성에 대해서는 아무런 언급이 없다. 이와 관련하여 현행 형사소송법이 증거개시제도를 도입하여 피고인 변호인의 열람·등사권을 인정하고 있으나, 공소제기 후에 허용되고 검사의 거부권을 일정한 요건하에서 인정하고 있으므로(제266조의 3), 복제본의 교부를 인정하는 것이 타당하다는 견해가 있다.[20]

　그러나 아직 기술적으로 영상녹화물의 사본이 인터넷 등에 유통되는 것을 방지할 기술이 개발되어 있지 않으므로 사본의 교부는 영상물 유통으로 인한 프라이버시 침해 등으로 제도의 정착을 저해할 우려가 있으므로 영상녹화물의 개시는 증거개시규정으로 해결하면 족하다고 본다. 독일의 경우도 영상녹화조사의 대상이 된 참고인이 그 변호인의 당해 열람 신청에 동의하지 않는 경우에는 녹화물 대신 녹취서를 교부하여 열람하도록 하고 있다.

---

20) 이동희, 앞의 논문, 526면.

5. 영상녹화물에 대한 탄핵증거의 인정 여부

(1) 법무부 개정안

법무부 개정안은 제318조의 2(증명력을 다투기 위한 증거) 제1항에 '영상녹화물'을 삽입하여 영상녹화물이 탄핵증거로 사용할 수 있음을 명문으로 규정한 후, 동 조 제2항을 삭제하여 동 조 제2항의 해석을 둘러싼 논란의 소지를 없앴다.

(2) 기존의 학설

가. 부정설

제318조의 2 제2항이 '제1항(탄핵증거는 반드시 증거능력이 있는 증거이어야 하는 것은 아님을 규정)에도 불구하고'라고 규정하고 있으므로 '제1항에 불구하고'는 '탄핵증거의 예외적 허용규정에도 불구하고'라는 의미이므로 영상녹화물의 탄핵증거 사용은 불가능하다는 견해이다.[21]

즉 탄핵증거에 관한 일반조항인 제1항의 특칙으로 해석하여야 하고, 피고인 또는 피고인 아닌 자가 기억이 명백하지 아니하다고 주

---

21) 신동운, 앞의 책, 1022면; 법원행정처, 형사소송법 개정법률 해설, 144면; 서보학, 개정형사소송법에 의한 조서 및 영상녹화물 등의 증거능력에 대한 검토, 한국형사법학의 오늘, 정온이영란교수화갑기념논문집, 846면; 조국, 앞의 논문, 187면; 천진호, 수사과정에서의 영상녹화제도의 합리적 운용방향, 비교형사법연구 제11권 제1호(2009), 한국비교형사법학회, 294면.

장하는 경우에만 영상녹화물을 사용할 수 있으며, 이 경우에도 영상
녹화물을 재생하여 시청하게 할 경우 법관이나 배심원은 그 내용을
절대로 조사할 수 없고, 오로지 피고인 또는 피고인 아닌 자만 시청
해야 한다는 것이다.

나. 긍정설

제318조의 2 제2항은 탄핵증거와 전혀 무관한 증거로 사개추위
형사소송법 개정 논의 당시 검찰이 독일의 Vorhalt를 모델로 영상녹
화물을 신문보조수단으로 활용할 수 있도록 제출한 것을 법원의 주
장으로 탄핵증거 항목에 포함시키는 바람에 혼란이 발생하였다는 견
해이다.[22] 즉 제318조의 2 제1항은 탄핵증거 규정인 반면, 동 조 제
2항은 기억환기용(신문수단으로서의 증거사용) 규정으로서 전혀 상
관없는 별개의 성격을 갖는 두 개의 증거가 탄핵증거라는 제목으로
포함되어 비교법적으로 기억환기용으로 사용되는 자료가 마치 탄핵
증거인 것처럼 오해를 불러일으킨다는 것이다. 따라서 위 견해는 피
고인 등이 종전진술을 번복한다면 제1항에 의해 영상녹화물로 법정
진술을 탄핵하고, 기억이 명백하지 아니하는 경우에는 참고자료로
영상녹화물을 사용한다고 해석한다.

---

22) 정웅석/백승민, 형사소송법(전정제3판), 대명출판사, 2009, 347면; 노명선/이완
규, 형사소송법, 성균관대학교출판부(2009), 671면; 안성수, 영상녹화물의 녹화
및 증거사용방법, 법학연구 제10집 제1호(2007.3), 인하대학교 법학연구소, 41
면－42면; 이완규, 개정 형사소송법상 영상녹화물의 증거능력, 법조 통권 613호
(2007.10), 184면.

다. 입법론으로 해결해야 한다는 견해

입법론으로는 증거능력 없는 증거도 탄핵증거가 될 수 있을 뿐만 아니라, 영상녹화물의 경우는 법관의 심증형성에 큰 영향을 줄 수 있는 증거이며, 진실발견에 도움을 주는 과학적 증거방법임에도 불구하고 탄핵증거 사용을 부정하는 것은 타당하지 않다는 견해이다.[23)

(3) 검토

첫째, 미국 연방증거규칙 제612조의 기억의 화상(Refreshing Recollection)은 증인이 증언 시 시간의 경과로 희미해진 기억을 되살리기 위해 진술내용을 기재한 서류 등을 참조할 수 있다는 것으로[24) 서류 자체를 증거로 제출하는 동 규칙 제803조 (5)의 과거기록(past recollection recorded) 내지 기록에 의한 재생(Recorded Recollection)과 구별되는데,[25) 전자는 증인의 증언방법과 관련된 제도로 증인의 증언이 증거로 제출되므

---

23) 이재상, 앞의 책, 609면; 사실인정을 위한 증거능력문제를 제외한 탄핵증거에 한정한다면 영상녹화물에 대해 탄핵증거로서의 사용을 허용하는 입법론이 타당하다는 견해로는 손동권, 형사소송법, 세창출판사(2008), 637면.

24) 기억을 되살리는 서류 또는 메모의 경우에는 증인은 준비된 서류나 메모를 읽어서는 안 되고 현재의 기억에 의하여 증언하여야 한다. 만약 증인이 한때 증인이 알고 있던 것을 잊었다면 기억을 되살리기 위하여 그 기록이나 메모를 볼 수 있을 뿐이다. 이 경우 기억을 되살리기 위한 도구에는 서류나 메모뿐만 아니라 어떤 물건도 제한 없이 가능하다. 만약 기억을 되살리기 위하여 어떤 물건이 사용되었다면 반대당사자는 그 물건을 조사하고, 반대신문에 그 물건을 사용할 수 있으며, 그 물건을 증거로 제출할 수 있을 뿐만 아니라 배심원에게 보여줄 수 있는 권리를 갖게 된다(한웅재, 「미국법상 전문법칙의 의의와 예외 – FRE를 중심으로 – 」, 형사법의 신동향 제8호(2007.6), 134면).

25) 정웅석/백승민, 앞의 책, 302면.

로 탄핵증거와 전혀 무관한 반면, 후자는 증인이 기억이 생생할 때
그 내용을 기록해 놓았는데 법정에서 정확하고 충분한 증언을 하기
에는 증인의 기억이 부족한 경우에 기록된 내용을 증거로 사용하므
로 전문법칙의 예외로서 본증으로 사용된다[26]는 점에서 탄핵증거와
관련이 없다.

그런데 현행 형사소송법 제318조의 2 제2항을 탄핵증거라고 보면
서 피고인 또는 피고인 아닌 자에게만 보여 줄 수 있다고 해석하는
데,[27] 이러한 해석은 미국 연방증거규칙 제612조의 기억의 회상과
유사한 해석론이지만, 연방증거규칙 제612조는 탄핵증거와 아무런
관련이 없을 뿐만 아니라 증인신문의 방법과 관련된 조항을 탄핵증
거에서 설명하는 것도 모순이다.

둘째, 본래 탄핵증거란 전문증거에 해당하여 증거능력이 없는 증
거라도 진술의 증명력을 다투기 위하여 사용할 수 있는 증거이므로
영상녹화물에 한정하여 탄핵증거의 사용을 제한할 이유가 없다는 점
에서 영상녹화물의 탄핵증거 사용은 당연히 가능하다고 보아야 한다.

왜냐하면 제318조의 2 제1항에서 탄핵증거로 할 수 있는 "제312
조 내지 제316조에 따라 증거로 할 수 없는 서류나 진술"에서의 '진

---

26) 서류가 과거기록으로 증거능력을 부여받기 위해서는 (1) 증인이 과거에 개인적
   인 인식 내지는 지식을 갖고 있었고, (2) 지금은 증인이 그 사실에 대해 잊었고,
   그 서류 내지는 메모가 증인의 기억을 불러오는 데 실패하였고, (3) 그 서류 또
   는 메모가 증인에 의하여 작성되거나 증인에 의하여 원용되었고, (4) 그 서류
   또는 메모가 정확한 내용이 기재되었다고 증언할 수 있을 것 등 요건을 갖추어
   야 한다. 만약 위와 같은 요건이 갖추어진 경우에는 그 서류나 메모는 증거능력
   이 있게 되는데, 이때 증인은 그 서류나 메모를 배심원들에게 읽어 줄 수는 있
   으나, 이를 배심원들에게 보여 줄 수는 없으며, 반대당사자는 그 서류나 메모를
   배심원들에게 보여 줄 수 있다(한웅재, 앞의 논문, 133면).
27) 법원내규인 형사소송규칙 제134조의 5는 형사소송법 제318조의 2 제2항의 문
   구에 '만'을 추가하여 '피고인 또는 피고인 아닌 자에게만'이라고 규정하고 있
   다.

술'은 어느 학설을 따르더라도 피의자나 참고인의 자기모순 진술을 포함하는 것이고, 따라서 그 진술이 비록 영상녹화물에 담겨 있다고 하더라도 탄핵의 수단으로 사용하고자 하는 것은 영상녹화물이 아닌 그 안에 담겨 있는 자기모순의 '진술'이므로 규정해석상 당연히 탄핵 증거로 사용할 수 있기 때문이다. 따라서 탄핵증거와의 혼동을 피하기 위하여 제318조의 2 제2항을 삭제한 법무부 개정안은 타당한 입법으로 보인다.

6. 영상녹화물에 대한 당사자의 동의권 인정문제

법무부 개정안은 제318조(당사자의 동의와 증거능력) 제1항에 '영상녹화물'을 삽입하여 증거동의의 대상으로 영상녹화물을 인정하고 있다.

원래 영상녹화물은 현장 영상녹화물이든 진술과정 영상녹화물이든 모두 증거물이지만, 전자는 촬영된 장면 그 자체를 입증하기 위한 것이고, 후자는 '촬영된 대로 진술한 사실'을 입증하여 그 진술내용을 증거자료로 사용하려는 것이므로 그 입증목적이 다를 뿐이다.[28]

즉 영상녹화물은 어떤 사람이 녹화된 내용대로의 진술을 한 사실 자체를 증명하는 면에서는 진술사실 자체를 증명하기 위한 증거물이지만, 현장 영상녹화물과 달리 어떤 사람이 경험사실에 대하여 진술하는 과정을 영상녹화한 녹화물은 그 내용이 진술이므로 서류와 실질적으로 성질이 같다는 점에서 당연히 진술증거이고, 따라서 전문

---

28) 이완규, 앞의 논문, 155면.

법칙이 적용된다고 보아야 한다.

이에 따르면 물건(증거물)이 증거동의의 대상으로 될 수 있는가의 논의와는 별개로,29) 영상녹화물은 당연히 증거동의의 대상이 될 수 있으며, 따라서 법무부 개정안은 타당하다고 본다.

7. 현행법에 따른 영상녹화물의 증거능력

(1) 피의자신문 시 검사가 녹화한 영상물의 증거능력

현행법 제312조 제1항은 "검사가 피고인이 된 피의자의 진술을 기재한 조서는 적법한 절차와 방식에 따라 작성된 것으로서 피고인이 진술한 내용과 동일하게 기재되어 있음이 공판준비 또는 공판기일에서의 피고인의 진술에 의하여 인정되고, 그 조서에 기재된 진술이 특히 신빙할 수 있는 상태하에서 행하여졌음이 증명된 때에 한하여 증거로 할 수 있다"고 규정하고 있다.

이는 개정 전 형사소송법하에서 피고인이 된 피의자신문조서의 증거능력과 관련하여 가중요건설과 완화요건설의 대립이 있었고, 판례는 가중요건설30)을 따르고 있었는데, 이러한 가중요건설을 입법화한 것으로 볼 수 있다.

---

29) 자세한 내용은 정웅석/백승민, 앞의 책, 325면 참조.
30) 대판(전합) 2004.12.16, 2002도537. 대판 2010.5.27. 선고 2010도1755. 검사가 피의자나 피의자 아닌 자의 진술을 기재한 조서는 공판준비 또는 공판기일에서 원진술자의 진술에 의해 형식적 진정성립뿐만 아니라 실질적 진정성립까지 인정된 때에 한해 비로소 그 성립의 진정함이 인정되어 증거로 사용할 수 있다고 봐야 한다. 이같이 해석하는 것이 우리 형사소송법이 취하고 있는 직접심리주의 및 구두변론주의를 내용으로 하는 공판중심주의의 이념에 부합하는 것이다.

다만 동 조 제2항은 "제1항에도 불구하고 피고인이 그 조서의 성립의 진정을 부인하는 경우에는 그 조서에 기재된 진술이 피고인이 진술한 내용과 동일하게 기재되어 있음이 영상녹화물 기타 객관적인 방법에 의하여 증명되고, 그 조서에 기재된 진술이 특히 신빙할 수 있는 상태하에서 행하여졌음이 증명된 때에 한하여 증거로 할 수 있다"고 규정함으로써 특신상태에 대한 객관적 보장을 통하여 피고인이 된 피의자신문조서의 증거능력을 완화하고 있다.

즉 피고인이 수사상 진술을 부인하는 경우, 제312조 제1항의 실질적 진정성립의 증명방법으로 영상녹화물 기타 객관적인 방법을 통하여 조서의 증거능력을 부여받기 위한 것이다. 이는 원진술자가 조서의 진정성립을 인정하는지에 따라 증거능력을 부여하던 개정 전 형사소송법 체제를 변경하여 조서의 진정성립을 증명하는 체제로 전환한 것이며, 이때 증명은 자유로운 증명으로 족하다고 할 것이다.[31]

(2) 피의자신문 시 사법경찰이 녹화한 영상물의 증거능력

피의자신문 시 경찰이 녹화한 영상물의 경우, 원진술자인 피의자였던 피고인이 공판정에서 내용을 인정하지 않는 한 증거능력을 인정할 수 없을 것이다. 다만 현행 형사소송법은 조사자의 증언을 인정하고 있으므로(제316조 제1항), 경찰이 녹음한 영상녹화물은 주로 조사자의 증언을 지지·보강하는 증강증거로 사용될 것으로 보인다.

---

31) 정웅석/백승민, 앞의 책, 249면.

(3) 참고인진술시 수사기관이 녹화한 영상물의 증거능력

현행 형사소송법 제312조 제4항은 "검사 또는 사법경찰관이 피고인이 아닌 자의 진술을 기재한 조서는 적법한 절차와 방식에 따라 작성된 것으로서 그 조서가 검사 또는 사법경찰관 앞에서 진술한 내용과 동일하게 기재되어 있음이 원진술자의 공판준비 또는 공판기일에서의 진술이나 영상녹화물 또는 그 밖의 객관적인 방법에 의하여 증명되고, 피고인 또는 변호인이 공판준비 또는 공판기일에 그 기재 내용에 관하여 원진술자를 신문할 수 있었던 때에는 증거로 할 수 있다.

다만, 그 조서에 기재된 진술이 특히 신빙할 수 있는 상태하에서 행하여졌음이 증명된 때에 한한다"라고 규정하고 있는데, 이는 원진술자가 법정 진술로 진정성립을 인정하는 경우에 한하여 증거능력을 부여하던 개정 전 형사소송법을 보완하여, 원진술자의 진술 외에도 영상녹화물 기타 객관적인 방법으로 진정성립(실질적 진정성립)이 증명되면 증거로 사용할 수 있도록 합리적으로 개정한 것이다.

여기서 '기타 객관적인 방법에 의하여 증명될 것'의 의미는 피의자신문조서와 동일하다고 볼 수 있다.

생각건대 증인이 수사상의 진술조서와 동일하게 공판정에서 목격한 대로 증언한다면 공판정에서의 증언은 직접증거이므로 수사상의 진술조서는 의미가 없을 것이며, 반면에 증인이 공판정에서 달리 증언하면서 수사상의 진술조서의 진정성립을 인정하는 경우에도 아무런 문제가 없다. 다만 이처럼 증인의 진술이 수사기관에서의 진술과 엇갈리는 경우에는 사실상 법관의 신빙성 판단에 따라 유·무죄의 판단이 달라질 것이다.[32]

따라서 문제가 되는 경우는 증인이 공판정에서 부인진술을 하면서
(예컨대 기억이 없다는 등), 수사상의 진술조서의 진정성립도 부인할
때이므로 다른 사람의 사건에 관련되는 것을 싫어하는 한국인의 정
서 및 피고인 측의 협박·매수 등으로 위증이 성행하고 있는 현재의
재판현실을 감안할 때, 공판정에서 원진술자가 진술을 번복하는 경
우 개정 전 형사소송법처럼 무조건 증거능력을 부정하기보다는 일정
한 요건하에 증거능력을 인정하는 현행법의 태도가 타당하다고 본다.

왜냐하면 ⅰ) 제314조와 제316조의 '기타 사유'의 해석상 판례는
일정한 사유가 있으면 소재불명의 경우에도 원진술의 증거능력을 인
정하면서, 원진술자가 공판정에 나와 종전진술을 부정했다는 이유만
으로 증거능력을 부정하는 것은 문제가 있으며, ⅱ) 진술을 번복한
증인들이 법정에서 실질적 진정성립마저 부정하고 나오는 것이 현실
이므로 현행법처럼 운영하지 않는 한 진술을 번복한 증인의 진술조
서의 증거능력은 거의 부인되어 실무운용이 사실상 불가능하게 될
우려가 있기 때문이다.[33]

---

32) 대판 1991.4.9, 91도341. 공소사실에 부합하는 피해자의 사법경찰리 앞에서의
진술이 원심법정에서 피고인의 반대신문에 대하여 답변한 진술과 상반되는 경
우에 사법경찰리 앞에서의 진술이 진실이라고 인정하려면 사법경찰리의 조사시
에는 분명한 기억을 하고 있어서 사실대로 진술하였으나 지금은 잊어버렸다는
변명이 있어야 하고 그 변명이 그럴듯하다고 여길 수 있는 경우라야 할 것인바,
피해자의 진술이 상반되는 연유에 관하여 캐묻지도 아니한 채 위 증언내용에
대해서는 언급함이 없이 사법경찰리 앞에서의 진술을 증거로 채택하여 공소사
실을 유죄로 인정한 원심의 조치는 심리를 다하지 아니하고 사법경찰리 작성의
진술조서의 증명력의 판단을 그르친 위법을 저지른 것이다.
33) 정웅석/백승민, 앞의 책, 267면.

제3절 법무부 개정안에 따른 영상녹화물의 증거능력

1. 법무부 개정안의 내용

법무부 개정안[34]은 제312조(검사 또는 사법경찰관의 조서 등)에 제7항을 신설하여 "제1항, 제3항, 제4항은 피고인 또는 피고인이 아닌 자의 진술을 내용으로 하는 영상녹화물에 각 준용한다"고 규정한 후, 제314조(증거능력에 대한 예외)에 '영상녹화물'을 첨가하고, 제317조(진술의 임의성)의 대상에 '영상녹화물'을, 그리고 제318조(당사자의 동의와 증거능력)에서 영상녹화물도 증거동의의 대상이 되도록 하였으며, 종래 제318조의 2(증명력을 다투기 위한 증거)의 해석상 탄핵증거로 사용할 수 있는지 논란이 있었으므로 영상녹화물을 탄핵증거로 사용할 수 있음을 명문으로 규정하였다.

2. 영상녹화물에 대한 기존 학설 및 판례

(1) 영상녹화물의 증거능력 부여에 관한 논의과정

영상녹화물(엄밀히 말하면 그에 녹화된 진술)이 피고인의 법정진

---

34) 2010년 12월 20일 법무부공고 제2010-250호.

술과 별도의 독립된 증거가 될 수 있는지 문제 된다. 예컨대 피고인이 검찰의 영상녹화 조사시에는 뇌물공여사실을 구체적으로 진술하였다가 법정에서 이를 부인한 경우에 법정진술과 독립적으로 영상녹화물이나 그에 녹화된 진술내용을 유죄의 증거로 채택할 수 있는가 이다.

종래 검찰은 수사과정에서 진술자가 특별히 진술을 번복할 가능성이 있는 경우에 검사가 임의적으로 진술을 영상녹화하여 법정에 증거로 제출하여 온 사례가 있었는데, 이 경우에 판사는 재판정에서 영상녹화물을 검증의 대상으로 하여 검증을 하되 그 진술된 부분은 전문진술로 파악하여 형사소송법 311조 이하의 규정에 의하여 증거능력이 인정될 경우에만 그 내용을 사용할 수 있도록 하여 왔다.

그러나 그동안 사법경찰관작성의 피의자신문조서에 대한 증거능력이 부인되더라도 검사작성의 피의자신문조서에 대한 증거능력이 인정되고 있었으므로 영상녹화된 진술은 단지 피의자신문조서의 임의성을 보완하는 정도의 의미만을 갖고 있었지만, 2004.12.16. 선고된 2002도537 판결은 형식적 진정성립에 의한 실질적 진정성립의 추정을 폐기함으로써 검사작성의 피의자신문조서에 대한 증거능력을 사실상 부인하기 때문에 검사작성의 피의자신문조서에 의하여 진행되었던 모든 수사가 이제 불안정한 상태에 놓이게 되었다.

즉 혐의가 있으면 일단 체포하여 놓고 기소하는 과정에서 수사가 진행되는 영미식과 달리 미리 사전에 엄밀하게 수사를 하여 유죄에 준하는 정도의 혐의가 인정될 경우에 구속과 기소를 하는 우리나라의 체제하에서 검사작성의 피의자신문조서의 증거능력이 부정되어 수사의 기본철학 자체가 완전히 뒤집히게 되는 상황이 벌어지게 되었다.

더욱이 사개추위에서 초안으로 제출한 증거법 규정은 검사작성의
피의자신문조서의 증거능력을 완전히 부인함으로써35) 위 대법원 판
결과 같은 입장에 있다. 이러한 상황에서 영상녹화물에 대한 논의는
검찰의 입장에서는 매우 중요하고도 시급한 성격을 갖게 되었다. 조
서에 대한 증거능력을 부정하는 대법원 판결의 주요 근거는 신빙성
이 없으므로 진정성립을 인정할 수 없다는 것이므로, 신빙성이 매우
뛰어나고 영미법계에서 높은 빈도로 활용 중인 영상녹화물이 조서와
병행하는 또 하나의 대안으로 검토된 것이다.

그러나 영상녹화물에 대한 논의는 곧 법원의 반발에 부딪히게 되
었는데, 그 이유는 영상녹화물이 너무 신뢰성이 높아서 사용할 수
없다는 것이다.

즉 공판중심주의 실현의 가장 핵심개념이 법정에 증거를 제출하여
평가하자는 것인데, 영상녹화물이 만들어질 경우 아무리 법정에서
이를 부인하는 증언을 한다고 하더라도 영상녹화물의 증거능력이나
증명력을 부인할 수 없게 되기 때문이다.

아울러 영상녹화물의 증거능력 인정 여부는 형사재판에서의 사실
인정을 둘러싼 권한투쟁의 성격을 갖고 있다는 점도 간과될 수 없을
것이다.

이러한 입장을 저변에 깔고 있는 법원에서는 검사의 사실인정권을
강화시켜 주는 영상녹화물의 도입을 반대할 수밖에 없었다. 이에 대
해 검찰에서는 공판중심주의의 원조인 영미에서도 아무런 법적 문제

---

35) 관련 사개추위 최초 초안의 내용은 다음과 같다.
제312조 (수사기관의 조서) ① 검사 또는 사법경찰관 작성의 피의자 또는 피의
자 아닌 자의 진술을 기재한 조서는 공판준비 또는 공판기일에 그 피의자였던
피고인이나 변호인이 그 내용을 인정할 때에 한하여 증거로 할 수 있다.
② 피의자 또는 피의자 아닌 자가 수사과정에서 작성한 진술서도 제1항과 같다.

없이 영상녹화물이 사용되고 있는 현실과 수사단계의 인권보호를 검
사작성의 신문조서를 부인하는 근거로 삼아 온 법원에서 가장 인권
보호적인 대책으로 국제적으로 사용되어 온 영상녹화물을 거부하는
것은 모순이라는 비판을 제기하고 있다.

한편 이 문제는 사개추위의 증거법 논의과정에서도 첨예하게 대립
된 쟁점이었는데, 검찰에서는 피의자신문 과정에 일부 남아 있는 문
제점과 이로 인한 불신을 해결하기 위한 방편으로 영상녹화물에 본
증으로 독립적 증거능력을 허용해야 한다고 입장을 주장한 반면,36)
법원 측에서는 조서의 증거능력을 모두 부인하면서 영상녹화물의 증
거능력도 부인하는 안을 제시하였다.

즉 법원은 영상녹화물은 ① 수사기관에서의 진술상황을 너무나 생
생히 재생하여 주게 되므로 사실인정을 하는 법원에 과도한 편견을
유발할 수 있다. ② 공판중심주의 및 직접주의의 원칙을 관철하기
위하여 검사나 사법경찰관들이 작성한 피의자신문조서나 참고인진술
조서 모두 피고인이 내용을 인정하지 않으면 증거로 할 수 없도록
하여야 한다는 것과 같은 취지에서 조서와 같은 성질인 진술기록물
인 영상녹화물도 당연히 증거능력을 부정하여야 한다. ③ 영상녹화
물의 증거조사는 공판정에서 이를 재생하여 시청하는 것일 텐데 이
는 공판절차를 과도하게 지연시킨다는 점 등을 들어 영상녹화물의
증거능력인정을 반대하였던 것이다.37)

그런데 2007.4.16. 국회 법사위 논의과정에서 사개추위안에 규정
되었던 피의자진술에 관한 영상녹화물의 독립적 증거조문(제312조의

---

36) 이완규, "증거규정개선안", 형사사법토론회 자료집, 사법제도개혁추진위원회, 2005,
517 - 521면.
37) 오기두, "영상녹화물의 증거능력 및 증거조사방법", 형사사법토론회 자료집, 사
법제도개혁추진위원회, 2005, 556 - 571면.

2)[38]이 삭제되자, 그 의미에 대하여 해석상 첨예하게 대립하고 있으나, 현행 형사소송법 속에 영상녹화물이 등장하게 되었다는 것은 큰 변화라고 할 것이다.

(2) 영상녹화물의 증거능력에 관한 학설

가. 부정설

현행법은 원진술자가 조서의 형식적 진정성립을 인정하는지에 따라 증거능력을 부여하던 개정 전 형사소송법 체제를 변경하여 조서의 내용 인정을 증거능력을 인정하는 체제로 전환한 것이므로 영상녹화물 자체에 증거능력을 인정할 수 없다는 견해이다.[39] 이 견해는

---

38) 사개추위안 제312조의 2(피의자진술에 관한 영상녹화물)
  ① 검사 또는 사법경찰관 앞에서의 피고인의 진술을 내용으로 하는 영상녹화물은 공판준비 또는 공판기일에 피고인이 검사 또는 사법경찰관 앞에서 일정한 진술을 한 사실을 인정하지 아니하고, 검사, 사법경찰관 또는 그 조사에 참여한 자의 공판준비 또는 공판기일에서의 진술 기타 방법으로 이를 증명하기 어려운 때에 한하여 증거로 할 수 있다.
  ② 제1항의 영상녹화물은 적법한 절차와 방식에 따라 영상녹화된 것으로서 공판준비 또는 공판기일에 피고인이나 검사, 사법경찰관 또는 그 조사에 참여한 자의 진술에 의하여 조사의 전 과정이 객관적으로 영상녹화된 것임이 증명되고, 영상녹화된 진술이 변호인의 참여하에 이루어지는 등 특히 신빙할 수 있는 상태하에서 행하여졌음이 증명된 것이어야 한다.
  ③ 제1항의 영상녹화물을 증거로 제출하는 경우에는 녹취서를 제출하여야 한다.
39) 법원행정처, 형사소송법 개정법률 해설, 51면; 손동권, 형사소송법, 세창출판사(2008), 637면; 송광섭, 형사소송법, 형설출판사(2010), 647면; 신동운, 신형사소송법, 법문사(2008), 977면; 이재상, 신형사소송법, 박영사(2008), 569면; 김봉수, 수사상 영상녹화물의 증거활용에 대한 비판적 검토, 형사법연구 제20권 제3호(2008.9), 한국형사법학회, 187; 김현숙, 검사작성 피의자신문 영상녹화물에 대한 비판적 검토, 형사법연구 제21권 제2호(2009), 한국형사법학회, 135면 이하; 신양균, 개정형사소송법의 쟁점과 과제, 대법원 형사실무연구회 특별심포지움 발표자료(2007.12.17), 15면; 유해용, 공판중심주의와 전문법칙, 저스티스

다음의 것들을 근거로 들고 있다. 첫째, 현행법 제244조는 제244조의 2 제1항에서 영상녹화를 '할 수 있다'고 규정하고 있는 것과 달리 피의자의 진술을 조서에 '기재하여야 한다'라고 규정하고 있으므로 규정형식상 피의자신문조서의 작성의무는 인정된다고 보아야 할 것이다.

둘째, 형사소송법 개정에도 불구하고 제244조가 존치된 데에는 우리 입법자의 의지가 반드시 피의자의 진술을 조서에 기재하도록 강제하는 것으로 해석할 수 있는데, 법원의 공소장일본주의의 관철과 검찰의 증거분리제출 같은 단순한 업무처리 관행이 변화하였다는 것만으로 아무런 개정이 없는 법규정의 해석 자체를 바꾼다는 것은 입법자의 의지를 무시한 것이다.[40]

셋째, 현행 형사소송법 제312조 제2항과 같이 원진술자에 의해서 부인된 검사작성 피의자신문조서의 증거능력을 영상녹화물을 통해 다시 인정하도록 하는 것은 영상녹화물이라는 전문증거를 통해서 전문법칙에 대한 예외의 예외를 다시 인정하는 것으로서(즉 사실상 '또 다른 형식'의 조서를 법적으로 인정한 것이라고 평가할 수 있다), 제312조 제1항에서 규정하고 있는 원진술자의 공판정에서의 진술을 통한 '진정성립' 확인절차를 무의미하게 만들어, 전문법칙에 대한 예외의 예외 인정으로 증거법의 혼란을 초래할 우려가 있고, 원진술자의 진술을 통해 심증을 형성하고자 했던 이번 형사소송법 개정의 기본 방향, 즉 구두주의와 직접심리주의를 통한 공판중심주의의 실현과도 모순된다고 생각한다.[41]

통권 제98호(2007.6), 한국법학원, 217면.
40) 이영한, 개정 형사소송법상의 조서와 영상녹화, 개정 형사소송법과 국민참여재판의 주요 쟁점, 한국형사법학회 추계학술대회 토론문(2007.11.9), 181 – 182면.
41) 천진호, 앞의 논문, 293면; 김봉수, 앞의 논문, 175 – 176면.

넷째, 영상녹화물은 일반적인 증거가 아니라 전문증거로서 원칙적으로 전문법칙에 따라 증거능력이 부정되는 성질의 것이므로 삭제된 제312조의 2는 원칙적으로 허용되던 증거능력을 제한하는 규정이 아니라 원칙적으로 부정되던 전문증거의 증거능력을 제한적이고 예외적으로 인정하는 근거규정인데, 국회논의과정에서 제312조의 2[42]가 삭제되었다는 것은 제한적인 상황에서나마 예외적으로 인정되었던 영상녹화물의 독립적 증거능력이 다시 본래대로 부정되었음을 의미한다.[43]

다섯째, 입법자는 영상녹화물의 본증사용을 엄격히 금지하고 있으므로 녹음테이프, 비디오테이프, 컴퓨터용 디스크 등 각종 정보저장매체가 수사기관의 영상녹화물에 해당할 때에는 그에 관한 규정이 우선 적용되므로 증거능력이 부인된 수사기관 작성의 영상녹화물에 대해 형사소송법 제293조의 3이 규정한 녹음테이프, 비디오테이프, 컴퓨터용 디스크 등 정보를 담기 위하여 만들어진 물건이라는 명목으로 증거능력을 부여하려는 시도는 허용될 수 없다.[44]

여섯째, 형사소송법 개정에 의해 신설된 제312조 제2항에 의하면 원진술자의 부인에도 불구하고 영상녹화물 또는 기타 객관적인 방법을 통해 성립의 진정을 입증하면 당해 조서를 증거로 할 수 있다고 규정하고 있는데, 영상녹화물에 대해서도 이를 준용하게 되면 검사의 피의자신문에 대한 영상녹화물은 스스로가 실질적 진정성립의 입증자료인 동시에 그 자체가 독립된 증거로서 증거능력을 획득한다는

---

42) 사개추위안 제312조의 2는 "피고인의 진술에 대한 영상녹화물은 피고인신문에서 종전의 진술사실을 다투고, 그 다툼의 해결을 위해 조사자가 증언한 후에 그 증언이나 기타 방법으로 그 다툼을 해결할 수 없을 때 최후수단으로 증거로 사용할 수 있다"고 규정하고 있었다.
43) 김봉수, 앞의 논문, 183면.
44) 신동운, 앞의 책, 980면.

점에서 결국 검사의 피의자에 대한 영상녹화물 역시 타인의 진술을 기재한 전문증거임에도 불구하고 스스로의 증거능력을 그 자체에서 '자가생산'해 내는 이상한 형태의 증거가 되는 것이다.[45]

일곱째, 피의자 '신문'을 전제로 한 수사기관의 '조서' 작성과 증거로서의 활용은 사실상 '진술거부권'이라는 피의자의 권리행사가 자유롭게 혹은 활발하게 이루어지고 있지 않은 우리의 권위적인 실무관행과 경직된 법 현실이 없었다면 원시적으로 불가능하거나 지금처럼 활성화될 수 없었던 수사상 관행에 불과하므로 수사과정에서 한 '원진술자의 A라는 진술 자체'를 원진술자로부터 분리시켜 물적 증거화함으로써, 영상녹화물에 대하여 원진술자의 법정 진술과 동등한 진술증거로서의 자격을 인정받고자 하는 것은 '자백 위주의 수사관행'과 이로 인한 '피의자의 권리침해'를 야기하는 또 다른 형태의 형사절차의 왜곡이다.[46]

여덟째, 영상녹화물을 조서 대신 법정에 제출하여 사용하는 것은 자칫 비디오재판을 초래해 조서재판보다 오히려 더 공판중심주의를 구축(驅逐)할 위험성이 크며,[47]

---

45) 김봉수, 앞의 논문, 184면.
46) 김봉수, 앞의 논문, 192면.
47) 영상녹화물의 본증 인정에 대한 참여연대의 입장임(법원행정처, 형사소송법 개정법률 해설, 2007, 51면, 각주 8).
　　피고인과 참고인의 진술을 녹화한 영상물의 증거능력 인정 여부이다. 조사 과정을 녹화하는 것은 수사과정상 가혹행위나 자백 강요 등 강압수사를 줄일 수 있다. 하지만 소위의 수정안은 이런 영상물이 그 본연의 목적에 이용되기는커녕 피고인의 권리를 제약하는 수단으로 전락하게끔 하고 있다. 그동안 검찰이 작성한 조서에 증거능력을 인정하는 현행 형사소송법은 공판중심주의의 걸림돌이라는 비판이 물밀듯하였다. 법안심사소위에서는 개정안의 이 같은 문제를 수정하기는커녕 피고인의 진술로만 진정성립을 인정했던 현행법에 반해 공판정에서 진술을 부인하더라도 영상녹화라는 방법으로도 진정성립을 인정할 수 있도록 하였다. 그리고 이에 기하여 증거능력이 확보될 수 있도록 개악함으로써 피고인의 권리보호는 물론, 공판중심주의에 정면으로 역행하고 있다. 이에 피고인과 아홉째, 현재도 원진술자가 공판정에서 조서의 진정성립을 부정하더라도 영상녹화물에 의해서 이를 입증하고, 제312조 제1항 및 제2항에서 요구하는 '특신상태' 역시 동일한 영상녹화물을 통해 증명하면, 전문증거인 검사 작성 피의자신문조서는 원진술자의 부인에도 불구하고 증거능력을 획득할 수 있다.

열째, 수사기관 작성의 영상녹화물은 일단 재생되면 그로 인해 발생한 심리적 인상은 다른 증거자료에 의해 쉽게 희석되지 않을 뿐만 아니라 녹화된 모든 것들을 생생한 본래의 모습 상태로 법정에 제공될 수 있어 이를 보는 법관에게 과도한 신뢰감을 부여하고,[48] 이러한 사정은 특히 국민참여재판에서 시민이 배심원을 참여하는 경우에 더욱 심화한다.[49]

열한째, 법관이나 배심원이 피의자나 참고인이 수사기관에서 진술한 모습을 녹화한 영상 중 검사가 지정하는 전체 또는 일부를 보고 심증을 형성하여 결론을 내린다면 종래의 조서를 중심으로 하던 재판이 비디오재판으로 바뀌는 것에 불과하여 영상녹화물에 대해 증거조사하게 되는 거의 모든 사건에 있어 수사기관의 심증형성 과정이 법관에게 고스란히 전이됨으로써 행정권력에 속하는 소추기관이 사법권력인 재판기관의 전권인 재판을 사실상 좌우하게 될지도 모른다.[50]

열두째, 형사소송법 개정을 통하여 수사절차의 통제라는 목적을 외면한 채 지난 반세기 가까운 기간 동안 조서라는 강력한 무기를

참고인이 내용을 인정할 경우에만 증거능력을 부여할 수 있도록 엄격히 제한하거나 완전히 삭제할 것을 요구한다(2007년 4월 19일 보도자료공문).
48) 이영한, 앞의 논문, 112면.
49) 신동운, 영상녹화물의 피의자신문조서 대체 가능성에 대하여, 형사재판의 제문제 제6권, 고현철 대법관 퇴임기념 논문집, 528면.
50) 이영한, 앞의 논문, 113면.

쥐고 있던 검사에게 유죄의 입증수단으로서 조사자의 증언제도뿐만 아니라 반대신문에 의한 탄핵이 불가능한 절대적인 신뢰성을 가진 매체인 영상녹화물을 추가해 주었다고 해석하는 것은 영상녹화제도의 의의에 비추어 볼 때, 그 유례가 없으며,51)

열셋째, 영상녹화물은 불량증거이므로 증거로 허용할 수 없다52)는 점 등을 들 수 있다.

결국 부정설은 "원진술자가 조서에 기재된 내용과 같은 진술을 한 적이 없다고 부인하는 상황에서 수사기관이 전문증거인 조서 등(영상녹화물 포함)을 가지고 원진술자와 증거능력을 놓고 대립하는 것이 과연 타당한 것인가?"와 "과연 피의자로부터 진술을 받아내서 기록하는 것만이 수사의 전부인가?"의 의문을 표시하면서, 원진술자인 피고인이 공판정에서 조서 등(영상녹화물 포함)의 진정성립을 부정하면 그것으로 전문증거인 조서 등은 당연히 존재가치를 잃는다고 해야 한다는 입장이다. 그리고 수사의 핵심은 피의자의 진술 내지 자백과 같은 진술증거의 확보가 아니라 객관적인 증거물(비진술증거 내지 물적 증거)의 과학적인 수집과 확보에 있으며, 피의자가 수사과정에서 한 자신의 진술을 뒤집는 것이 오히려 자연스러운 '현실'이고 객관적인 증거를 통해 거짓진술을 하지 못하도록 압박하고 거짓진술

---

51) 앞의 논문, 112면.
52) 제267조 국회(임시회) 법제사법위원회회의록(임시회의록) 제4호(2007.4.26.) 12~13면에서 법안심사 제1소위 위원장인 이상민 의원은 "영상녹화절차 및 영상녹화물의 증거능력에 대하여 말씀드리면, ……영상녹화제도의 확대 인정과 피의자의 동의 없는 영상녹화를 허용하는 것은 수사편의적이라는 의견이 있었습니다. 이러한 우려를 감안하여 영상녹화물을 독립증거 또는 본증으로 사용할 수 없도록 하였습니다. 당초 사개추위안에서는 영상녹화물이 독립증거로 사용할 수 있도록 마련되어 있었으나, 영상녹화물이 갖고 있는 위험성 또는 이중성의 위험성 때문에 우량증거에서 입증할 수 없는 한정된 경우에 불량증거로 입증할 수 없다는 그런 취지에서 영상녹화물의 독립증거 사용을 배제하였습니다"라고 밝힌 바 있다.

의 빈틈을 공격하여 그 허위성을 폭로하는 것이 '수사'의 존재이유라
는 입장으로 정리할 수 있을 것이다.[53]

나. 긍정설

현행법에서 영상녹화물에 대한 특칙적 의미의 독립적 증거조문(개
정안 제312조의 2)이 없어졌고, 형사소송법 제310조의 2에 영상녹화
물이 포함되지 않고 있으므로 영상녹화물의 증거능력은 개정 전 형
사소송법에 대한 판례이론과 같이 일반이론에 따라 서류에 관한 조
문을 원용하여 증거능력을 인정할 수 있다는 견해이다.[54]

그 근거로 ① 기존의 판례이론에 따르면 영상녹화물[55]을 제외한
녹음테이프[56] · 컴퓨터디스켓[57] · MP3 등 각종의 특수한 진술기록매
체들의 경우에는 여전히 일반 이론에 따라 조서 등 서류규정을 적용
하여 증거능력을 판단해야만 할 것인데, 녹음테이프 등에는 조서에

---

53) 김봉수, 앞의 논문, 194면.
54) 노명선/이완규, 형사소송법, 성균관대학교출판부(2009), 589 – 591면; 정웅석/백
　　승민, 앞의 책, 450면; 이완규, 형사소송법연구 I , 탐구사(2008), 253 – 265면;
　　차동언, 증거증거법 I – 공판중심주의와 전문법칙, 법문사(2007), 276 – 281면;
　　김성돈, 앞의 논문, 27 – 28면; 안성조/지영환, 「영상녹화물의 증거능력」, 외대논
　　집 제30집(2008.5), 25 – 32면; 이완규, 개정 형사소송법에서의 수사절차상 진술
　　의 증거능력, 형사법의 신동향 제8호(2007.6), 대검찰청, 52면; 김종률, 영상녹
　　화제도와 검찰수사실무 변화에 관한 연구, 형사법의 신동향 통권 제8호(2007.6),
　　대검찰청, 62면 이하; 허인석, 영상녹화제도의 합리적 운용과 발전방향, 법조 제
　　57권 9호(2008.9), 47면 이하; 박현식, 수사과정 영상녹화물의 증거능력에 관한
　　연구, 조선대학교 박사학위논문(2008.8), 118면 이하 참조; 최영승, 피의자신문
　　에 있어서 적법절차의 법리에 관한 연구, 경희대학교 박사학위논문(2003), 234
　　면 이하 참조.
55) 대판 1992.6.23, 92도682.
56) 대판 1996.10.15, 96도1669.
57) 대판 1999.9.3, 99도2317.

준하여 증거능력을 인정하면서, 이보다 더 진실에 가까운 영상녹화
물에 대하여 증거능력을 부정하는 것은 논리적으로 맞지 않다.

② 국회에서 피고인진술의 영상녹화물 증거규정을 삭제한 것의 의
미는 사개추위안이 가지고 있는 피고인진술에 관한 특칙으로서의 영
상녹화물 규정을 삭제하고 일반원칙에 의해 판단하라는 것으로서 이
에 따라 영상녹화물은 이제 조서조문을 준용하여 독립증거능력을 가
지게 되었다.58)

③ 영상녹화물은 진술 당시의 표정이나 진술경위 등 원진술자의
진술을 생동감 있게 그대로 법정에 전달하기 때문에 조서의 단점을
보완할 수 있는 우량증거이다.

④ 영상녹화물이 재판에 적극 활용된다는 것만으로 비판의 대상이
될 수 없고, 새로운 유형의 증거방법이라도 피고인의 인권보장과 실
체적 진실발견이라는 형사사법의 이념구현에 기여할 수 있는 것이라
면 일정한 요건하에 활용할 필요가 있다.

⑤ 대법원 판례가 1960년대 이래 녹음테이프의 증거능력을 조서
에 준하여 인정하여 온 것에 비하여도 시대의 변화와 기술의 진보를
충분히 고려하지 않은 것이다.

⑥ 영상녹화물의 장기간 시청에 따른 문제는 주요 증거로서 장시
간 시청을 하는 것이 실체적 진실규명을 위해 불가피하다면 이를 시
청하는 것이 당연하고, 그렇지 않은 경우는 영상녹화물의 부분적·
선택적 상영에 의한 증거조사로 충분히 해결이 가능하다.59)

⑦ 실질적 의미의 피의자방어권이라는 것은 진실한 자백은 진실

---

58) 이완규, 개정 형사소송법상 영상녹화물의 증거능력, 법조 통권 제613호
   (2007.10), 169면.
59) 영상녹화조사 제도 개관, 앞의 책, 96면.

되게 인정받을 수 있는 반면, 허위나 조작 가능성이 있는 자백은 배척하는 것이어야지 생생하게 기록되어 나중에 이를 부정하기 어렵다는 이유로 사법정의와 어긋나게 이를 배척하는 것은 문제가 있으며,60)

⑧ 우리 입법자는 조서보다는 진술, 즉 조사자의 증언제도를 원칙적인 증거능력의 부여방법으로 규정하고 있었으므로 조사자의 증언에 대하여 다툼이 있거나 불분명한 경우에 한정하여 예외적으로 영상녹화물을 활용하면 족하다.61)

⑨ 영상녹화의 대상, 증거능력의 인정범위 등에서 다소 차이가 있지만 구두주의를 핵심으로 하는 소위 공판중심주의의 원조인 영미법계 국가들이 공통적으로 전문법칙의 예외에 근거하여 영상녹화물의 증거능력을 인정하고 있는데, 이는 원래 증거가 아닌 영상녹화물에 증거능력을 부여하는 것이 아니라 '어떠한 경우에 의무적으로 영상녹화를 해야 하는가'의 문제와 밀접하게 관련되어 있다는 점에서, 영상녹화물의 증거능력의 인정 여부는 입법정책의 문제가 아니다.62)

⑩ 영상녹화물의 증거능력을 인정한다고 하더라도 처음부터 영상녹화물을 상영하는 것이 아니라, 구두의 증거를 제출할 것을 요구하는 '구두주의'와 원진술자의 진술을 그 사람의 진술의 기록물인 조서나 영상녹화물보다 우선시키는 '최우량증거의 원칙'에 따라 원진술자가 수사단계에서 행한 일정한 진술에 대해 법정에서 구두진술로 현출하게 될 것이고, 만일 원진술자가 수사과정에서 일정한 진술을 했음에도 불구하고 그러한 사실이 없다고 진술을 번복할 때에는 조사

---

60) 나영민/박노섭, 앞의 논문, 74면.
61) 정웅석, 앞의 논문, 52면.
62) 허인석, 앞의 논문, 79면.

자의 증언에 의해(법 제316조 제1항), 실질적 진정성립의 여부가 입증될 것이기 때문이다.

이때 마지막으로 영상녹화물이 증거로 제출될 가능성이 남아 있기는 하지만, 최우량증거 원칙과 동일한 내용의 증거는 중복해서 증거로 사용할 수 없다는 '중복증거금지의 원칙'에 따라 법정에서 이미 원진술자 등으로부터 진술된 동일한 내용을 불필요하게 반복해서 제출하여 같은 내용을 반복하여 예단을 형성하고 소송을 지연시켜서는 안 되는바, 결국 영상녹화물의 증거능력을 인정하더라도 영상녹화물이 실제로 증거로 제출되는 경우는 거의 없을 것이므로[63] 즉 일반적인 경우 영상녹화물에 들어 있는 진술내용은 공판정에 출석한 원진술자의 공판정 진술로써 증거현출이 대부분 해결될 것이므로 법정이 비디오재판이 된다는 주장은 억지에 불과하다.[64]

⑪ 철저한 당사자주의를 취하지 않는 한, 본래 소송은 당사자의 주장과 입증을 기초로 사안의 진상을 밝혀 객관적 진실을 가리는 시스템인데, 객관적 진실을 가리는 작업은 증거능력의 차단을 통하여 발견되는 것이 아니라 보다 많은 증거를 법정에 현출시켜서 이의 비교를 통해 최종적으로 판단을 내리는 것이 자유심증주의에서 말하는 소위 '합리적 의심의 여지가 없는 증명(proof beyond a reasonable doubt)'의 정도에 이를 가능성은 더 높다고 할 수 있으므로, 임의성 없는 자백이나 위법하게 수집된 증거가 아닌 한, 원칙적으로 수사상 진술(법정 외 진술)을 어떤 형태로든 공판정에 현출시키는 것이 타당한 것이며, 증거가치를 잘못 판단할 것을 우려하여 조금이라도 오해의 소지가 있는 증거를 처음부터 재판절차에 등장시키지 않으려고

---

63) 안성조/지영환, 앞의 논문, 27면.
64) 정웅석, 앞의 논문, 40면.

하는 것은 증거능력과 증명력을 동일하게 생각하는 오류를 범하는 것이다.65)

⑫ 적정절차의 보장을 받을 피고인 측의 이익과 공익의 대표자로서 진실을 규명하여 범인을 처벌함으로써 피고인의 이익도 포함하는 공공의 질서를 보장하는 검사 측의 수사 활동도 존중하여야 하므로, 법원이 과도하게 수사 활동을 제약하여 스스로 수사 활동을 하는 양으로 절차를 운영하는 것은 헌법이 요청하는 권력분립의 정신에도 반하고 자칫하면 규문주의에로의 후퇴를 초래할 위험을 낳는다66)는 점 등을 들고 있다.

결국 긍정설은 영상녹화물은 서류와 같이 공판정 외 진술의 기록물이라는 점에서 실질적으로 같으며 단지 기록매체만 다를 뿐이므로 증거능력 판단에 있어서는 현행형사소송법에서도 기존 형사소송법의 통설67) 및 판례68)의 해석과 마찬가지로 조서나 서류 규정을 준용하여 증거능력을 판단해야 한다는 점69) 및 피의자신문의 효율성과 적법성, 그리고 신뢰성을 보장하는 데 현재로선 영상녹화 방식이 현실적인 대안이라는 입장으로 정리할 수 있을 것이다.

---

65) 정웅석/백승민, 앞의 책, 311면.
66) 차용석, 형사소송법상의 공판중심주의에 관한 고찰, 법조 통권 제617호(2008.2), 9면.
67) 배종대/이상돈, 형사소송법(제7판), 홍문사, 598면; 신동운, 형사소송법(제3판), 법문사, 782면; 신현주, 형사소송법(신정2판), 박영사, 625면; 이재상, 형사소송법(제6판), 박영사, 544면; 정웅석, 형사소송법(제4판), 대명출판사, 950면; 차용석, 형사소송법, 세영사, 763면.
68) 대판 1992.6.23, 92도682, 대판 2009.8.20. 선고, 2008도8213.
69) 이완규, 앞의 논문, 169면.

(3) 기존 판례

개정 전 형사소송법상 검사가 직접 피의자를 신문한 녹음·녹화자료에 대하여, 대법원은 "증거자료가 되는 것은 여전히 테이프에 녹음·녹화된 대화나 진술의 내용이라고 할 것이므로, 그와 같은 테이프의 녹음·녹화내용이나 그에 대한 진술을 기재한 서류와 다를 바 없어, 피고인이 그 테이프를 증거로 할 수 있음에 동의하지 않은 이상, 형사소송법 제311조 내지 제315조에 규정한 것이 아니면 이를 유죄의 증거로 할 수 없다"70)고 판시한 바 있으며, 최근에도 "피고인과 피해자 사이의 대화내용에 관한 녹취서가 공소사실의 증거로 제출되어 그 녹취서의 기재내용과 녹음테이프의 녹음내용이 동일한지에 관하여 법원이 검증을 실시한 경우에 증거자료가 되는 것은 녹음테이프에 녹음된 대화내용 그 자체이고, 그중 피고인의 진술내용은 실질적으로 형사소송법 제311조, 제312조의 규정 이외에 피고인의 진술을 기재한 서류와 다름없어 피고인이 그 녹음테이프를 증거로 할 수 있음에 동의하지 않은 이상 그 녹음테이프 검증조서의 기재 중 피고인의 진술내용을 증거로 사용하기 위해서는 형사소송법 제313조 제1항 단서에 따라 공판준비 또는 공판기일에서 그 작성자인 피해자의 진술에 의하여 녹음테이프에 녹음된 피고인의 진술내용이 피고인이 진술한 대로 녹음된 것임이 증명되고 나아가 그 진술이 특히 신빙할 수 있는 상태하에서 행하여진 것임이 인정되어야 한다"71)고 판시하여, 피고인이 증거로 동의하면 증거능력을 부여하지만 피고인이 부동의할 경우에는 법정에서의 피고인신문을 통

---

70) 대판 2004.5.27, 2004도1449.
71) 대판 2008.3.13, 2007도10804.

해 녹화된 진술의 사실관계를 확인한 후, 이를 인정하면 법정진술을 증거로 사용하고 있지만 인정하지 아니하면 증거로 사용하지 아니 하고 있다.[72]

(4) 검 토

영상녹화물이 독립된 증거능력을 가지는지에 대하여 명문규정이 없으므로 여기서는 부정설의 각 논거에 대하여 비판적 검토만을 하 기로 한다.

가. 조서의 진정성립을 인정받기 위한 객관적 방법이라는 주장에 대하여

현행 형사소송법 제244조의 2는 영상녹화 조사시 조사의 전 과정 을 녹화하되, 원본을 봉인하고, 피의자가 요구하면 영상녹화물을 열 람시키고 이의 제기한 내용을 별도의 서면으로 작성하여 영상녹화물 에 첨부해야 한다고 규정하고 있다.

위 조문은 구조상 피의자신문조서의 작성, 조서의 열람 및 증감변 경을 기재 등을 규정한 제244조와 유사하다. 따라서 법 제244조의 2 는 영상녹화물을 증거법상 조서와 동등한 지위에 있는 것을 전제하 고 규정한 것으로 해석하는 것이 타당하다.[73]

만약 영상녹화물의 증거능력을 부정한다면 굳이 수사기관이 영상 녹화물을 피의자 면전에서 봉인하거나(조서의 서명 또는 기명날인에

---

72) 대판 2010.5.27. 선고 2010도1755 판결.
73) 허인석, 앞의 논문, 89면.

해당), 피의자의 요구 시 열람 후 이의를 제기한 서면을 영상녹화물에 첨부할 필요가 없을 것이다(조서의 열람, 증감변경에 해당).

무엇보다도 영상녹화물의 독자적 증거능력을 배제하고 조서의 진정성립을 인정받기 위한 객관적 방법의 하나로만 해석한다면, 녹음테이프, 속기사 작성 녹취서, 신문참여자의 법정 증언 등 다른 객관적 방법에 대해서는 법률상 아무런 요건을 규정하지 않으면서 유독 영상녹화물에만 엄격한 절차와 방법을 규정한다는 것은 형평성에 맞지 아니한다.[74]

결국 형사소송법 제정 당시인 1950년대에는 종이와 펜을 사용하는 조서가 피의자 등의 법정 외 진술을 담을 수 있는 거의 유일한 수단이었지만, 과학기술의 발달에 따라 원진술자의 법정 외 진술을 어느 정도 확실하게 전달할 수 있는 매체가 등장하였음에도 활자에 의존한 조서만을 증거로 사용해야 한다는 태도는 적법절차와 수사과정의 투명성 등을 고려할 때 이미 합리성을 결여한 태도라고 할 것이다.

나. 진술거부권의 침해라는 주장에 대하여

수사과정에서 한 '원진술자의 A라는 진술 자체'를 원진술자로부터 분리시켜 물적 증거화함으로써, 영상녹화물에 대하여 원진술자의 법정 진술과 동등한 진술증거로서의 자격을 인정받고자 하는 것은 '자백 위주의 수사관행'과 이로 인한 '피의자의 권리침해'를 야기하는 또 다른 형태의 형사절차의 왜곡이라는 주장은 과거 우리나라 수사기관의 잘못된 수사관행 때문에 피의자는 선이고 수사기관은 악이라

---

74) 앞의 논문, 동면.

는 이분법적 사고방식에 사로잡혀 피의자조사(Interview) 내지 신문
(Investigation)을 오로지 인권침해적인 행위로 파악하는 경향에서 출
발하고 있다.

그러나 "열 명의 범죄자는 놓쳐도 한 명의 억울한 사람을 만들지
말라"는 법언은 수사와 재판을 철저히 하여 억울한 사람이 없도록
하자는 것이지, 수사를 무력화시켜 아예 처벌기능을 하지 말자는 의
미는 아니다.

일례로 검찰이 공소관의 기능만 하고, 경찰에 전적으로 수사를 맡
기는 형태인 영국의 경우에는 1998년 기소된 피고인이 2,133,700명
중 22%인 47만 명에 대하여 무죄가 선고된 반면, 직권주의를 시행
하는 국가인 독일은 3.08%(828,913명 중 25,556명), 일본은 2001년
에 0.04%(991,980명 중 42명), 한국은 2004년에 0.17%(1,409,396
명 중 2,447명)의 무죄 선고율을 보여 주고 있어서 이는 단지 영국
의 법정에서 많은 억울한 사람이 그 소원을 풀었구나 하는 측면에서
파악할 것이 아니라 오히려, 막연히 당사자주의를 시행할 경우에 엄
청난 숫자의 사람들이 공소권남용의 대상이 되어 불필요한 재판을
받는구나 하는 측면에서 보아야 할 것이다.75) 더욱이 비록 사후에
무죄를 받더라도 일단 기소되어 수많은 재판과정을 거치는 고통은
이루 말할 수 없을 것이다.

한 명의 억울한 사람이 없도록 하는 원칙은 옳으나, 수사기관에서
철저히 조사하여 혐의 없음을 밝히는 것이 옳은 것이지 적당한 수사
과정을 거쳐 제대로 혐의유무에 대한 조사도 않은 채 재판과정의 엄
청난 고통을 겪은 후 무죄로 판명되게 하는 것은 형식적 정의에 집

---

75) 차동언, 한국 형사사법의 미래를 생각하며, 형사소송법 개정안 공청회 - 국민을
　　위한 바람직한 형사사법절차의 모색 - , 대검찰청(2005.5), 18면.

착하는 것이지 결코 실질적 정의를 구현한 것은 아니기 때문이다.

영국에서도 이러한 점을 반성하여 1994년 형사사법과 공공질서법(Criminal Justice and Public Order Act 1994) 제정 이전에는 "당신이 말하기를 원하지 않는다면 말할 필요가 없다. 당신이 말한 것은 증거로 사용될 수 있다"라고 고지하던 것을 1994년 형사사법과 공공질서법(CJPOA) 제정 이후에는 "당신은 아무것도 말할 필요가 없다.

그러나 당신이 신문 당시 언급하지 않은 사항을 이후 법정에서 제기한다면 이는 당신의 방어권에 해를 입힐 것이다. 당신이 말하는 어떤 것도 증거로 사용될 수 있다"76)고 하여 '법원이 피의자의 침묵으로부터 추론을 끌어낼 수 있다'는 것을 제시한 것으로, 이는 고지(caution)의 본질에 대하여 급격한 변화를 가져온 것이다.77) 무엇보다도 수사는 본질적으로 수사대상의 인권침해를 어느 정도 예상하고 수인의무를 부담시키는 절차이다.

왜냐하면 자신과 상관없는 사건에 목격자로서 진술하기 위하여 수사기관에 증인으로 출석하는 의무는 법적 절차에 따르는 수사기관의 엄격한 법집행이라는 담보장치 없이는 인권침해행위에 불과하기 때문이다. 따라서 수사에 있어서 인권보장과 실체진실의 발견은 엄격하고도 심도 있게 논의되지 않으면 안 되며, 단순히 피의자에게 진술거부권이 보장되어 있다는 이유만으로 피의자신문의 정당성을 부인하는 것은 타당하다고 볼 수 없다.

---

76) 1994년 형사사법과 공공질서법(Criminal Justice and Public Order Act 1994) s 34. "You do not have to say anything. But it may harm your defence if you do not mention when questioned something which you later rely on in court. Anything you do say may be given in evidence."
77) John Sprack, CRIMINAL PROCEDURE, 12th. Ed., OXFORD, 28면.

다. 본증으로 인정하는 것은 세계적 입법추세에 반한다는 주장에 대하여

영상녹화물을 본증으로 인정하는 것은 영상녹화제도의 의의와 세계적 입법추세에 반한다는 주장이 있으나,[78] 어떠한 근거를 가지고 주장하는 것인지 의문이다. 앞에서 언급한 미국, 영국, 호주, 캐나다, 뉴질랜드 등 구두주의가 확립된 영미법계 국가에서는 증거법상 다른 증거와 마찬가지로 전문법칙 등 일반원칙에 따라 영상녹화물의 증거능력을 인정하고 있으며,

일본이 영상녹화제도의 법제화에 주저하는 이유는 영상녹화물이 공판중심주의에 반하기 때문이 아니라 일본검찰의 소위 '신뢰관계 구축론'에 기인하기 때문이다. 또한 영상녹화물의 도입취지와 관련해서도 영국과 미국 모두 위법한 수사관행에 대한 반성과 회오에 따라 도입되었지만, 그만큼 적법절차의 절대적 보장과 진술의 신빙성을 담보할 수 있기 때문에 증거능력이 인정되는 것이다.[79]

라. 비디오재판이 된다는 주장에 대하여

영상녹화물의 증거능력을 인정한다고 하더라도 처음부터 영상녹화물을 상영하는 것이 아니라, 제316조 제1항에 따라 조사자의 증언이 먼저 나오고, 조사자의 증언과 피고인의 진술이 상이한 경우에 한하

---

78) 이영한, 앞의 논문, 112면(이 견해는 영상녹화물 자체는 일반적인 '사진증거'와 같이 취급되어 증인의 진술에 담긴 사실을 설명해 주는 정도의 증거가치를 벗어나지 못하는 것으로 평가될 뿐만 아니라 미연방증거규칙에 의해 전문법칙의 예외로서 증거능력을 부여받는 증거로 분류되지도 아니한다고 본다).
79) 허인석, 앞의 논문, 93면.

여 그 부분에 한정하여 영상녹화물을 상영하면 될 것이므로 법정이 비디오재판이 된다는 주장은 억지에 불과하다고 본다.

왜냐하면 구두의 증거를 제출할 것을 요구하는 '구두주의'와 원진술자의 진술을 그 사람의 진술의 기록물인 조서나 영상녹화물보다 우선하는 '최우량증거의 원칙'에 따라 원진술자가 수사단계에서 행한 일정한 진술에 대해 법정에서 구두진술로 현출하게 될 것이고, 만일 원진술자가 수사과정에서 일정한 진술을 했음에도 불구하고 그러한 사실이 없다고 진술을 번복할 때에는 조사자의 증언에 의해(법 제316조 제1항), 실질적 진정성립의 여부가 입증될 것이기 때문이며,

이때 마지막으로 영상녹화물이 증거로 제출될 가능성이 남아 있기는 하지만, 최우량증거 원칙과 동일한 내용의 증거는 중복해서 증거로 사용할 수 없다는 '중복증거금지의 원칙'에 따라 법정에서 이미 원진술자 등으로부터 진술된 동일한 내용을 불필요하게 반복해서 제출하여 같은 내용을 반복하여 예단을 형성하고 소송을 지연시켜서는 안 되는바, 결국 영상녹화물의 증거능력을 인정하더라도 영상녹화물이 실제로 증거로 제출되는 경우는 거의 없을 것이기 때문이다.[80]

즉 일반적인 경우 영상녹화물에 들어 있는 진술내용은 공판정에 출석한 원진술자의 공판정 진술로써 증거현출이 대부분 해결될 것이므로 극장 재판론이 우려하는 그와 같은 상황은 사실상 발생하기 어렵다[81]고 본다.

---

80) 안성조/지영환, 앞의 논문, 27면.
81) 이완규, 개정형사소송송의 쟁점(2007), 탐구사, 159면.

마. 너무 생생하다는 주장에 대하여

형사절차법은 국가의 형벌권을 구체적으로 실현하기 위한 절차를 규율하는 법으로서 다른 법의 경우와 마찬가지로 궁극적으로 정의를 실현하는 데 그 목적이 있고, 다만 그러한 목적을 형사사법을 통하여 이룬다는 점에 그 특색이 있다.

즉 형사절차법은 사건의 진상을 정확하게 파악하여 죄 있는 자를 처벌하고 죄 없는 자가 무고하게 벌을 받는 일이 없도록 함으로써, 형사사법을 통한 정의를 실현하여 판결의 실질적 정당성을 확보하는 데 그 목적이 있다. 그런데 적정한 형벌권을 실현하기 위해서는 어떠한 행위가 범죄에 해당하는지를 확인하는 사실확인과정이 무엇보다도 중요한다.

그런데 철저한 당사자주의를 취하지 않는 한, 본래 소송은 당사자의 주장과 입증을 기초로 사안의 진상을 밝혀 객관적 진실을 가리는 시스템인데, 객관적 진실을 가리는 작업은 증거능력의 차단을 통하여 발견되는 것이 아니라 보다 많은 증거를 법정에 현출시켜서 이의 비교를 통해 최종적으로 판단을 내리는 것이 자유심증주의에서 말하는 소위 '합리적 의심의 여지가 없는 증명(proof beyond a reasonable doubt)'의 정도에 이를 가능성은 더 높다고 할 수 있다.

따라서 임의성 없는 자백이나 위법하게 수집된 증거가 아닌 한, 원칙적으로 수사상 진술(법정 외 진술)을 어떤 형태로든 공판정에 현출시키는 것이 타당한 것이며, 증거가치를 잘못 판단할 것을 우려하여 조금이라도 오해의 소지가 있는 증거를 처음부터 재판절차에 등장시키지 않으려고 하는 것은 증거능력과 증명력을 동일하게 생각하는 오류를 범하는 것이라고 할 것이다.82)

이에 대하여 영상녹화기술에 의한 수사상 영상녹화물의 '생생한 재생력'과 공판중심주의의 세부원칙인 '직접주의'의 개념을 혼동하고 있다는 비판이 있다. 즉 직접주의란 법관에게 정확한 심증을 형성할 수 있는 기회를 최대한 보장하고, 피고인에게 법관의 면전에서 증거에 대한 변명의 기회를 부여하기 위해서는 재판을 담당하는 법원이 공판정에서 직접 조사한 증거만을 재판의 기초로 삼을 수 있는 법원칙을 말한다는 점에서 아무리 영상녹화물의 생생한 재생력을 인정한다고 하더라도 그 안에 담긴 진술에 관한 한 어디까지나 전문증거일 수밖에 없고, 전문증거인 이상 전문증거배제법칙 또는 직접주의원칙과는 본질적으로 조화될 수 없다는 것이다.[83]

그러나 이 견해는 법원이 공판정에서 직접 조사한 증거의 의미를 마치 '법원이 직권으로 증거를 수집해야 한다'는 의미로 곡해하는 우를 범하고 있으나, 직접주의란 첫째, 사실심 법원이 판결의 기초가 되는 소송자료를 직접 조사하여야 한다는 직접심리주의와 둘째, 법원이 본래적 증거에 의하여 사실관계를 스스로 파악할 것을 내용으로 하며 이에 따라 증거의 대체물을 이용하여서는 안 된다는 직접증거주의가 포함되어 있는 것으로, 전자에 따르면 원칙적으로 증거조사를 다른 사람(수탁판사, 수명법관 등)에게 위탁하여 하는 것은 이 원칙에 반하는 것이므로 이러한 일은 예외적으로만 허용되며, 후자에 따르면 피고인이나 증인을 법정에서 직접 신문하여야 하며 법정 이외에서 행해진 신문에 의한 조서나 기타 서면을 낭독하는 것으로 이러한 직접신문을 대체하는 것은 원칙적으로 허용되지 않는다는 의미이다.[84]

---

82) 정웅석/백승민, 앞의 책, 311면.
83) 김봉수, 앞의 논문, 186 – 187면.

즉 독일법상의 직접주의는 규문주의의 기초를 이루었던 서면주의에 대한 반성으로 수사단계에서의 진술이 법정에 증거로 들어오는 방법을 제한하여 조서의 형태가 아닌 진술의 형태로 들어오게 하도록 제한하는 것으로 '조서'와 '조서에 담긴 진술내용'을 분리하여 취급한다.85)

결국 실체진실을 확인하는 과정에서 영상녹화물이 생생하기 때문에 증거능력을 인정할 수 없다는 주장은 수사과정에서의 인권침해를 방지하기 위하여 피의자신문 시 변호인의 참여를 통한 보장 등은 별론, 그 자체가 모순이 있는 주장에 불과하다고 할 것이다.

왜냐하면 "열 명의 범죄자는 놓쳐도 한 명의 억울한 사람을 만들지 말라"는 법언은 수사와 재판을 철저히 하여 억울한 사람이 없도록 하자는 것이지, 수사상에서 이루어진 자백진술을 절대로 볼 수 없다는 것은 아니기 때문이다.

바. 객관적인 증거물의 과학적인 수집이 수사의 본질이라는 주장에 대하여

영상녹화물이 실질적으로 위력을 발휘하는 영역은 수사상에서 자백하고 공판정에서 부인하는 사건으로서 통상 피의자 내지 제3자의 진술밖에 없는 뇌물사건이나 성범죄사건이 여기에 해당한다.

그런데 뇌물사건 및 성범죄사건 또는 부정부패사건은 객관적인 증거물이 없는 경우가 많으므로 검사의 증거제출권을 제한한다면 수사하지 말라는 의미에 지나지 않으며 나아가서는 형사소송법의 본질을

---

84) 차동언, 앞의 책, 31면.
85) 차동언, 앞의 책, 32면.

훼손하는 것이 될 것이기 때문이다.

결국 자백 위주의 수사관행이 문제인 것은 사실이지만 이는 과거의 실무관행에 불과하며, 적정절차의 보장을 받을 피고인 측의 이익과 공익의 대표자로서 진실을 규명하여 범인을 처벌함으로써 공공의 질서를 보장하는 수사기관의 수사 활동도 존중되어야 할 것이다.

왜냐하면 법원이 과도하게 수사 활동을 제약하여 스스로 수사 활동을 하는 양으로 절차를 운영하는 것은 헌법이 요청하는 권력분립의 정신에도 반하고 자칫하면 규문주의에로의 후퇴를 초래할 위험을 낳기 때문이다.[86]

사. 영상녹화물이 일반적으로 불공정한 증거 또는 편견을 주는 증거라는 주장에 대하여

미국 연방증거규칙 제403조를 언급하며 영상녹화물이 불공정한 증거 또는 편견을 주는 증거라고 주장하지만, 미국 연방증거규칙 제403조는 "당해 증거가 관련성이 있더라도 그 증명가치(probative value)보다 불공평한 편견(unfair prejudice), 쟁점의 혼돈(confusion of the prejudice), 배심원 오도(misleading the jury)의 위험이 상당히 크거나(substantially outweighed) 혹은 부당한 지연, 시간의 낭비, 불필요한 중복된 증거 제시라는 동기가 상당히 큰 경우에는 증거에서 배제된다"고 규정하고 있을 뿐이므로, 본 규정은 영상녹화물뿐만 아니라 모든 증거에 적용되는 일반원칙이다. 따라서 법원은 편견우려 등을 추상적으로 판단하지 말고 개별적 사안에 따라 구체적으로

---

86) 차용석, 앞의 논문, 9면.

판단하여야 한다.[87]

또한 여기서의 불공정성이란 '감정적 요소'와 같이 부적당한 근거 (예컨대 선혈이 낭자한 식칼사건)에 의해 유무죄를 판단하는 경우를 의미하는 것이지 자백과 같이 일방에 유리한 증거를 의미하는 것은 아니다(일방에 유리한 증거를 모두 불공정하다고 한다면 피고인의 법정 외 진술 등 전문증거는 절대로 증거로 사용할 수 없다).[88] 오히려 미국 연방대법원은 Stephan v. state. 사건[89]에서 "법원이 어느 당사자 일방의 편에 서 있다는 비난으로부터 벗어날 수 있는 방편을 제공한다는 점에서 녹음·녹화제도는 상당히 의미가 있다"고 판시한 바 있다.

3. 피의자신문시 녹화한 영상녹화물에 대한 검토

(1) 검찰이 녹화한 영상녹화물의 증거능력

법무부 개정안 제312조 제7항이 형사소송법 제312조 제1항을 영상녹화물에 준용한다는 의미는 "검사가 피고인이 된 피의자의 진술을 녹화한 영상은 적법한 절차와 방식에 따라 작성된 것으로서 피고인이 진술한 내용과 동일하게 기재되어 있음이 공판준비 또는 공판기일에서의 피고인의 진술에 의하여 인정되고, 그 영상녹화된 진술이 특히 신빙할 수 있는 상태하에서 행하여졌음이 증명된 때에 한하

---

87) Park/Leonard/Goldberg, op.cit., 134면.
88) 허인석, 앞의 논문, 86면.
89) Stephan v. state. 711 p.2d 1156, 1158, Alaska 1985.

여 증거로 할 수 있다"는 것으로, 이 경우 영상녹화물 자체가 증거로 인정된다는 의미일 것이다. 따라서 검사는 ① 조서를 증거로 제출한 후, 피고인이 조서의 진정성립을 부인하는 경우에 진정성립을 증명하기 위한 객관적인 방법으로 영상녹화물을 사용하거나(이 경우는 조서가 증거능력이 인정될 것이다), ② 처음부터 영상녹화물만을 제출하거나(이 경우는 영상녹화물의 진정성(authentication)만이 문제될 것이다),90) ③ 조사자증언을 통하여 증거를 제출할 수 있을 것이다. 물론 조서와 영상녹화물을 병행해서 제출할 수도 있을 것이다.

문제는 법무부 개정안에 따르면 첫째, 조서를 제출하지 않아도 되므로 제244조와 제244조의 2의 관계상 검사가 조서를 작성하지 않아도 되는 것인지, 둘째, 입증방법에 대하여 다양한 통로를 열어 주는 것이 소추기관의 입증방법과 지위만 한층 더 강화시키게 되는 것은 아닌지, 셋째, 각 증거상의 우열은 없는 것인지 등이 문제 된다. 이하에서는 각 논점의 핵심내용을 살펴본 후, 추가하여 기존 부정설의 논거에 대한 비판적 검토를 하기로 한다.

가. 형사소송법 제244조에 규정된 '조서의 필요적 작성' 주장에 대하여

종래 하급심판례 및 일부 견해91)는 형사소송법 제244조가 조서를

---

90) 영상녹화물의 진정성의 내용으로는 첫째, 영상녹화된 장면의 사건이 실제로 있었을 것, 둘째, 그 영상녹화물이 그 장면을 촬영한 것일 것, 셋째, 촬영된 원래의 영상녹화물과 동일성이 유지될 것 등을 들 수 있다(영미법상 진정성 개념에 대해서는 Park/Leonard, Evidence Law, Thomson/West, 2004, 559 – 600면 참조).

91) 신동운, 영상녹화물의 피의자신문조서 대체 가능성에 대하여, 형사재판의 제문제 제6권, 고현철 대법관 퇴임기념 논문집, 521면 이하 참조.

필요적으로 작성하도록 규정하고 있는 반면, 제244조의 2는 영상녹화물에 대하여 '영상녹화할 수 있다'고 임의적으로 규정하고 있으므로 반드시 피의자신문 시 조서를 작성하여야 한다고 보고 있다.

그 근거로 현행 형사소송법 제48조 이하의 규정과 제244조 이하의 규정은 독일 형사소송법이나 일본 신형사소송법에 그 예를 찾아보기 힘든 것으로서 공판중심주의에서 유래하는 직접주의의 요청과 소송경제의 요청을 절충·조화시키기 위하여 우리 입법자가 독자적으로 결단한 것이기 때문이라는 것이다.

그러나 원래 형사소송법 제312조 내지 제313조는 조서를 법정에서 증거로 사용하기 위하여 직접주의의 예외를 인정하는 조문이었는데, 영미법상의 전문법칙규정이 도입되면서 오히려 직접주의의 예외를 인정하려던 원래의 취지는 상실되고, 난데없이 피고인의 수사단계 진술을 통제하는 규정으로 변신을 하면서, 구조적인 혼란이 일어나게 된 것이다.

즉 현행 형사소송법[92]과 달리 제3자의 증언을 통하여 피고인의 자백을 법정에 제출하게 하는 원칙을 천명한 제316조 제1항이 신설(1961년 형사소송법)[93]되었으므로 제312조와 제313조는 이제 그 원

---

92) 제316조 (증거능력의 제한) 피고인 아닌 자의 공판준비 또는 공판기일에 있어서의 진술이 피고인 아닌 자의 진술을 그 내용으로 하는 것인 때에는 원진술자가 사망, 질병 기타 사유로 인하여 진술할 수 없는 때에 한하여 증거로 할 수 있다. 단 그 진술이 특히 신빙할 수 있는 상태하에서 행하여진 때에 한한다.

93) 1961년 9월 1일(관보 제2946호) 형사소송법중개정법률 제316조를 다음과 같이 한다.
제316조 (전문의 진술) ① 피고인 아닌 자의 공판준비 또는 공판기일에 있어서의 진술이 피고인의 진술을 그 내용으로 하는 것인 때에는 그 진술이 특히 신빙할 수 있는 상태하에서 행하여진 때에 한하여 이를 증거로 할 수 있다.
② 피고인 아닌 자의 공판준비 또는 공판기일에 있어서의 진술이 피고인 아닌 타인의 진술을 그 내용으로 하는 것인 때에는 원진술자가 사망, 질병 기타 사유로 인하여 진술할 수 없고 그 진술이 특히 신빙할 수 있는 상태하에서 행하여진

칙에 추가하여 피고인 및 증인의 수사단계 진술이 기재된 조서를 법정에 제출하기 위한 예외조항으로 보아야 함에도 오히려 거꾸로 피고인 및 증인의 수사단계의 진술은 조서의 형태로만 법정에 제출될 수 있다는 식으로 해석함으로서 제312조 및 제313조가 제316조 제1항을 통제하고 더 나아가 제316조 제1항 소정의 구두주의 원칙이 몰각되어 버린 혼란이 발생한 것이다.[94]

그러나 전문법칙은 당사자주의를 전제로 하고, 당사자주의적 공판중심주의에서는 구두주의를 전제로 하므로, 제316조 제1항이 전문법칙의 원칙적인 규정이고, 제312조는 조서에 의한 수사와 재판에 익숙한 우리나라의 형사사법 관행에 뿌리박은 전문법칙의 보충적 내지 보완적 예외조항으로 보아야 할 것이다.[95]

즉 수사기관이 피의자신문조서 내지 진술서를 제출하는 것보다는 위증의 제재하에 공판정에서 증언을 하는 것이 공판중심주의 및 구두주의의 원칙에 부합한다고 보아야 한다. 왜냐하면 피의자·피고인의 인권보장은 진술의 임의성(제309조) 내지 위법수집증거배제법칙(제308조의 2)으로 해결하면 족하며, 전문증거의 문제는 오로지 증거의 신빙성만을 따지는 것이 타당하기 때문이다.

이렇게 해석하지 않는 한, 경찰작성 피의자신문조서에 대해서는 피의자가 법정에서 내용을 부인하는 방법으로, 검찰작성 피의자신문

때에 한하여 이를 증거로 할 수 있다.
94) 차동언, 형사증거법Ⅰ, 법문사, 153면.
95) 학계에서는 사법경찰관 증언의 증거능력 인정은 현행법에 대한 대법원 판례에 반하고, 제정형사소송법 이래 존재하고 있는 경찰의 피의자신문조서의 증거능력 제한의 경찰 위법수사의 방지책으로서의 성격을 몰각시키는 것으로 부적절하다는 의견을 사개추위에 제시한 바 있다(2005.6.27.자 한국형사법학회, 한국형사정책학회, 한국비교형사법학회 공동 명의의 "사법제도개혁추진위원회의 형사소송법 개정안에 대한 형사법 관련 3개 학회의 공동의견서" 참조).

조서에 대해서는 실질적 진정성립을 부인하는 방법으로 다투게 되면, 검찰로서는 종래 피의자의 진술 이외에 조서의 진정성립을 증명할 방법이 없기 때문에, 자신의 의사에 따라 자백을 법정에 현출시키지 못하게 할 수 있는 증거능력판단의 주도권을 쥔 피의자가 자백배제법칙 이전에 실질적 진정성립을 부인할 경우, 자백배제법칙 내지 위법수집증거배제법칙은 아무 소용이 없을 것이기 때문이다.

따라서 수사기관에서 영상녹화물을 본증으로 사용하는 것은 이번 법 개정이 외국의 형사증거법에 관한 입법례와 같이 조서 중심에서 벗어나 법정진술 위주의 공판중심주의를 관철하지 못한 채 오히려 조서재판 관행을 제한하기 위해 대법원이 한정적으로 해석해 오던 조서의 실질적 진정성립을 폭넓게 인정하고, 조사자의 증언제도를 신설함으로써 결과적으로 공판절차에 있어 소추기관의 입증방법과 지위만 한층 더 강화시키게 된 법체계의 부조화로 해석하는 견해[96]는 타당하지 않다고 생각된다.

무엇보다도 조서재판의 폐해를 그토록 지적하면서 제244조를 강행규정으로 보아 조서를 작성해야 한다[97]고 보는 것은 자가당착이며, 피고인신문을 증거조사 뒤에 임의규정으로 규정하면서(피고인신문을 행할지 불완전한 상황에서) 조서작성을 의무화시키는 것은 논리적으로 옳지 않다.

조서재판이 활발히 작동하면 할수록 직접심리주의·구두변론주의의 공판중심주의는 위축되기 마련이고,[98] 그 결과 국민의 공정한 재판을 받을 권리도 그만큼 침해받기 마련이라는 비판이나,[99] "법관은

---

96) 이영한, 앞의 논문, 115면.
97) 앞의 논문, 117면.
98) 심희기, 검면조서 등의 '성립의 진정'의 의미와 인정방법, 법률신문(2005.1.31).
99) 민영성, 공판중심주의의 활성화방안, 한국형사법학회 2005년 하계학술회의 - 형

형사소송의 중심인 공개된 법정에서의 재판과정에서 당사자들의 공격과 방어가 교차하는 생동감 있는 공판심리를 지켜보면서 유무죄와 형의 종류와 양을 결정하는 것이 아니라, 법관 집무실에서 검사가 제출한 수사서류더미를 뒤적여 보면서 유죄의 심증을 형성해도 상관없도록 형사소송법이 규정되어 있다.

대부분의 사건에서 구두변론이 상당 부분 생략된 채 증거의 제출이나 증거조사가 요식적으로 이루어지고 실제로 피고인의 유·무죄 여부와 양형에 관한 판단은 형사법정이 아닌 법관의 사무실에서 이루어지는 소위 '조서재판'이 통상적인 재판의 모습이 되었다. 서류증거의 증거능력을 광범위하게 인정하고 있는 현행 형사소송법 규정과 전문증거의 증거능력 판단에 있어서 관대한 태도를 보였던 법원의 재판관행과 이러한 관행에 직간접적으로 의존하여 자백 중심의 수사에 주력해 왔던 검찰의 실무관행 속에서 피고인은 소송 주체가 아니라 단순한 심리의 객체로 취급될 수밖에 없었다.

이와 같은 공판심리절차의 형해화가 형사사법에 대한 불신의 한 원인이 되었음을 부인할 수 없다"는 사개추위 기획연구팀장의 비판100)도 동일한 취지로 볼 수 있다.

결국 제316조 제1항의 등장으로 제244조는 사실상 폐지되었다고 보아야 하는데, 판례가 그동안 의도적으로 제316조 제1항을 축소 해석한 것이 문제이었으며,101) 더욱이 현행 형사소송법이 조사자의 증

사사법개혁의 주요과제-, 1면.

100) 하태훈, 앞의 논문, 9면.

101) 대판 1995.3.24, 94도2287; 대판 1995.5.23, 94도1735; 대판 1997.10.28, 97도2211. 피고인이 사법경찰관 앞에서의 진술의 내용을 부인하고 있는 이상 피고인을 수사한 경찰이 증인으로 나와서 수사과정에서 피고인이 범행을 자백하게 된 경위를 진술한 증언은 형사소송법 제312조 제2항의 규정과 그 취지에 비추어 볼 때 역시 증거능력이 없고, 이러한 결론은 당해 피고사건과 전혀 별

언을 명문으로 규정하였을 뿐만 아니라 피고인신문을 증거 조사 뒤에 배치하였으므로 당연히 조사자 증언이 먼저 이루어진다는 점에서도, 이제는 이러한 주장이 무의미하게 되었다고 보아야 할 것이다.102)

왜냐하면 검사가 증거조사단계에서 조서를 증거로 할 경우, 원진술자인 피고인이 공판정에서 성립의 진정 여부를 인정해야 하는데, 과연 증거조사단계에서 피고인을 어떤 자격으로 부를 것이며, 어떻게 성립의 진정을 인정시킬 것인지 의문이다.

무엇보다도 법무부 개정안에 따르면 검사가 조서제출 대신 영상녹화물만을 제출해도 되기 때문에 제244조는 사실상 임의규정으로 변모했다고 보아도 무방할 것이다.

나. 수사절차상 '진술'의 현출방법에 대하여

종래 영상녹화의 본증 여부에 대하여 공판절차에 있어 소추기관의 입증방법과 지위만 한층 더 강화시키게 된 법체계의 부조화로 해석하는 견해103)에 따르면 법무부 개정안은 많은 문제점을 가지고 있다고 볼 수 있다.

그러나 당사자주의 소송구조하에서 증거의 제출은 검사의 권한과 책임이므로 공소유지를 위하여 어떠한 증거를 제출할 것인가는 검사

개의 사건에서 피의자로 조사받은 경우에 이 피의자신문조서에 형사소송법 제312조 제2항을 적용하고 있는 이상 전혀 별개의 사건에서 피고인이 범행을 자백하게 된 경위를 수사경찰관이 진술한 경우에도 동일하게 적용되어야 한다.
102) 이러한 입법에 대하여 부정적인 견해로는 신양균, 헌법상 적법절차의 형사소송법에서의 구현, 비교형사법연구 제8권 제1호 특집호(2006), 639면.
103) 이영한, 앞의 논문, 115면.

가 판단할 사항으로서, 피고인의 진술이 실제로 행하여졌음을 입증하는 수단으로 조서·진술서·녹음테이프·영상녹화물 등 여러 수단 중에서 가장 적절하고 효율적인 수단을 선택하여 제출하면 되는 것이고,[104] 법원은 제출된 증거에 대하여 법정에서 임의성 내지 위법하게 수집한 증거인지만을 판단하는 것이 피고사건의 실체에 대한 유·무죄의 심증형성을 공판심리, 즉 '공개된 법정'에서의 심리에 의해야 한다는 공판중심주의의 기능에 부합할 것이다.[105]

왜냐하면 수사기관의 역할을 부정하지 않는 한, 수사상 진술(법정외 진술)이 어떤 행태로든 공판정에 현출되어야만 하며, 그 방법의 하나로 조서(written statement)가 나올 수도 있고 조사자나 피고인의 인정진술(oral statement) 내지 영상녹화물이 나올 수도 있기 때문이다.

즉 증거현출의 방법으로 조서가 나오는 것이 문제가 아니라 조서만으로 재판하는 방식이 문제인 것이다. 현행 형사소송법도 제308조 이하에서 증거능력이 배제되는 경우를 제외하고는 모두 유죄의 증거로 사용할 수 있음을 전제로 제307조에서 "사실의 인정은 증거에 의하여야 한다"고 규정하고 있다.

다만 우리나라는 조서의 증거능력을 제한적으로 인정하고 있으므로 성립의 진정을 부인하는 검사작성의 피의자신문조서(제312조 제2항)의 증거능력을 부여받는 방법으로 '영상녹화물'이 객관적인 방법으로 활용될 수도 있고, 제316조 제1항의 조사자증언을 통해 '영상녹화물'에 담긴 진술이 조사자의 증언을 통해 독립된 증거능력을 부

---

104) 이완규, 개정법상 조서와 영상녹화물, 개정 형사소송법과 국민참여재판의 주요 쟁점, 한국비교형사법학회 추계학술대회(2007.11.9), 162면.
105) 법무부, 개정 형사소송법, 156면.

여받을 수도 있는 것이다.

물론 여기서 증거능력이 부여되는 것은 영상녹화물 자체에 대한 것이 아니라, 영상녹화물에 담긴 진술이다. 왜냐하면 먼저 조사자증언을 들은 후, 이를 통해 명확하지 않거나 다투는 부분이 있는 경우에 한하여 영상녹화물 등의 기록물을 재생하는 것이 공판중심주의의 원칙이 직접주의에 반하는 것이 아니기 때문이다.

따라서 피고인이 모두진술(제286조 제1항) 및 변호인의 증거관계 등에 관한 진술(제287조)에서 공소사실을 인정하면, 영상녹화물을 재생할 필요가 없지만, 공소범죄사실 등을 부인하면, 증거조사단계에서 조사자증언을 신청하여, 이러한 절차를 행하면 될 것이다.106)

다. 증거제출의 순서에 대하여

영미의 경우 공판심리의 원칙인 구두주의로 인하여 조사자증언(특히 피고인의 경우)이나 인정진술(특히 참고인의 경우)이 주로 사용되고 진술서면 등 기록물이 제출되는 경우는 드물다.

즉 공개법정에서 공중의 감시가 이루어지기 위해서는 심리의 내용

---

106) 물론 형사소송법이 첫째, 필요하다고 인정하는 때에는 증거조사가 완료되기 전이라도 피고인신문을 할 수 있다(제296조의 2 제1항 단서)는 점, 둘째, 영미법과 달리 피고인신문제도를 규정하고 있다는 점, 셋째, 미국처럼 기소사실인부절차를 두고 있지 않다는 점, 넷째, 실무상 검사의 신청으로 피고인신문이 먼저 행해지며 조사자증언이 거의 행해지고 있지 않다는 점 등을 고려해 볼 때, 영미처럼 무조건 조사자증언을 우선시하는 해석은 소수의 실무가들로 공소 및 재판을 진행하는 형사소송의 실무를 고려해 볼 때, 재판절차의 지연 등 실무를 혼란해 빠뜨릴 소지가 다분하지만, 2007 검찰에 송치된 형법범 총인원 833,807명 중 묵비는 85,916명, 부인은 2,085명이므로 자백 등을 제외한 묵비율과 부인율은 각각 10.1%, 0.02.%에 불과하므로(법무부, 2008 법무연감, 333면) 재판절차가 심각한 정도로 지연될 것으로 보이지는 않는다.

이 공중에 전달될 수 있는 방식으로 형성되어야 하므로 기록물보다
는 원진술자나 조사자 등이 법정에 나와 구두의 방법으로 증언하는
것이 우선이고, 그럼에도 불구하고 실제 그러한 진술이 있었는지가
계속 다투어질 때에는 기록물이 제출되게 되는 것이다. 즉 현출수단
으로서의 증거능력 제한은 없으나, 구두주의에 의한 현출순서상 제
한은 있다고 할 것이다.[107]

한편 독일의 직접주의는 수사절차상 진술의 증거능력에 원칙적으
로 아무런 제한이 없다. 따라서 피의자의 진술이든 참고인의 진술이
든 모두 증거능력이 있다.

다만 직접주의는 이러한 진술을 증거로 사용함에 있어 법원이 직
접 수사절차상 진술내용을 공판정에서 원진술자를 직접 신문하여 그
러한 진술의 존재를 직접 확인함을 원칙으로 하고, 이러한 직접 신
문 없이 곧바로 진술대체물인 조서 등을 증거로 사용하는 것을 금지
한다.

즉 피고인이나 증인을 공판정에서 직접 신문하여야 하며, 공판정
이외에서 행해진 신문에 의한 조서나 기타 서면을 낭독하는 것으로
이러한 직접 신문을 대체하는 것은 원칙적으로 허용되지 않는다.[108]

이는 수사단계에서 작성된 조서나 서류에 대하여 독자적인 증거능
력을 원칙적으로 부인하는 것이라 할 수 있다.

그런데 주의할 것은 이 조서의 독자적인 증거능력이 부인된다고
하더라도 이것은 원진술자의 출석이 가능하다면 원칙적으로 원진술
자를 공판정에서 신문하는 것이 원칙이고 그에 대한 공판정외의 조

---

107) 이완규, 개정 형사소송법에서의 수사절차상 진술의 증거능력, 형사법의 신동향
제8호(2007.6), 대검찰청, 8면.
108) 독일형사소송법(StPO) 제250조 제2문.

사의 조서만으로 공판정 증언을 대체할 수 없다는 것일 뿐 원진술자
의 공판정 이외에서의 진술이 공판정에서 증거로 사용될 수 없다는
것은 아니다.

즉 조서에 기재된 진술이라도 일단 그 원진술자가 공판정에서 나
와 증언 또는 진술한다면 그 조서의 기재내용을 구두주의에 따라
'진술'의 형식으로 공판정에서 현출하면 증거가 되는 것이며, 그 증
거로서의 가치는 피고인이 공판정에 새로이 한 진술과 동등하며 어
느 쪽을 믿을 것인가는 법관의 자유심증의 문제이다.[109]

따라서 피고인이 공소사실을 부인하는 경우에도 피고인 신문 시에
피고인에게 조서의 내용을 보여 주거나 낭독하여 주는 방법 등으로
알려 주면서(이를 Vorhalt라고 함) 수사단계에서 진술한 것에 대하여
신문을 하고 이때 피고인이 조서의 내용대로 진술하였음을 인정하는
때에는 이와 같이 인정하는 피고인의 진술이 증거로 사용되어 공판
정에서의 번복진술과 함께 법관의 자유심증에 의한 판단대상이 되는
것이고, 피고인이 조서의 내용대로 진술한 사실 자체를 부인하는 경
우에는 신문담당자 또는 신문 시에 입회한 자 등이 법정에서 증언하
거나 기타의 방법으로 피고인이 수사단계에서 그러한 진술을 하였음
을 입증하는 경우는 이를 증거로 할 수 있는 것이며,[110] 이는 사법
경찰관의 조서이든 검사의 조서이든 같다. 물론 심리방법에 있어 직
접주의는 법원이 어떤 사람이 경험한 사실에 대해서는 먼저 그 사람
을 법정에 출두하게 하여 그 사람의 진술을 듣는 것을 선순위로 행
하고, 그 이후에 후순위로 간접경험자의 증언, 기록물 등을 현출하게

---

109) 이완규, 실질적 진정성립에 관한 판례이론의 비판적 검토, 저스티스 통권 제86
호(2005.8), 164면.
110) Diemer, StPO - Karlsruher Kommentar, C. H. Beck, 2003, § 249, Rn.46.

하는 것이므로 이러한 직접신문 등이 없이 무조건 먼저 영상녹화물을 증거로 제출하여 재생하는 것은 직접주의에 반하는 것이다.[111]

그러므로 독일의 직접주의를 말하면서 법원 면전에서 진술된 것만 증거가 되고, 수사단계 진술은 공판정에서 진술번복하면 증거로 할 수 없는 것이라는 식으로 설명한다면 이는 잘못된 것이다.

(2) 경찰이 녹화한 영상녹화물의 증거능력

제312조 제3항을 영상녹화물에 준용한다는 의미는 "검사 이외의 수사기관이 작성한 피의자신문조서는 적법한 절차와 방식에 따라 작성된 것으로서 공판준비 또는 공판기일에 그 피의자였던 피고인 또는 변호인이 그 내용을 인정할 때에 한하여 증거로 할 수 있다"는 것으로, 이 경우 영상녹화물 자체가 증거로 인정된다는 의미일 것이다. 따라서 경찰작성 피의자신문조서와 동일하게 원진술자인 피의자였던 피고인(또는 변호인)이 '내용을 부정'하면 증거로 사용할 수 없을 것이다.

이처럼 경찰이 작성한 영상녹화물의 증거능력 사용을 제한하는 것은 양천경찰서 고문사건에서 보는 것처럼 종래 사법경찰관이 피의자의 자백을 얻는 데 편중하여 가혹행위를 행하는 등 인권유린의 위험성이 많았기 때문으로 보인다.

---

111) 이완규, 진술 영상녹화물의 활용방향, 홍익법학 제11권 제2호(2010), 홍익대학교 법학연구소, 72면.

(3) 시민단체의 의견

참여연대는 수사과정의 영상녹화물은 그 녹화물 자체를 증거로 사용하기보다는 조서의 증거능력요건인 실질적 진정성립을 증명하기 위한 수단으로서 보충적 지위로 활용하도록 해야 할 것이며, 영상녹화에 있어 조사 전 과정의 녹화 및 절대 편집이 없어야 한다는 점에서 형사소송법 제244조의 2 규정상 '조사의 개시부터 종료까지'라는 개념을 보다 명확히 해야 할 필요가 있으며, 완결성이 보장된 전체 영상녹화내용이 반드시 변호인에게 제공되어야 한다고 명시하는 등 선행조건들이 담보되지 않는 한, 영상녹화물의 증거능력을 인정하고 또 다른 증거들에 대한 탄핵증거로 삼는 것은 공판중심주의에 역행하는 결과를 가져올 수 있다는 점에서 이는 매우 신중해야 할 것이라는 입장을 보이고 있다.112)

4. 참고인진술시 녹화한 영상녹화물에 대한 검토

(1) 문제점

영상녹화물(엄밀히 말하면 그에 녹화된 진술)이 원진술자의 법정진술 내지 증언과 별도의 독립된 증거가 될 수 있는지 문제 된다. 예컨대 원진술자가 조직폭력배로부터 금품을 갈취 당하였다고 진술

---

112) 참여연대, 형법 및 형사소송법 일부개정법률(안)에 대한 참여연대의 의견, 2011년 1월 8일

하였다가 법정에서 이를 번복한 경우에 법정진술과 독립적으로 영상 녹화물이나 그에 녹화된 진술내용을 유죄의 증거로 채택할 수 있는 가이다.

물론 참고인진술의 경우에는 피의자와 달리 형사소송법에 그 진술을 조서에 기재하도록 강제하는 규정이 없으므로 검사가 참고인진술조서를 작성하여 제출하지 않고 참고인의 진술을 녹화한 영상녹화물만을 유죄의 증거로 제출하면, 공판 전에 미리 영상녹화물을 열람한 피고인 또는 변호인이 그 진술내용을 부동의하는 경우에는 조서에 준하여 그 참고인을 증인으로 소환하여 생생한 법정 증언을 들을 수 있고, 이것이 직접주의와 공판중심주의의 원칙에 부합한다는 점에서 영상녹화물이 실제로 증거로 제출되는 경우는 거의 없고, 일반적으로는 영상녹화물에 들어 있는 진술내용을 공판정에 출석한 원진술자의 공판정 진술로서 증거현출이 대부분 해결될 것이다.

(2) 피고인의 대면권과의 관계

영상매체를 이용하여 증언을 하는 경우 피고인의 반대신문권을 보장하는 문제가 대두된다. 왜냐하면 공판정 외 진술이 재판에서 증거로 사용되기 위해서는 미국 수정헌법 제6조의 증인대면권(confrontation) 조항에 위반되지 않아야 할 뿐만 아니라,113) 증거법상 전문진술(hearsay)로서 증거능력이 없는 경우에 해당되지 않아야 하기 때문이다.

---

113) 미국 연방수정헌법 제6조는 "모든 형사 절차에 있어서 피고인은…… 자신에게 불리한 증인을 대면할 권리를 향유한다(In all criminal proceedings, the accused shall enjoy the right…… to be confronted with the witnesses against him)"라고 규정하고 있다.

다만 미국 연방헌법이 증인대면권을 규정하고 있다고 해서 연방대법원이 법정 외 진술에 대하여 절대로 증거로 사용할 수 없다는 극단적인 태도를 취한 적은 없으며, 증인대면권을 보장하면서도 지나친 형식주의에 빠지지 않기 위하여 법정 외 진술을 증거로 사용하기 위한 요건으로 증인의 증언불능(unavailability)과 신용성의 보장(indicia of reliability)을 들고 있었다.

즉 미국 연방대법원은 Dutton v. Evans 판결114)에서 반대신문을 거치지 않은 전문진술의 증거능력을 인정하면서 이 사건의 경우에는 '신용성의 보장'이 충분한 정도로 이루어졌기 때문에 반대신문은 큰 의미가 없다고 판시한 바 있는데, 이 판결 이후 결국 공판정 외 진술이 증거로 사용되기 위해서는 증인의 증언불능이라는 요건 외에 신용성의 보장 - 반대신문권 행사와 관계없이 - 이 관건이 되었다.

이 후 미국 연방대법원은 Ohio v. Roberts 판결115)에서 "헌법상의 증인대면권에 의하여, 재판 외의 진술이 증거능력이 있기 위해서는 증인이 증언을 할 수 없는 상태에 있을 것과 그 진술에 적절한 신빙성의 보장이 있어야 한다. 이때 그 진술이 확고하게 자리 잡은 (firmly rooted) 전문법칙의 예외에 해당하면 신용성의 보장이 있는 것으로 추정되며, 그렇지 않을 경우에는 적어도 특별한 신용성의 보장이 없는 이상(at least absent a showing of particularized guarantees of trustworthiness) 증거로 사용될 수 없다"116)고 판시하여 증인대면권은 다시 전문법칙의 적용문제로 환원되게 되었다.

즉 어떠한 전문진술이 전문법칙의 전형적인 예외에 해당하면 신용

---

114) Dutton v. Evans, 400 U.S. 74(1970).
115) Ohio v. Roberts, 448 U.S. 56(1980).
116) Id. 66.

성의 보장이 있는 것으로 추정되고, 이 경우(현재 증언이 불가능하다
는 것이 입증되기만 하면) 헌법상의 증인대면권이 만족되는 것으로
보기 때문에 전문법칙의 예외에 해당하는지를 따지는 이외에 별도로
증인대면권 문제를 검토할 필요가 없게 되는 것이다.117)

　따라서 이에 따르면 어떠한 진술이 그중 구체적 예외사유에 해당
하는 28개에 해당하는 경우에는 전문법칙의 예외에 해당한다는 사실
자체만으로 증인대면권의 문제도 해결되며, 단지 연방증거법 제807
조118)에 규정된 예외사유와 같이 일반적 예외사유에 해당하는 전문

---

117) 현재 미국 연방증거법에는 전문법칙의 예외사유가 29개가 규정되어 있다
(Federal Rules of Evidence 803, 804, 807).

118) Federal Rules of Evidence Rule 807. Residual Exception.
A statement not specifically covered by Rule 803 or 804 but having
equivalent circumstantial guarantees of trustworthiness, is not excluded by
the hearsay rule, if the court determines that(A) the statement is offered as
evidence of a material fact;(B) the statement is more probative on the
point for which it is offered than any other evidence which the proponent
can procure through reasonable efforts; and (C) the general purposes of
these rules and the interests of justice will best be served by admission of
the statement into evidence. However, a statement may not be admitted
under this exception unless the proponent of it makes known to the
adverse party sufficiently in advance of the trial or hearing to provide the
adverse party with a fair opportunity to prepare to meet it, the proponent's
intention to offer the statement and the particulars of it, including the
name and address of the declarant.
연방증거법 제807조. 나머지 예외.
법원이 (A) 진술이 중요 사실에 대한 증거로 제출되고, (B) 진술이 증거 신청
자가 합리적인 노력을 통하여 획득할 수 있는 다른 증거들이 제공하는 것보다
사안에 대하여 보다 더 증거가치가 있고, (C) 그 진술을 증거로 채택하는 것이
이 법의 일반적 목적과 정의의 이익에 가장 잘 부합하는 경우라고 인정하는
경우, 법 제803조와 제804조에 의하여 증거능력이 인정되지 않더라도, 신빙성
의 정황적 보장이 인정된다면, 전문법칙에 따른 증거능력 배제 사유에 해당하
지 않는다. 그러나 증거 제출자는 위 진술에 대하여 준비할 공정한 기회를 가
지도록, 재판이나 심리의 충분한 이전 시간에 그 상대방에게 위 진술을 제출하
려 하는 의도, 원진술자의 이름 및 주소를 포함한 그 진술의 특징을 고지하여
야 하고, 그렇지 않으면 증거로 할 수 없다.

진술만이 증인대면권에 위반되지 않는지가 문제 되는 것이다.

그런데 최근 미국 연방대법원은 Crawford v. Washington 판결[119]
에서 "증언적 진술의 경우에는 현재 증언이 불가능하고, 피고인이
증인을 반대신문 할 기회를 가졌었다는 두 가지 요건이 충족되지 않
는 이상 증거로 사용할 수 없다"고 판시하여 반대신문의 기회를 갖
는 것은 증언적 진술의 증거능력을 인정하기 위한 충분조건이 아니
라 필요조건이라고 판시하였다. 즉 신용성이 보장이 있다고 하더라
도 피고인이 증인을 반대신문 할 기회를 가지지 못하였다면 재판 외
의 진술을 증거로 사용할 수 없다[120]는 것이다.

다만 동 판결은 원진술자가 법정에 나오지 않은 상태에서 검사가
경찰관 앞에서의 피고인의 아내의 진술을 녹음한 테이프를 증거로
제출하였던 사안으로서, 결국 피고인의 아내에 대해서는 진술 당시
에도 반대신문이 이루어지지 않았을 뿐만 아니라 피고인의 아내가
법정에 출석하지도 않았으므로 법정에서도 반대신문을 행할 수 없었
던 사안이므로, 증인이 법정에 출석하여 법정에서 반대신문권을 행
사할 수 있는 한 그 증인이 한 수사절차상의 모순진술을 증거로 사
용하는 범위를 넓히는 경향과 배치되는 것은 아니다.

문제는 이러한 증인대면권이 미국 연방헌법상의 Confrontation
Clause로부터 비롯되었다는 점에서 증인대면권을 규정한 헌법조항이
없는 우리나라의 경우, 대면권이 반드시 보장되어야만 하는지 문제
된다. 이에 대하여 헌법재판소는 부정적인 입장을 취하고 있지만,[121]

---

119) Crawford v. Washington, 124 S.Ct. 1354, 1370(2004).
120) Counseller, W. Jeremy, Rickett, Shanon, The Confrontation Clause after
    Crawford v Washington; Smaller Mouth, Bigger Teeth, 57 Bayler L.Rev. 1
    −22면.
121) 헌재 1998.9.30, 97헌바51. (1) 적법절차에 의한 공정한 공개재판을 받을 권리
    는 중요한 국민의 기본권의 하나이므로, 헌법은 제12조 제1항에서 적법절차에

헌법 제12조 제1항은 적법절차[122)를 보장하고 있으므로 형사피고인의 증인에 대한 대면권 등 피고인의 방어권보장을 통한 공정한 재판을 받을 권리는 헌법상 당연히 보장되어 있다고 보아야 한다.[123)

다만 외국 입법례처럼, 성폭력피해자나 일정 연령 이하의 증인에게는 피고인 측의 대면권을 제한하는 것은 당연하며, 위와 같은 경우가 아니더라도 잔혹한 범죄의 목격자나 조직에서 탈퇴한 조직원의 내부고발 등 범죄의 성질이나 증언내용의 성격이 증인이 공개법정에서 피고인 등 소송관계인의 면전에서 증언할 경우 정신적 부담을 크게 받아 평온한 상태에서 실체적인 진실을 진술하기 어려운 때에는

의하지 아니하고는 처벌을 받지 않을 권리를, 제27조 제1항 및 제3항에서 법관의 법률에 의한 공정하고 신속한 공개재판을 받을 권리(재판청구권)를, 제4항에서 무죄추정의 원칙을 명문으로 규정하였다. 이러한 기본권들의 실현을 위하여 형사소송법은 제161조의 2에서 피고인의 반대신문권을 포함한 교호신문권을 명문으로 규정하였고, 제310조의 2에서 법관의 면전에서 진술되지 아니하고 피고인에 대한 반대신문의 기회가 부여되지 아니한 진술에 대해서는 원칙적으로 증거능력을 부여하지 아니하는 내용을 규정하여, 모든 증거는 법관의 면전에서 진술·심리되어야 하는 직접주의와 피고인에게 불리한 증거에 대해서는 반대신문할 수 있는 권리를 원칙적으로 보장하였다.
(2) 그러나 피고인에게 불리한 증거는 법관의 면전에서 직접 진술되어야 하고 피고인에게 반대신문의 기회를 부여하여야 하는 이러한 권리보장은 적법절차에 의한 공정한 재판을 받을 권리나 공개재판을 받을 기본권 실현을 위한 여러 방법 중의 한 방법일 뿐이고, 헌법상 명문으로 규정된 권리는 아니다. 따라서 원칙적으로 이 권리를 부여하고 이 권리를 인정하는 근거를 배제할 만한 부득이한 사유가 있는 경우에 그 예외와 예외의 범위를 정하는 것은 입법권자가 규범체계 전체와의 조화를 고려하여 정할 문제로서 적법절차에 의한 공정한 공개재판을 받을 기본권을 본질적으로 침해하는 것이라거나 이를 형해화한 것이라고 할 수 없다.
122) 이에 관해서는 신동운, 형사절차와 적법절차의 원칙, 형사법학의 현대적 과제(1993), 동산손해목박사화갑기념논문집, 695 - 710면 참조.
123) 형사소송법은 헌법의 하위법이므로 헌법의 요청에 반할 수 없고 특히 기본권에 관계된 절차에 있어서 헌법적 요구를 수용하는 것이 요청된다고 볼 수 있다. 따라서 헌법이 형사절차에서의 적정절차를 보장하도록 하고 있는 이상, 하위 법규범인 형사소송법 등에서 그 실현을 위한 구체적 절차를 규정하고 있지 아니하다고 하여 그 구체적 절차를 취할 수 없다고 보는 것은 타당하지 않다.

피고인 측의 대면권은 제한될 수 있다고 보아야 한다. 왜냐하면 이러한 증인의 경우 대면권의 제한은 증인보호뿐만 아니라 형사사법의 이념인 실체적 진실발견에 결정적으로 기여하는 역할을 하기 때문이다. 더욱이 영상기술의 급속한 발달은 곧 증인의 세세한 표정 하나하나까지 포착할 수 있는 영상매체를 개발할 것이므로 피고인 측의 대면권 주장은 점점 그 설득력을 인정받기 어려울 것이다.

(3) 기존 학설 및 판례

가. 학설

참고인의 법정증언과 영상녹화물의 진술내용 중이 상이하거나 실질적으로 차이가 있어 법원이 증거조사가 필요하다고 판단되는 부분이 있는 경우에 그 부분만 공판정에서 증거조사를 하여 검증조서에 기재하면 가능하다는 견해[124]와 원본증거인 참고인이 법정에 출석하여 증언할 수 있음에도 불구하고 영상녹화물을 증거로 사용하도록 허용하는 것은 직접주의를 침해하고, 영상녹화물의 특성상 과도한 신뢰감과 편견을 불러일으킬 수 있으므로 영상녹화물의 용도를 참고인 진술조서의 진정성립을 위한 것으로 한정해야 한다는 견해[125]가 있다.

---

124) 이완규, 개정법상 조서와 영상녹화, 형사소송법과 국민참여재판의 주요 쟁점 -
     한국비교형사법학회 추계학술대회 -, 한국비교형사법학회(2007.11.9), 171면.
125) 이영한, 개정 형사소송법상의 조서와 영상녹화, 개정 형사소송법과 국민참여재
     판의 주요 쟁점, 한국비교형사법학회 추계학술대회 토론문(2007.11.9), 181면.

나. 판례

대법원은 "수사기관이 아닌 사인이 피고인 아닌 사람과의 대화내용을 촬영한 비디오테이프는 형사소송법 제311조, 제312조의 규정 이외에 피고인 아닌 자의 진술을 기재한 서류와 다를 바 없으므로 피고인이 그 비디오테이프를 증거로 함에 동의하지 아니하는 이상 그 진술 부분에 대하여 증거능력을 부여하기 위해서는,

첫째, 비디오테이프가 원본이거나 원본으로부터 복사한 사본일 경우에는 복사과정에서 편집되는 등 인위적 개작 없이 원본의 내용 그대로 복사된 사본일 것,

둘째, 형사소송법 제313조 제1항에 따라 공판준비나 공판기일에서 원진술자의 진술에 의하여 그 비디오테이프에 녹음된 각자의 진술내용이 자신이 진술한 대로 녹음된 것이라는 점이 인정되어야 할 것인바,

비디오테이프는 촬영대상의 상황과 피촬영자의 동태 및 대화가 녹화된 것으로서, 녹음테이프와는 달리 피촬영자의 동태를 그대로 재현할 수 있기 때문에 비디오테이프의 내용에 인위적인 조작이 가해지지 않은 것이 전제된다면,

비디오테이프에 촬영, 녹음된 내용을 재생기에 의해 시청을 마친 원진술자가 비디오테이프의 피촬영자의 모습과 음성을 확인하고 자신과 동일인이라고 진술한 것은 비디오테이프에 녹음된 진술내용이 자신이 진술한 대로 녹음된 것이라는 취지의 진술을 한 것으로 보아야 한다"126)고 판시한 바 있다.

---

126) 대판 2004.9.13, 2004도3161.

(3) 수사기관이 녹화한 영상녹화물의 증거능력

제312조 제4항을 영상녹화물에 준용한다는 의미는 "검사 또는 사법경찰관이 피고인이 아닌 자가의 진술을 녹화한 영상은 적법한 절차와 방식에 따라 작성된 것으로서 그 영상녹화물이 검사 또는 사법경찰관 앞에서 진술한 내용과 동일하게 기재되어 있음이 영상녹화물에 의하여 증명되고, 피고인 또는 변호인이 공판준비 또는 공판기일에 그 기재내용에 관하여 원진술자를 신문할 수 있었던 때에는 증거로 할 수 있다.

다만, 그 영상에 녹화된 진술이 특히 신빙할 수 있는 상태하에서 행하여졌음이 증명된 때에 한한다"는 것으로, 이 경우 영상녹화물 자체가 증거로 인정된다는 의미일 것이다. 이는 종래 참고인진술의 경우, 조사자나 제3자의 증언은 제316조 제2항에 따라 원진술자가 공판정에 나오지 못하는 경우에만 증거로 사용할 수 있기 때문에 원진술자가 법정에 나와 있는 한 이를 증거로 사용할 수 없었으므로 극단적으로 영상녹화물의 존재에도 불구하고 진술사실 자체를 부정하는 경우에는 위증죄로 처벌되는 것은 별론으로 하고, 증거로 사용할 수가 없었다는 점을 고려해 볼 때, 법무부 개정안은 이러한 공백을 입법으로 해결한 것이라고 할 것이다.

따라서 검사는 ① 참고인진술조서를 증거로 제출한 후, 참고인이 조서의 진정성립을 부인하는 경우에 진정성립을 증명하기 위한 객관적인 방법으로 영상녹화물을 사용하거나(이 경우는 조서가 증거능력이 인정될 것이다),

② 처음부터 영상녹화물만을 제출하거나(이 경우는 영상녹화물의 진정성만이 문제될 것이다),

③ 조사자증언을 통하여 증거를 제출할 수 있을 것이다. 물론 조서와 영상녹화물을 병행해서 제출할 수도 있을 것이다.

(4) 검토

참고인 진술의 경우에는 피의자와 달리 형사소송법에 그 진술을 조서에 기재하도록 강제하는 규정이 없으므로 검사가 참고인진술조서를 작성하여 제출하지 않고 참고인의 진술을 녹화한 영상녹화물만을 유죄의 증거로 제출하면,

공판 전에 미리 영상녹화물을 열람한 피고인 또는 변호인이 그 진술내용을 부동의하는 경우에는 조서에 준하여 그 참고인을 증인으로 소환하여 생생한 법정 증언을 들을 수 있고, 이것이 직접주의와 공판중심주의의 원칙에 부합한다는 점에서 영상녹화물이 실제로 증거로 제출되는 경우는 거의 없고, 특히 검찰 측 증인(피고인에게 불리한 증인)의 경우는 영상녹화물에 들어 있는 진술내용을 공판정에 출석한 원진술자(증인)의 공판정진술로서 증거현출이 대부분 해결될 것이다.

따라서 참고인진술에 대한 영상녹화물이 필요한 경우로는 원진술자인 공여자가 공무원에게 뇌물을 주었다고 진술하였다가 법정에서 이를 번복하는 경우에 법정진술과 독립적으로 사용할 필요가 있는 뇌물 등 부패범죄, 조직범죄, 마약범죄, 선거 등 정치인범죄 등이 여기에 해당할 것이다.[127)

---

127) 백승민/정웅석, 참고인조사의 영상녹화에 관한 연구, 한국형사법학의 오늘, 정온 이영란 교수 화갑기념논문집, 907면.

제5장 결론

  법률 분야에서도 첨단기술의 발달에 따라 시간과 장소의 제한으로 인한 불편은 점점 극복되어 가고 있는데, 이는 원거리에 떨어져 있는 증인이 법정 증언에 갈음하여 영상으로 증언을 하거나 수사절차에서 피의자 등의 신문을 영상녹화하여 공판정에 제출하는 등 과학적 기법들이 재판에서도 활용되는 것을 보면 잘 알 수 있다.

  이처럼 미래의 증거법의 변화를 주도하는 영상녹화물이라는 새로운 기록매체의 등장은 수사기법의 선진화, 수사방법의 적정성 확보, 증거법칙과 형사재판실무의 효율적 운영, 수사기관의 역할 분담 등에 대한 긍정적이고 발전적인 변화를 가지고 올 것으로 기대된다. 더욱이 수사상 녹음·녹화제도는 무고한 자를 보호하고 또한 죄인을 기소하고 처벌하고자 하는 우리 형사사법 체계에 대한 일반의 신뢰 또한 제고시키게 될 것이다.

  물론 영상녹화를 하는 것이 완벽하게 신뢰할 수 있는 피의자신문의 내용을 보장하는 것은 아니다. 영상녹화물 앞에서 심리적으로 위축된 피의자가 진술을 회피할 수도 있고, 영상녹화의 조작가능성도 상존하기 때문이다. 다만 강제적 대인처분의 수사방식인 구속된 피의자나 체포된 피의자에 대한 수사나 높은 형량이 예상되는 중범죄 사건 혹은 진술의 신빙성이 사건 해결에 절대적인 열쇠를 지니고 있는 증·수뢰사건 등에 대해서는 특별한 사유가 없으면 영상녹화를 조사의 시작부터 끝까지 영상녹화조사가 이루어지도록 하는 것을 고려해 볼 필요가 있다고 생각한다.[1)]

수사 단계에서의 사실관계의 불확실성 및 이에 따른 수사방법의 밀행성, 신속성, 탄력성 등을 고려하여, 원칙적으로 수사 시작부터 끝까지 수사의 전 과정이 녹화되도록 하면서도 특수사건에 있어서는 되도록 처음부터 영상녹화를 하도록 노력하되, 처음부터 영상녹화의 필요성을 판단할 수 없다면 예외적으로 영상녹화 없이 시작하는 것이 타당할 것이다.

이와 같은 상황에서 조사 도중 급격한 사정변경으로 인하여 영상녹화의 필요성이 발생한 경우에는 수사 도중에도 영상녹화조사를 가능토록 하고, 이러한 것이 악용되지 아니하도록 영상녹화를 조사의 중간부터 시작하게 된 경위 역시 영상녹화를 한다면 아무런 문제가 없는 것으로 판단된다.

군인의 경우 헌법에서 요구되는 4대 의무 중 병역의무로 인해 중차대한 국방의무를 이행하기 위해 젊은 나이에 군에 입대할 경우 민간인 신분에서 특수한 신분인 군법피적용자로 신분이 전환되어 일반형법이나 형사소송법에서 볼 수 없는 군형법 및 군사법원법에 의해 여타의 범죄 발생 시 일반형법 및 형사소송법을 준용 사건처리를 하고는 있으나 일반형법에 없는 군무이탈죄·군용물절도죄 등은 특별법인 군형법을 적용하고 있음으로 인해 군법피적용자는 일반검사 및 사법경찰관이 처리하는 것이 아니라 군사법원법상의 군수사기관(검찰관·군사법경찰관)에서만 피의자를 조사 및 군사재판에 회부한다는 점이 다르며, 군은 국가안보 수호를 위해 상명하복관계가 명확히 정립된 조직으로 군검찰관과 군사법경찰관의 직무관계에 있어서 일반 형소송법과 달리 군검찰관이 군사법경찰관에 대한 지휘감독권이 있다기보다는 일부 수사에 국한된 변사체처리지휘, 구속영장 및 압

---

1) 박성재, 영상녹화조사의 실무상 쟁점 - 비교법적 검토(2010) - , 242면.

수·수색검증 청구권 등 수사지휘를 하는 것으로 군사법원법상 군검찰관과 군사법경찰관의 관계는 상명하복의 관계가 아닌 상호 협조적안 성격을 지닌 특징이 있다.

앞서 전개한 바와 같이 군수사기관에서 시행 중인 진술영상 녹화 시스템 운영에 있어 일반 검사 및 사법경찰관이 활용하는 형사소송 법상의 절차를 준용하여 동법을 근거로 군에 특성에 맞는 운용지침을 만들어 각 군수사기관(검찰관, 군사법경찰관)에영상녹화시설을 설치 모든 사건이 아닌 강력사고 및 중요관심사고 등 대상으로 영상녹화를 하는 것과 동시 신문조서도 함께 병행 운영하는 등 공소유지에 만전을 기하고 있는 실정이다.

그리고 앞에서 언급한 미국, 영국, 호주 등 구두주의가 확립된 영미법계 국가에서는 증거법상 다른 증거와 마찬가지로 전문법칙 등 일반원칙에 따라 영상녹화물의 증거능력을 인정하고 있으므로 영상녹화물 그 자체로서 본증 역할을 하도록 하고 아울러 기존의 피의자 신문조서 등의 조서 없는 수사를 가능하게 하여 수사자원의 선택과 집중이 가능하도록 해야 하겠다.

결국 공개주의·구두주의·직접주의 등 공판중심주의의 이념들을 실현하면서도 현실에서 운용 가능한 재판을 하기 위하여 법정 외 진술을 현출하는 방법으로 수사상의 조서(엄밀히 말하면 조서에 기재된 진술)건 인정진술이건 조사자의 증언이건 영상녹화물이건 일단 증거능력을 부여하여, 공판정에서의 다툼은 이제 증거능력의 인정 여부보다는 증명력을 중심으로 변모시키는 것이 진정한 공판중심주의를 실현하는 방법일 것이다.

이러한 맥락에서 검토해 볼 때 영미법계 국가인 영국, 미국, 캐나다, 호주 등과 대륙법계 국가인 독일, 프랑스, 네덜란드 국가에서 수사과정 영상녹화를 공판중심주의하에서 어떻게 입법하고 운영하고 있는지를 살펴보았던 것처럼 수사과정을 영상으로 녹화하면 수사절차의 위법이 자연스럽게 통제되어 인권침해를 방지할 수 있을 뿐만 아니라 피의자의 진술을 정확히 보전할 수 있다는 것이다.[2]

개정 형사소송법에 의해 영상녹화물 등 객관적인 방법을 통해 조서의 증거능력을 기존 대법원 판례보다 완화하여 인정하고 있고 게다가 명문으로 피의자의 자백에 대하여 조사자가 법정 진술까지 가능하도록 하고 있다.

다만 그동안 조서가 많은 문제점을 노정하였으므로 조서 자체의 증거능력을 인정할 것이 아니라 원칙적으로 조서에 기재된 진술을 영상녹화물이나 조사자의 증언으로 공판정에 현출시켜 그 진술을 증거로 인정하는 것이 타당하며, 이와 더불어 피의자·피고인의 인권보장을 위한 변호권의 충실한 보장이 병행되어야 할 것이다.

열 명의 범죄자는 놓쳐도 한 명의 억울한 사람을 만들지 말라는 법언은 수사와 재판을 철저히 하여 억울한 사람이 없도록 하자는 것이지, 수사를 무력화시켜 아예 처벌기능을 하지 말자는 의미는 아니다. 한 사람의 억울한 사건이 발생하는 것도 막는 동시에 죄를 지은 사람을 처벌한다는 양자의 조화선을 이루는 것 또한 형사소송의 목적이다.

그리고 보다 근본적으로는 공판중심주의를 실현하기 위한 방안으로 수사기관이 수집한 전문증거에 한해서 '증거능력' 제한에만 역점을 둘 것이 아니라 오히려 '증명력' 판단의 합리성을 보장함으로써 법정에서의 충실한 다툼을 통한 공판중심주의의 실현에 더 많은 연구와 검토가 선행되어야 할 것이다. 특히 자유심증주의를 증거법의

---

2) 박현식, 앞의 논문 130면.

대원칙으로 선언하고 있는 우리의 증거법 체제하에서는 가급적 수사기관에서 수집한 증거를 법정에 현출시킨 후에 신뢰받는 법관의 합리적 판단에 따라 사안의 진상을 파악하도록 하는 것이 보다 바람직하기 때문이다.[3]

본 저서를 통하여 영상녹화제도가 미래의 형사사법체계에 잘 정착되어 실체진실의 발견과 인권보장이라고 하는 형사소송의 이념이 보다 철저히 실현될 수 있기를 바란다.

---

3) 백승민, 영상녹화물의 증거능력 및 증명력에 관한 연구, 129면.

참고문헌

■ 국내문헌

○ 단행본

강구진, 『형사소송법 원론』, 학연사, 1990.
김종률, 『수사심리학』, 학지사, 2002.
노명선/이완규, 『형사소송법』, 성균관대학교 출판부, 2009.
배종대/이상돈, 『형사소송법』(제7판), 홍문사, 2006.
백형구, 『형사소송법강의』(제8개정판), 박영사, 2001.
손동권, 『형사소송법』, 세창출판사, 2008.
송광섭, 『형사소송법』, 형설출판사, 2010.
신동운(역), 『입문 일본형사수속법』, 법문사, 2003.
신동운, 『형사소송법』(제3판), 법문사, 2005.
_____, 『신형사소송법』, 법문사, 2008.
신양균, 『형사소송법』(제2판), 대명출판사, 2004.
신현주, 『형사소송법』(신정 2판), 박영사, 2002.
안성수, 『형사소송법』, 박영사, 2009.
이완규, 『개정 형사소송법의 쟁점』, 탐구사, 2007.
_____, 『형사소송법 연구 Ⅰ』, 탐구사, 2008.
이재상, 『형사소송법』(제6판), 박영사, 2002.

______, 『신형사소송법』, 박영사, 2008.

임동규, 『형사소송법』(제6판), 법문사, 2009.

정영석/이형국, 『형사소송법』(전정판), 법문사, 1996.

정웅석, 『형사소송법』(제4판), 대명출판사, 2007.

정웅석/백승민, 『형사소송법』(전정제3판), 대명출판사, 2009.

차동언, 『형사증거법 Ⅰ - 공판중심주의와 전문법칙』, 법문사, 2007.

차용석/최용성, 『형사소송법』(제2판), 세영사, 2004.

대검찰청, 『검찰연감』, 2010.

______, 『수사과정의 영상녹화제도에 관한 국제심포지엄 자료집』, 2005.

법원행정처, 『원격영상재판의 이용실태, 영상재판 확대 검토보고서』, 2001.

______, 『형사소송법 개정법률 해설』, 2007.

서울남부지방검찰청, 『영상녹화조사 제도 개관』, 2005.

법무연수원, 『수사과정의 녹음·녹화제 운영실태보고』, 수사과학연구회 자료집, 2003.12.

______, 『수사과정의 녹음·녹화제 운영실태보고 Ⅱ』, 수사과학연구회 자료집, 2004.12.

참여연대, 『공판중심주의 법정심리절차 확립을 위한 형사소송법 개정안에 대한 의견서』, 2005.11.

______, 『형사소송법 개정안 성명서』, 2007.4.19.

______, 『형법 및 형사소송법 일부개정 법률(안)에 대한 참여연대의 의견』, 2011.1.8.

한국형사정책연구원, 『자백의 임의성과 증거능력에 관한 연구』, 1997.

______, 『수사상 녹음·녹화자료의 증거능력 부여방안』, 2003.

○ 논문 및 학술지

강동범, "녹음테이프의 증거능력", 『판례월보』, 제328호, 1998.1.

곽종석, "사진, 녹음테이프의 증거능력", 『형사증거법』(하), 재판자료 제23집, 1984.

구본선, "수사의 지식정보화 방안 및 관련 쟁점에 관한 소고", 『저스티스』 제34호, 한국법학원, 2001.

김봉수, "수사상 영상녹화물의 증거활용에 대한 비판적 검토", 『형사법연구』, 제20권 제3호, 한국형사법학회, 2008.9.

김성돈, "미란다법칙과 위법수사통제방안", 『형사법연구』, 제14호, 2000.

김영기, "프랑스 형사절차의 현재와 개혁동향", 『형사소송이론과 실무』, 창간호, 한국형사소송법학회, 2009.

김윤상, "영상증언제도에 대한 검토 – 캐나다 제도를 중심으로 –", 『해외연수검사 연구논문집』(Ⅰ) 제22집, 법무연수원, 2006.

김종률, "영상녹화제도와 검찰수사실무 변화에 관한 연구", 『형사법의 신동향』, 통권 제8호, 대검찰청, 2007.6.

김현숙, 『피의자신문조서와 영상녹화물의 증거능력에 관한 연구』, 서울대학교 박사학위논문, 2009.

______, "검사작성 피의자신문 영상녹화물에 대한 비판적 검토", 『형사법연구』 제21권 제2호, 2009.

김형진, "공판외 진술의 증거능력", 『재판자료』 제23집, 1984.

김후곤, 『피의자의 진술내용을 담은 영상녹화물의 증거능력』, 해외연구검사 연구논문, 2006.2.

나영민/박노섭, 『피의자신문제도의 개선방안에 관한 연구 – 녹음·녹화방식을 중심으로 –』, 한국형사정책연구원, 2006.

민영성, "공판중심주의의 활성화 방안", 한국형사법학회, 하계학술회의 – 형사사법개혁의 주요과제 – 1면, 2005.

박상진, "영상녹화물의 증거능력(개정 형사소송법을 중심으로)", 법학교수, 『검찰실무연구회 발표자료집』, 대검찰청, 2009.4.10.

박성재, "영상녹화조사의 실무상 쟁점: 비교법적 검토", 『법조』 제59
권 제3호 통권 제642호(2010년).

박노섭, "수사절차상의 신문과 비디오 녹화제도", 『형사정책』 16권
제1호, 2004.

박현식, 『수사과정 영상녹화물의 증거능력에 관한 연구』, 조선대학교
박사학위논문, 2008.8.

백승민, "형사소송절차의 정보화방안 연구", 『해외연수검사논문집』
(I), 법무연수원, 2005.2.

_____, "영상녹화물의 증거능력 및 증명력에 관한 연구", 대검찰청
용역과제, 2007.

_____, "개정 형사소송법상 검사작성 피의자신문조서의 증거능력",
법조 통권 제613호, 2007.10.

백승민/정웅석, "참고인조사의 영상녹화에 관한 연구", 『한국형사법학
의 오늘』, 2008.

서보학, "피의자진술의 비디오녹화 도입에 따른 법정책적 검토 및 재
산상 증거능력", 『수사연구』, 수사연구사, 2004.4.

_____, "개정형사소송법에 의한 조서 및 영상녹화물 등의 증거능력
에 대한 검토", 『한국형사법학의 오늘』, 정온 이영란 교수 화
갑기념 논문집.

손동권, "친고죄에서의 일죄의 일부에 대한 공소제기와 녹음테이프의
증거능력", 법정고시, 1998.3.

신동운, "형사절차와 적법절차의 원칙", 형사법학의 현대적 과제,
1993.

_____, "영상녹화물의 피의자신문조서 대체 가능성에 대하여", 『형사
재판의 제문제』, 제6권, 고현철 대법관 퇴임기념 논문집.

신성철, "피고인의 방어권행사에 있어서의 절차상의 문제점", 『형사
법에 관한 제문제』(상), 재판자료 제49집, 1990.

신양균, "헌법상 적법절차의 형사소송법에서의 구현", 『비교형사법연
구』 제8권 제1호 특집호, 2006.

_____, "개정형사소송법의 쟁점과 과제", 대법원 형사실무연구회 특

별심포지움 발표자료, 2007.12.

심희기, 「검면조서등의 "성립의 진정"의 의미와 인정방법」, 『법률신문』, 2005.1.31.

안성조/지영환, "영상녹화물의 증거능력", 『외대논집』 제30집, 2008.5.

오기두, "영상녹화물의 증거능력 및 증거조사방법", 『형사사법 토론회 자료집』, 사법제도개혁추진위원회, 2005.

오세인, "변호인의 피의자신문 참여문제에 대한 고찰", 『형평과정의』 제14집, 1999.12.

유해용, "공판중심주의와 전문법칙", 『저스티스』 통권 제98호, 한국법학원, 2007.6.

안경옥, "사법경찰관 작성 피의자신문조서의 증거에 대한 비교법적 연구", 치안논총, 제25집, 2009.

이동희, "사개추위안의 피의자신문 녹음·녹화제도 도입방안에 대한 검토", 『비교형사법연구』 8권 제1호 특집호, 한국비교형사법학회, 2006.

이상훈, "수사과정 녹음·녹화 CD의 증거능력 및 증거조사방법", 중앙지법 형사심리 절차연구회 발표자료.

이석수, "변호인의 피의자신문 참여 주요쟁점 및 운영현황", 수사과정에서의 변호인 참여권 확대 토론문, 민변-참여연대 공동주최, 2004.6.8.

이영한, "개정 형사소송법상의 조서와 영상녹화", 개정 형사소송법과 국민참여재판의 주요 쟁점, 형국형사법학회 추계학술대회 토론문, 2007.11.

______, "새로운 형사소송법에서의 조서와 영상녹화", 『법조』, 2008.2.

이 윤, "수사 절차상 심문과정의 영상녹화 필요성과 영상녹화에 대한 경찰관 수사관들의 태도", 한림법학 FORUM 제20권, 2009.

이완규, "실질적 진정성립에 관한 판례이론의 비판적 검토", 저스티스 통권 제86호, 2005.8.

______, "증거규정개선안", 『형사사법토론회 자료집』, 사법제도개혁추
      진위원회, 2005.
______, "개정 형사소송법상의 수사절차상 진술의 증거능력", 『형사법
      의 신동향』 제8호, 대검찰청, 2007.6.
______, "개정 형사소송법상 영상녹화물의 증거능력", 『법조』 통권 제
      613호, 2007.10.
______, "개정법상 조서와 영상녹화", 형사소송법과 국민참여재판의
      주요 쟁점 - 한국 비교형사법학회 추계학술대회 -, 한국비교형
      사법학회, 2007.11.9.
______, "개정 형사소송법에서의 수사절차상 진술의 증거능력", 『형사
      법의 신동향』 제8호, 대검찰청, 2007.6.
______, "진술 영상녹화물의 활용방향", 『홍익법학』 제11권 제2호,
      2010.
이재상, "피의자신문 영상녹화의 증거능력", 제4회 월례발표회 자료,
      2009.9.18.
장준희, "개정법상 영상녹화물의 활용방안", 대검찰청, 2008.
정병하, "수사과정의 녹음ㆍ녹화자료와 증거능력 - 그 연구 및 논의
      활성화를 위한 제언 -", 『법조』, 2003.8.
정웅석, "피의자신문시 변호인참여권의 보장문제", 법무부 용역,
      2001.
______, "조서의 증거능력을 인정하는 각국의 형사사법운영실태", 대
      검찰청 용역과제, 2005.
______, "영상 녹음ㆍ녹화에 관한 법적 고찰", 『형사법의 신동향』
      제7호, 대검찰청, 2007.4.
정영일, 『피의자 신문에 있어 적법절차의 법리에 관한 연구』, 경희대
      학교 대학원 박사학위 논문, 2003.6.
정진수, "형사사법분야에서의 영상매체의 활용", 형사정책연구원,
      1999.
조 국, "검사작성 피의자신문조서와 영상녹화물의 증거능력", 『저스
      티스』 통권 제107호, 2008.10.

조상준, "미국의 수사단계에서의 진술의 증거능력", 『해외연수검사논문집』(Ⅰ), 법무연수원, 2005.2.

차정인·민영성, "영상녹화물 증거사용의 조건과 이론", 『법조』, 제58권 제11호, 2009.11.

주명수, "변호인접견교통권", 『인권보고서』(4집), 대한변호사협회, 1990.

차동언, "한국 형사사법의 미래를 생각하며", 형사소송법 개정안 공청회 - 국민을 위한 바람직한 형사사법절차의 모색 - 대검찰청, 2005.5.

______, 「공판중심주의 확립을 위한 전문법칙의 재정립」, 동국대학교 박사학위논문, 2006.12.

차용석, "형사소송법상의 광판중심주의에 관한 고찰", 『법조』, 통권 제617호, 2008.2.

최병각, "형사재판과 비디오촬영", 『형사정책연구』, 형사정책연구원, 1996.7./8.

최영승, 「피의자신문에 있어서 적법절차의 법리에 관한 연구」, 경희대학교 박사학위논문, 2003.

천진호, "수사과정에서의 영상녹화제도의 합리적 운용방향", 『비교형사법연구』 제11권 제1호, 한국비교형사법학회, 2009.

천진호 외 3인, "형사사법절차에서의 전자문서 이용과 관련한 쟁점사항 및 근거규정 제정방안 연구", 한국비교형사법학회, 2005.12.

탁희성, "피의자신문의 녹음·녹화시스템에 관한 비교법적 고찰", 『형사정책연구소식』 제84호, 형사정책연구원, 2004.

탁희성/백광훈, "수사상 녹음. 녹화자료의 증거능력 부여방안", 한국형사정책연구원, 2003.

하태훈, "공판중심주의 확립을 위한 형사소송법 개정안", 공청회, 2005.6.24.

한웅재, "미국법상 전문법칙의 의의와 예외 - FRE를 중심으로 - ", 『형사법의 신동향』 제8호, 2007.6.

함윤근, "한미 양국의 피의자신문기법 비교 - 신문 시 기망의 사용과 관련하여 - ”, 『해외연수 검사논문집』 제20집, 법무연수원, 2005.

홍영기, “검사작성 피의자신문조서의 실질적 진정성립 인정방식”, 『형사법연구』 제21권 제4호, 통권 제41호, 2009.

황은영, “피의자진술의 객관적 확보방법 - 현재 피의자신문조서의 증거능력의 한계점과 새로운 방법 모색 - ”, 『수사연구』, 2004.4.

허인석, “영상녹화제도의 합리적 운용과 발전방향”, 『법조』 제57권 9호, 2008.9.

허일태, “피의자 비디오진술녹화와 인권과의 관계”, 『수사연구』, 2004.4.

◼ 외국문헌

Allen, Diane M., “Admissibility of Visual Recording of Event or Matter other than that giving rise to Litigation or Prosecution”, 41 American Law Reports 4th. 877, 1985.

Allen, Ronald Jay 외 3인, Comprehensive Criminal Procedure(2nd. ed). Aspen, 2005.

Buckley, David M. and Brian C. Jayne, Electronic Recording of Interrogations, 2005.

Cassibry, Kent, “The Role of the Federal Prosecutor”, George Washington University Law School Material, Spring, 2005.

Diemer, Herbert, StPO - Karlsruher Kommentar, C. H. Beck, 2003.

Donovan, Dan and John Rhodes, “Time has come for Montana to require recording of interrogations”, 30 - Jan. Mont뭄 Law. 8, 2005.

Drechsler, Carl T., “Admissibility of Videotape Film in Evidence in Criminal Trial”, 60 American Law Reports 3d 333, 1974.

Ernesti, Günther, “Grenzen anwaltlicher Interessenvertretung im

Ermittlungsverfahren", Juristische Rundschau, 1982.

Heaton – Armstrong, Anthony 외 3인, Witness Testimony, Oxford(2006).

Karstaedt, Anthony, "Videotaping Police Interviews with Suspects", Murdock University Electronic Journal of Law, Vol.4, No.1, 1997.

Krause, Daniel, "Einzelfragen Zum Anwesenheitsrecht des Verteidigers im Strafverfahren", StV., 1984.

LaFave, Wayne R. 외 2인, Criminal Procedure(4th. ed.), 2004.

Law Commission, Evidence in Criminal Proceedings: Hearsay and Related Topics, 1995.

Meyer – Goßner, Lutz, Strafprozessordmung: Gerichsverfassungsgesetz, Nebebgesetz und ergänzende Bestimmungen, Beck Juristischer Verlag, 2010.

Milne, Rebecca and Ray Bull, Investigative Interviewing: Psychology and Practice, John Wiley & Sons. 1999.

Smith, Kevin and Steve Tilney, Vulnerable Adult and Child Witness, Oxford(2007).

Sullivan, Thomas P., "Electronic recording of custodial interrogations: Everybody Wins", Journal of Criminal Law & Criminology 95, Spring 2005.

______, "Recording Custodial Interrogations: The Police Experience", 52 – jan Federal Law. 20, 2005.

Veilleux, Danny R., "Admissibility in Homicide Prosecution of Allegedly Gruesome or Inflammatory Visual Recording of Crime Scene", 37 American Law Reports, 5th 515, 1993.

[부록 1. 현행 형사소송법 규정 및 법무부 개정안]

현　　　행	개　정　안
제244조의 2 (피의자진술의 영상녹화) ①~③ (생략) **④항 신설** **⑤항 신설**	제244조의 2 (피의자진술의 영상녹화) ①~③ (생략) **④ 피의자는 본 조에 의한 영상녹화조사를 신청할 수 있다. 이 경우 정당한 사유가 없는 한 영상녹화조사를 하여야 한다.** **⑤ 제1항 내지 제4항은 제221조 제1항에 따라 피의자가 아닌 자의 진술을 영상녹화하는 경우에 준용한다.**
제312조 (검사 또는 사법경찰관의 조서 등) ①~⑥ (생략) **⑦항 신설**	제312조 (검사 또는 사법경찰관의 조서 등) ①~⑥ (생략) **⑦ 제1항, 제3항, 제4항은 피고인 또는 피고인이 아닌 자의 진술을 내용으로 하는 영상녹화물에 각 준용한다.**
제314조 (증거능력에 대한 예외) 제312조 또는 제313조의 경우에 공판준비 또는 공판기일에 진술을 요하는 자가 사망·질병·외국거주·소재불명, 그 밖에 이에 준하는 사유로 인하여 진술할 수 없는 때에는 그 조서 및 그 밖의 서류를 증거로 할 수 있다. 다만, 그 진술 또는 작성이 특히 신빙할 수 있는 상태하에서 행하여졌음이 증명된 때에 한한다.	제314조 (증거능력에 대한 예외) 제312조 또는 제313조의 경우에 공판준비 또는 공판기일에 진술을 요하는 자가 사망·질병·외국거주·소재불명, 그 밖에 이에 준하는 사유로 인하여 진술할 수 없는 때에는 그 조서, **영상녹화물** 및 그 밖의 서류를 증거로 할 수 있다. 다만, 그 진술 또는 작성이 특히 신빙할 수 있는 상태하에서 행하여졌음이 증명된 때에 한한다.
제317조 (진술의 임의성) ① (생략) ② 전항의 서류는 그 작성 또는 내용인 진술이 임의로 되었다는 것이 증명된	제317조 (진술의 임의성) ① (생략) ② 전항의 서류 또는 **영상녹화물**은 그 작성 또는 내용인 진술이 임의로 되었

것이 아니면 증거로 할 수 없다. ③ (생략) 제318조 (당사자의 동의와 증거능력) ① 검사와 피고인이 증거로 할 수 있음을 동의한 서류 또는 물건은 진정한 것으로 인정한 때에는 증거로 할 수 있다. ② (생략) 제318조의 2 (증명력을 다투기 위한 증거) ① 제312조부터 제316조까지의 규정에 따라 증거로 할 수 없는 서류나 진술이라도 공판준비 또는 공판기일에서의 피고인 또는 피고인이 아닌 자(공소제기 전에 피고인을 피의자로 조사하였거나 그 조사에 참여하였던 자를 포함한다. 이하 이 조에서 같다)의 진술의 증명력을 다투기 위하여 증거로 할 수 있다. ② 제1항에도 불구하고 피고인 또는 피고인이 아닌 자의 진술을 내용으로 하는 영상녹화물은 공판준비 또는 공판기일에 피고인 또는 피고인이 아닌 자가 진술함에 있어서 기억이 명백하지 아니한 사항에 관하여 기억을 환기시켜야 할 필요가 있다고 인정되는 때에 한하여 피고인 또는 피고인이 아닌 자에게 재생하여 시청하게 할 수 있다.	다는 것이 증명된 것이 아니면 증거로 할 수 없다. ③ (생략) 제318조 (당사자의 동의와 증거능력) ① 검사와 피고인이 증거로 할 수 있음을 동의한 서류, **영상녹화물** 또는 물건은 진정한 것으로 인정한 때에는 증거로 할 수 있다. ② (생략) 제318조의 2 (증명력을 다투기 위한 증거) ① 제312조부터 제316조까지의 규정에 따라 증거로 할 수 없는 서류, **영상녹화물**이나 진술이라도 공판준비 또는 공판기일에서의 피고인 또는 피고인이 아닌 자(**공소제기 전에 피고인을 피의자로 조사하였거나 그 조사에 참여하였던 자를 포함한다**)의 진술의 증명력을 다투기 위하여 증거로 할 수 있다. ② **삭제**

[부록 2. 영상녹화 업무처리 지침]

<제정 대검예규 과수 제401호, 2006.06.20.>
<개정 대검예규 과수 제425호, 2007.12.11.>
<개정 대검예규 과수 제519호, 2009.11.03.>

제1조 【목적】 이 지침은 2008년 1월 1일부터 시행되는 개정 형사소송법에 근거하여 조사과정에서의 영상녹화에 대한 합리적인 업무처리 기준을 제시함으로써 피의자 또는 사건관계인의 인권침해를 방지하고, 조사절차의 투명성 및 조사의 효율성을 확보함을 목적으로 한다.

제2조 【검사의 책무】 검사는 영상녹화 시 적법절차를 준수하고 영상녹화물을 엄격히 관리하여 자료유출 등으로 수사기밀이 누설되거나 그 진술내용이 영상녹화된 피의자 또는 피해자·목격자 등 사건 관계인(이하 '참고인'이라 한다)의 명예나 사생활의 비밀이 침해되지 않도록 유의하여야 한다.

제3조 【영상녹화 대상사건】 ① 검사는 피의자 또는 참고인(이하 '피의자 등'이라 한다)을 조사함에 있어, 피의자 등의 진술이 공소사실 입증에 반드시 필요하고, 사안의 중대성, 죄질 등을 고려하여 볼 때 진술번복 가능성이 있거나 조서의 진정성립, 진술의 임의성, 특신상태 등을 다툴 것으로 예상되면 조서작성과 병행하여 영상녹화를 실시한다.

② 검사는 피의자 등을 조사함에 있어, 다른 증거에 의하여 공소사실 입증이 가능한 경우 또는 불기소 사건의 경우에는 사건의 특성, 조사의 효율성 등을 고려하여 조서작성 없이 피의자 등의

조사과정을 영상녹화할 수 있다.

③ 16세 미만 아동 및 장애인 성폭력 피해자에 대한 영상녹화는 성폭력범죄의 처벌 및 피해자보호 등에 관한 법률 및 성폭력범죄 피해자 조사지침(대검 형사 제2과 - 4118호, 2006.12.20.)에 따른다.

④ 검사가 피의자 등으로부터 진술서를 징구하는 경우에도 제1항을 준용한다.

제4조 【영상녹화장비】 영상녹화 장비는 피의자 등의 진술을 녹화하는 데 적합한 장비로서 대검찰청에서 지급한 장비를 사용한다. 다만, 부득이한 사유로 다른 장비를 사용할 경우 그 사유를 기재한 서면을 기록에 첨부하여야 한다.

제5조 【영상녹화준비】 검사 및 수사관은 사전에 기록을 면밀히 검토하여 신문내용 및 쟁점사항을 정리하고 장비의 정상적인 작동 여부를 확인하는 등 조사·신문이 원활하게 이루어지도록 사전 준비를 철저히 하여야 한다.

제6조 【피의자에 대한 영상녹화】 ① 검사는 형사소송법 제243조 소정의 절차에 따라 수사관을 참여시켜 피의자를 직접 신문하고 그 과정을 영상녹화하여야 한다.

② 검사는 당해 조사의 시작부터 마치는 시점까지의 전 과정 및 객관적 정황을 영상녹화한다. 다만 조사 도중에 영상녹화 필요성이 발생된 경우 그 시점에서 진행 중인 조사를 종료하고, 그 다음 조사의 시작부터 마치는 시점까지의 전 과정 및 객관적 정황을 영상녹화할 수 있다.

③ 검사는 조서작성과 동시에 영상녹화를 하는 경우, 당해 조사의 시작부터 조서에 기명날인 또는 서명을 마치는 시점까지의 전

과정 및 객관적 정황을 영상녹화한다. 다만 조사를 종료한 후 조
서정리에 장시간을 요하는 때에는 조서정리과정을 영상녹화하지
아니하고, 조서열람 시부터 영상녹화를 재개할 수 있다.

④ 검사는 영상녹화를 개시하면서 다음 사항을 고지 또는 확인
하여야 한다. 다만, 제4호는 서면으로 고지할 수 있다.

1. 검사 및 참여자의 소속, 직위, 성명

2. 영상녹화 사실

3. 피조사자의 인적사항

4. 형사소송법 제244조의 3에 의한 진술거부권 등

5. 동석한 자의 인적사항

6. 영상녹화 전에 신문에 영향을 미칠 수 있는 강압, 회유 등을
받은 사실이 있는지

7. 영상녹화의 시작 시각과 장소

⑤ 검사는 피의자의 퇴실요구 또는 휴식 등 사유로 영상녹화를
중단하여야 할 경우, 중단 전에 피의자에게 그 중단사유를 확인
한 후 그 시각을 고지하고, 재개 시에는 피의자에게 시각을 고지
한 후 영상녹화를 재개하는 사유를 확인하여야 한다.

⑥ 검사는 영상녹화 중 기기의 고장, 오작동 등으로 영상녹화가
중단된 경우, 피의자에게 그 중단사유 및 시각을 고지한 후 그
내용을 기재한 서면을 기록에 첨부하고 재개 시에는 중단사유,
녹화되지 아니한 시간, 영상녹화를 재개한다는 취지 및 시각을
고지하여야 한다.

⑦ 검사는 영상녹화를 종료하기 전에 피의자에게 추가 진술의
기회를 부여하고, 종료 시 영상녹화를 종료한다는 취지 및 시각
을 고지하여야 한다.

제7조【참고인에 대한 영상녹화】 ① 검사 또는 수사관은 참고인의 동의를 받아 그 조사과정을 영상녹화할 수 있다. 이때 검찰사건 사무규칙에 규정된 영상녹화 동의서를 작성하여 참고인으로부터 기명날인 또는 서명을 받아야 한다.

② 제6조 제2항 및 제3항, 제4항 제1호 내지 제3호, 제5호 내지 제7호, 제5항 내지 제7항은 참고인 조사 과정을 영상녹화하는 경우에 준용한다.

제8조【수사보고서 작성】 검사는 조서작성과 영상녹화를 병행함에 있어 조서에 기재하지 않은 내용 중 필요한 사항이 있는 경우 또는 조서작성 없이 영상녹화만을 실시한 경우, 수사관으로 하여금 피의자 등의 진술요지를 기재한 수사보고서(진술요약)를 작성하게 한다.

제9조【영상녹화물의 생성 등】 ① 검사 또는 수사관이 영상녹화를 종료한 때에는 그 내용이 저장된 영상녹화물(CD, DVD 등) 2개를 제작하여 사건번호, 죄명, 피의자 등의 성명이 기재된 라벨지를 그 표면에 부착한 후, 피의자 등의 기명날인 또는 서명을 받는다.

② 영상녹화물 1개는 피의자 등 또는 변호인 앞에서 봉인한 후, 봉인한 봉투 겉면에 피의자 등의 기명날인 또는 서명을 받아 기록과 별도로 보관하고, 나머지 1개는 봉인 없이 기록에 첨부하여 수사 등에 활용한다.

③ 검사는 진술내용이 영상녹화된 피의자 또는 변호인의 요구가 있는 때에는 영상녹화물을 재생하여 시청하게 하여야 한다. 이 경우 그 내용에 대하여 이의가 있는 경우 그 취지를 기재한 서면을 기록에 첨부하고 봉인된 원본의 봉투 겉면에 그 사실을 기재

하여야 한다.

④ 검사 또는 수사관은 생성된 영상녹화물을 편집하거나 의도적으로 내용을 변경하여서는 아니 된다.

제10조 【영상녹화 시 유의사항】 ① 검사 또는 수사관은 영상녹화 시 피의자 등의 표정과 움직임이 선명하고 자연스럽게 나타나도록 하여야 하며, 녹음이 어려울 정도로 작은 음성으로 말하는 경우 그 진술취지를 다시 질문하여 확인하여야 한다.

② 검사 또는 수사관은 영상녹화 조사시 적법절차를 준수하여 인권을 보호하고, 조사과정의 불법성으로 인한 조서의 증거능력 상실 위험 등을 방지하여야 한다.

③ 영상녹화 종료 시 검사 또는 수사관은 반드시 영상녹화기록을 확인하여 실제 영상녹화가 되었는지를 확인하여야 한다.

제11조 【영상녹화물 관리 등】 ① 검사는 영상녹화물을 생성한 후, 봉인된 영상녹화물을 보존사무담당직원에게 인계한다.

② 보존사무담당직원은 검찰보존사무규칙에 따라 영상녹화물을 기록과 함께 보존·관리·폐기하여야 한다.

③ 보존사무담당직원은 봉인된 영상녹화물이 정당한 사유 없이 반출되거나 멸실 또는 훼손되지 않도록 유의해야 한다.

제12조 【영상녹화파일 보존】 ① 영상녹화파일은 영상물관리시스템에 보존하여야 한다. <개정 2009.11.3.>

② 전항의 보존파일은 외부 유출이 금지되고, 수사 및 재판 또는 검사, 수사관 내부교육 목적 이외에는 열람, 복제할 수 없다.

제13조 【영상녹화물의 증거제출 등】 ① 검사는 영상녹화물을 증거로 제출하거나, 조서의 진정성립 입증 또는 피의자 등의 기억이 불명확한 경우 신문수단으로 사용하기 위해 영상녹화물 조사신청

을 할 수 있다. 이 경우 피의자신문조서의 진정성립 입증을 위한 영상녹화물 조사신청은 검찰사건사무규칙에 규정된 서면에 의하고 나머지 경우는 구두 또는 서면으로 할 수 있다.

② 검사는 진술번복이 예견되는 경우에는 공판기일 전에 미리 영상녹화물의 내용을 확인하고, 공판기일에 영상녹화물을 지참하여 즉시 영상녹화물을 제출할 수 있도록 대비하여야 한다.

③ 검사는 원칙적으로 봉인된 영상녹화물을 법원에 제출하여야 한다. 다만 영상녹화물이 훼손된 경우에는 영상녹화물관리시스템 또는 영상녹화장비에 저장되어 있는 영상녹화파일을 이용하여 다시 영상녹화물을 제작한 후 이를 법원에 제출한다.

제14조【영상녹화물 열람 등】 ① 검사는 수사 도중 피의자 등으로부터 본인의 진술과정을 녹화한 영상녹화물이나 수사보고서(진술요약)에 대하여 열람·등사청구를 받은 경우, 수사보고서(진술요약)는 열람·등사를 허용할 수 있으나, 영상녹화물은 열람만 허용하고 등사는 허용하지 않는다.

② 검사는 기소된 사건에 대해서는 형사소송법 제266조의 3에 의하여, 재판이 확정된 사건에 대해서는 형사소송법 제59조의 2에 의하여, 불기소 처분된 사건에 대해서는 검찰보존사무규칙 제20조 내지 제27조에 의하여 영상녹화물의 열람·등사 업무를 처리하되, 국가안보, 증인 보호의 필요성, 증거인멸의 염려, 관련 사건 수사상 장애 등 상당한 이유가 있는 경우에는 영상녹화물의 열람·등사를 제한할 수 있고, 특히 영상녹화물 유포 우려 또는 조사자나 피의자 등의 초상권, 프라이버시권 보호 등이 필요한 경우에는 영상녹화물의 열람만 허용할 수 있다.

제15조【영상녹화물 원본의 개봉】 ① 검사는 수사 중 기록에 첨부

된 영상녹화물의 위·변조 주장 등 특별한 사정이 있는 경우에 한하여 해당 피의자 등 또는 변호인의 참석하에 봉인된 영상녹화물을 개봉할 수 있다.

② 원본 개봉 시에는 별도 서면에 개봉한 검사, 개봉일시·장소, 개봉 사유, 개봉 전 봉인의 훼손 여부를 기재하고, 개봉된 봉투를 첨부하여 피의자 등 또는 변호인의 기명날인이나 서명을 받은 후 기록에 편철한다.

③ 검사는 필요한 조사를 마친 후 지체 없이 새로운 봉투에 영상녹화물을 봉인하고 피의자 등 또는 변호인의 서명 또는 기명날인을 받아야 한다.

제16조 【사법경찰관의 영상녹화에 대한 수사지휘】 ① 검사는 사법경찰관으로 하여금 조서를 작성하도록 하되, 사건의 성격, 적법절차 보장 필요성, 진술번복 가능성 등을 고려하여 영상녹화를 병행하도록 명할 수 있다.

② 검사는 사법경찰관으로 하여금 봉인된 영상녹화물을 기록과 함께 송치하도록 하고, 사건사무담당직원은 그 영상녹화물을 즉시 보존사무담당직원에게 인계하여야 한다.

③ 검사는 사법경찰관이 영상녹화를 하는 경우 제6조 내지 제10조의 규정을 준수하도록 하여야 한다.

제17조 【재검토기한】 「훈령·예규 등의 발령 및 관리에 관한 규정」 (대통령훈령 제248호)에 따라 이 규정 시행일부터 법령이나 현실 여건의 변화 등을 검토하여 이 규정의 폐지, 개정 등의 조치를 하여야 하는 기한은 2012년 11월 2일까지로 한다.

<본조신설 2009.11.3.>

부   칙

제1조 (시행일) 이 지침은 2008년 1월 1일부터 시행한다.

제2조 (일반적 경과조치) 이 지침은 이 지침 시행 당시 수사 중인 사건 또는 법원에 계속 중인 사건에도 적용한다. 단 이 지침 시행 전에 종전의 규정에 따라 행한 행위의 효력에는 영향을 미치지 아니한다.

제3조 (영상녹화물에 대한 조치) 압수물사무담당직원은 이 지침 시행 전에 보관하고 있던 영상녹화물 및 영상녹화물보관대장을 보존사무담당직원에게 인계한다.

제4조 (사법경찰관 보관 영상녹화물에 대한 조치) 검사는 이 지침 시행 전에 사법경찰관이 영상녹화를 실시한 사건을 수사하는 경우, 그 봉인된 영상녹화물을 즉시 송치하도록 지휘하여야 한다.

부   칙

제1조 (시행일) 이 지침은 2009년 11월 4일부터 시행한다.

제2조 (일반적 경과조치) 이 지침은 이 지침 시행 당시 수사 중인 사건 또는 법원에 계속 중인 사건에도 적용한다. 단 이 지침 시행 전에 종전의 규정에 따라 행한 행위의 효력에는 영향을 미치지 아니한다.

제3조 (영상녹화물에 대한 조치) 압수물사무담당직원은 이 지침 시행 전에 보관하고 있던 영상녹화물 및 영상녹화물보관대장을 보존사무담당직원에게 인계한다.

제4조 (사법경찰관 보관 영상녹화물에 대한 조치) 검사는 이 지침

시행 전에 사법경찰관이 영상녹화를 실시한 사건을 수사하는 경우, 그 봉인된 영상녹화물을 즉시 송치하도록 지휘하여야 한다.

박주석 ─────────────────────────────

서울시립대학교 대학원 법학과(법학박사)
서울시립대·안양대·한국방송통신대학교 강사
한국경찰법학회
한국경찰연구학회
한국안보통상학회
국제에너지법연구회(국제거래법학회 산하)
행정법이론실무학회 회원

ju310@hanmail.net

김판수 ─────────────────────────────

명지대학교 대학원 법학과(법학박사)
신구대학교 지적정보과 겸임교수
명지대학교·명지전문대학 강사
서부경찰서 보안협력위원회 위원

pan8853@hanmail.net

이완수 ─────────────────────────────

경기대학교 대학원 산업보안학과(박사과정)
연세대학교 행정대학원 경찰행정전공
육군 헌병준위 전역(만 36년간 수사직근무, 보국훈장 광복장 및 국가유공자)
한국시큐리티지원연구원 상임이사
한국지식경제진흥원 인성 및 리더십 전문강사
육군수사단 안전학습 전문교관
경찰수사연수소 지능범죄반 초빙강사

greatcid@hanmail.net

영상녹화물
증거능력의 법적 고찰

초 판 인 쇄 | 2012년 7월 5일
초 판 발 행 | 2012년 7월 5일

지 은 이 | 박주석 · 김판수 · 이완수
펴 낸 이 | 채종준
펴 낸 곳 | 한국학술정보㈜
주　　　소 | 경기도 파주시 문발동 파주출판문화정보산업단지 513-5
전　　　화 | 031) 908-3181(대표)
팩　　　스 | 031) 908-3189
홈 페 이 지 | http://ebook.kstudy.com
E - m a i l | 출판사업부　publish@kstudy.com
등　　　록 | 제일산-115호(2000. 6. 19)

ISBN　　　978-89-268-3492-3 93360 (Paper Book)
　　　　　 978-89-268-3493-0 98360 (e-Book)